Friedrich von Logau

Sinngedichte

Friedrich von Logau
Sinngedichte
ISBN/EAN: 9783743402928
Hergestellt in Europa, USA, Kanada, Australien, Japan
Cover: Foto ©Thomas Meinert / pixelio.de

Manufactured and distributed by brebook publishing software (www.brebook.com)

Friedrich von Logau

Sinngedichte

Friedrich von Logau.

1. Lebensnachrichten.

Unter die Zahl derer, welche sich durch hervorragende geistige Schöpfungen ein wohlbegründetes Recht auf die dankbare Erinnerung der Nachwelt erworben haben, und deren Namen gleichwol schon wenige Jahrzehnte nach ihrem Tode einer unverdienten Vergessenheit anheimgefallen sind, gehört auch Friedrich von Logau, ein Mann, der nicht nur inmitten des tiefgesunkenen moralischen Elends seiner Zeit in seltener Reinheit des Charakters, in bewundernswürdiger sittlicher Größe dasteht, sondern auch als Dichter den besten Mitgenossen der ersten Schlesischen Schule und selbst ihrem so vielgepriesenen Haupte, Martin Opitz, ebenbürtig zur Seite gesetzt werden darf, ja an poetischem Talent sie sogar überragt. Dem großen Lessing gebührt das Verdienst, des Verschollenen zuerst wieder gedacht zu haben, nachdem derselbe schon in den ersten hundert Jahren nach seinem Tode bereits völlig aus dem Gedächtniß selbst der gelehrten Nachwelt verschwunden war. Und wenn auch noch D. Georg Morhof („Unterricht in der deutschen Sprache und Poesie") Logau's ganze Bedeutung mit dem mehr als dürftigen Urtheil abfertigt: „es fehle seinen Epigrammen nichts an Scharfsinnigkeit, nur sei der Numerus bisweilen etwas hart", so weiß doch schon sein Schüler Christian

Wernike keinen zu nennen, „der vor ihm gewagt habe, in einer von den lebenden Sprachen ein ganzes Buch voll Sinngedichte zu schreiben". Selbst Benjamin Neukirch, der in der Vorrede zu den Gedichten Hoffmannswaldau's (Leipzig 1695) eine Uebersicht und Charakteristik gerade der schlesischen Dichter voranschickt, kennt Logau nicht mehr, und Gottscheb, der gelehrte Bücherkenner, weiß nicht einmal Logau's Namen richtig zu schreiben; er nennt ihn nämlich Salomon von Logau.

Lessing's Untersuchungen in seiner mit Ramler besorgten Auswahl: „Friedrichs von Logau Sinngedichte. Zwölf Bücher herausgegeben von Ramler und Lessing" (Leipzig 1759; die zweite Ausgabe, mit drei Büchern vermehrt, von K. W. Ramler allein 1791), gelten allerdings mehr dem Dichter und Schriftsteller als dem Mann und seinen persönlichen Verhältnissen, so sehr er auch bedauert, daß alle seine Nachforschungen über die Lebensumstände „dieses würdigen Mannes" nur schlecht belohnt worden seien. Und so blieb denn in der That dasjenige, was Lessing darüber ermittelte und was sich in wenige Zeilen zusammenfassen läßt, für alle nachfolgenden Literarhistoriker die einzige Quelle, deren Unergiebigkeit nur hier und da etwa durch eine dürftige Notiz kaum wesentlich ergänzt wurde.

Gleichwol ist die Kenntniß von den äußern Lebensumständen eines Schriftstellers, von seiner Abstammung, dem Gang seiner Bildung, seinen Familienverhältnissen und den Beziehungen zu seinen Zeitgenossen, abgesehen von dem gemüthlichen Interesse, welches der aufmerksame Leser an seinem Dichter nimmt, für ein tieferes Verständniß seiner Werke schlechterdings nothwendig; ja nicht selten bietet das Lebensbild des Mannes den einzigen und entscheidenden Commentar zur gerechten Würdigung des Dichters. Darum hat der Herausgeber des vorliegenden Bandes den Weg der Untersuchung über Friedrich von Logau's Leben von neuem beschreiten zu dürfen geglaubt, wenn auch auf die Gefahr hin, das Ende einer mühsamen Forschung durch kein nennenswerthes Resultat gekrönt zu sehen und mit Lessing's wenig ermuthigendem Geständniß abschließen zu müssen: „Alle Nachforschungen sind nur schlecht belohnt worden."

In hohem Grade auffallend ist die Erscheinung, daß fast jede beglaubigte Nachricht über die Abstammung unsers Dichters, der einem so alten, damals noch blühenden und weitverzweigten Geschlechte angehörte, unter dessen Vorfahren sich Männer von hohem Ruf befanden, der selbst, wie sein Sohn Balthasar Friedrich, eine bedeutende gesellschaftliche Stellung einnahm, beinahe gänzlich fehlt; ja nicht einmal der Name seines Vaters war bisher mit Sicherheit zu ermitteln. Ein glücklicher Zufall ließ den Herausgeber in dem Staats=Archiv zu Breslau zwei die Familie Logau betreffende Stammbäume und auf der Bibliothek zu Fürstenstein eine handschriftliche Chronik dieses Geschlechts entdecken („Beschreibung deß uraltten Logau'schen Geschlechtes, So Joh. Heinrich Wentzel v. Logau u. Alttendorff aus unterschiedlichen allten Büchern, Schrifften und Epitaphiis zusammengetragen"). Allein so wichtig auch die Auffindung dieser Documente für den vorliegenden Zweck sein mußte, so entsprachen sie den gehegten Erwartungen doch nur in geringerm Grade, insofern sie gerade in den wesentlichsten Punkten nicht unerheblich voneinander abwichen. Was sich indessen mit Sicherheit ermitteln ließ, ist in Kürze Folgendes.

Der nachweislich älteste Ahnherr desjenigen Logau'schen Geschlechts, welchem der Dichter entstammte, ist Georg (1473 — 1541), Senior auf Brockut, in dessen Besitz er sich noch 1506 befindet. Von seinen fünf Kindern ist der zweite Sohn derselbe, welcher unter dem Namen Georgius Logus unter den lateinischen Dichtern seiner Zeit eine nicht unrühmliche Stelle einnimmt, und dem wir auch die erste Ausgabe des Gratius und Aurelius Nemesianus verdanken; auch war er bei dem nachmaligen Kaiser Maximilian II. Hofmeister gewesen und von Ferdinand zu mehrern ehrenvollen Gesandtschaften verwendet worden. Er starb als Domherr und Pfalzgraf am 31. März 1552 in Breslau und liegt neben seinem Vater begraben; die Epitaphien beider, mit den zierlichen Versen des Sohnes versehen, befinden sich noch jetzt in der Kreuzkirche daselbst. Der jüngere Bruder Valten (gest. 1555), vermählt mit Eva von Schwettling, besaß vier Töchter und zwei Söhne, deren ältester, Friedrich (1553—1615), in seiner Ehe mit Anna von Tschesch aus dem Hause Tiefensee einen Sohn und vier Töchter erzeugte. Dieser Sohn, Georg mit Namen, ist der Vater unsers Dichters. Ob er ein öffentliches Amt bekleidet und welches, darüber fehlt jede Andeutung; höchst wahrscheinlich nahm die Verwaltung seines väterlichen Erbgutes Dürr-Brockut bei Nimptsch, das er ungetheilt überkommen hatte, da seine Schwestern laut der noch vorhandenen Urkunden von 1581 und 1583 sämmtlich auf ihre Antheile zu Gunsten des Bruders verzichtet hatten, seine ganze Thätigkeit in Anspruch. Er hatte sich mit Anna von Reybeburg vermählt, und dieser Ehe entsproßte unser Friedrich von Logau im Monat Juni 1604. Er blieb das einzige Kind, da der Vater schon ein Jahr darauf in dem jugendlichen Alter von etwa 27 Jahren starb. Trotz des Mangels an eingehenden Familiennachrichten läßt sich doch wol vermuthen, daß sich die Vermögensverhältnisse keineswegs schon unmittelbar nach des Vaters Tode so traurig gestaltet hatten, wie dies später der Fall war, da die hinterlassene Witwe noch in dem Jahre 1606 auf ihren Antheil an dem Gute Crayn zu Gunsten ihrer Brüder freiwillig Verzicht leistet, ohne daß in dem noch vorhandenen gerichtlichen Protokoll irgendwelcher Entschädigung gedacht wird. Einige Jahre später verheirathete sich indessen die Mutter von neuem mit einem Herrn von Hohberg, und Friedrich wurde zu seiner geistigen Ausbildung auf das Gymnasium nach Brieg gesandt und daselbst am 13. October 1614 von dem Rector Melchior Laubanus, einem vielgefeierten Gelehrten, der erst wenige Monate vorher (17. Juni) von Danzig dahin berufen worden war, in die Quarta aufgenommen.

Hier in Brieg fand Logau, wahrscheinlich auf Verwendung seines mütterlichen Oheims, Heinrich von Reybeburg, welcher herzoglicher Rath war, in dem damaligen Landesfürsten Johann Christian und seiner Gemahlin Dorothea Sibylla, die sich des Knaben angenommen, „weil es eine Waise und das väterliche Erbe unterdeß in cridam gefallen sei", die freundlichsten und liebevollsten Gönner, welche die reiche Entwickelung seines Geistes und Herzens mit inniger Freude verfolgten. Denn „der kleine Junker war gar gelehrig, lernte alles fast spielend und machte schon in einem Alter von zehn Jahren allerlei Reimlein, so oft nicht übel ausgefallen. Die gnädige Frau hatte den kleinen Dichter lieb, gern um sich, und so selbiger seine Lection gut gelernet oder ein feines Reimlein geschmiedet hatte, empfing er eine Belohnung von der Frau Herzogin, nämlich: Aepfel, Nüsse, Marzipan, auch zu Zeiten einen feinen Halskoller, so sie selbst gefertiget und mit Blümlein ausgenähet, oder auch ein Birettlein mit Straußfedern; — und wenn die gnädige Frau einen Ehrengang hatte zu Hochzeiten oder dergleichen, da durfte der kleine Friedrich der einzige sein, der Herzogin den Schweif zu tragen oder den Fuchskoller zu halten. Also war der Junker hinwiederum gern bei der Fürstin und lauschte auf ihren Willen, und so sie etwas begehrte, wollte er immer der Bote sein, solches zu holen und herbeizubringen; auch quälte er die Herzogin unablässig, ihm ein Schwert zu kaufen, weil er nicht schlechter sein möge, als die Hofejunker. Da sorgete endlich die gnädige Frau für ein Schwert und Wehrgehenk von grünem Leder, in welches sie höchsteigen ihres Namens Vorbuchstaben mit Gold einnähte. Als ihr nun der Junker Friedrich am Dorotheentage 1617 mit einer französischen Gratulation aufwartete und dieselbe wohl gerathen war, umgürtete ihn die gnädige Frau mit dem

Schwerte und gab ihm ein Küßlein auf die Stirn. Von
Stund an war das Knäblein ganz verändert, ging für sich
allein und gebärdete sich, als sei es bei reifen Jahren".
(Valentin Gierth in Schmidt's „Denkwürdigkeiten aus dem
Leben der Herzogin Dorothea Sibylla", Brieg 1838.)

Nun aber trat, nach den weitern Mittheilungen der
eben erwähnten Quelle, ein Ereigniß ein, durch welches sich
unser schwärmerischer Page die Gunst seiner bisher so freund-
lich gesinnten Gönner leicht hätte verscherzen können.

„Eines Tages im Monat Augusto vergangenen Jahres
(1617) brachte eine Hofejungfer am frühen Morgen der gnädigen Frau ein Brieflein ohne Aufschrift, mit einem rosen-
farbnen Bändchen gebunden, wie das bei Minnebrieflein Brauch
war, und zeigte an, daß selbiges vor der Thür des fürstlichen Schlafgemaches gelegen habe. Da sagte die Fürstin:
«Das ist ja ein Liebesbrieflein, kann an mich nicht gerichtet sein, sondern wird auf dich lauten. Oeffne selbiges
und lies es laut vor!»

„Die Jungfer gehorchte und las nun eine gar zärtliche
und brünstige Liebeserklärung an die gnädige Frau in zierlichen Verselein vor, so daß die Herzogin hoch auflachte
und, obwol keine Unterschrift vorhanden war, doch die
Handschrift als vom Junker Friederico kommend erkannte.
Die gnädige Frau gebot der Jungfer Schweigen und
wartete auf die Ankunft ihres Herrn Gemahls zum Morgen-
gruße. Als nun derselbe eintrat und seine liebe Dorel küssen
wollte, sprach sie: «Mit nichten, lieber Christians! — Mit
uns ist es aus; ich habe jetzt einen andern feinen, gar zärt-
lichen Burschen! — Da lies selbst; es kommt von dem kleinen
Logau!»

„Nachdem nun der gnädige Herr das Brieflein gelesen,
ergrimmte er und verlangte alsbald einen Stecken, um den
losen Dichter recht tüchtig zu streichen, vermaß sich auch,
den Buben aus dem Hause zu treiben in die weite Welt
hinein! Die liebe Dorel aber umhalsete den zornigen Herrn

und sprach: «Lieber Christians, nicht also heftig! — Ich gebe dir noch drei Schmäzlein, du mußt mir aber den Dichter lassen; ich will selbigen auf sonderliche Weise kasteien also, daß er dessen gedenken soll! Aus dem Hause treiben dürfen wir den Friedrich nicht, weil er eine arme Waise ist, solches möchten wir bei Gott nicht verantworten. Bin ich doch am Ende schuld an dem Handel, daß ich ihn allzu reichlich beschenket, mit einem Schwerte umgürtet und ihn gar geherzt habe; konnte jedoch nicht glauben, daß der Schlingel ein solches Feuer werde fassen! — Er hat aber doch ein trefflichesingenium, solches sollen wir fördern! — Siehe, des Schalkes Verslein lauten gar nicht übel, und was ein Haken werden soll, das krümmt sich bei Zeiten! — Wirft doch der Junge mit den Liebesgöttern und Musen um sich, gleichsam als wenn es Kiesel wären; und die Huldgöttin ist gegen mich nur eine Küchenmagd!» — «Schaffe, wie du willst, liebe Dorel!» entgegnete der Herzog; «denn du Hexe weißt gar gut, daß ich dir nichts versagen mag!»

„Alsbald ließ die Fürstin eine Ruthe binden, mit dem Bändlein vom Liebesbriefe, mit falschem Golde ausputzen und kleine Schellen dran hängen. Solche Ruthe sendete die gnädige Frau durch den Herrn Marschall sammt einem großen Pfefferkuchen, worauf das deutsche und lateinische A=B=C abgedruckt war, desgleichen eine mächtig große Pfefferjungfer dem Junker mit dem Befehl, sein Schwert abzuliefern und sich der gnädigen Strafe bedanken zu kommen. Das that der Junker bald, fiel der gnädigen Frau zu Füßen und bat weinend um Gnade!

„Die Frau Herzogin hob ihn alsbald auf und hielt ihm eine eindringliche Rede über seinen närrischen Gedanken und ermahnte ihn, so er ferner wolle die Poeterei treiben, solle er mit selbiger den lieben Gott preisen und seine Werke, des Frauenzimmers aber und anderer Leichtfertigkeiten unbekümmert bleiben; sonderlich solle er die Hofejungfern ungeneckt lassen mit seinen Verslein! und so er solches halten werde, solle ihm auch sein Schwert hinwiederum zurückgegeben werden.

„Hierauf mußte der Junker zu dem gnädigen Herrn gehen, um Gnade zu bitten, wo er auch einen Fußfall that. Der gnädige Herr aber sprach: «Siehe, Friedrich! diese Peitsche war auf dich gerechnet, wollte dich damit scandiren lernen nach dem Tacte und dir das Gelüste austreiben auf meine liebe Dorel! Weil aber deine güldene Sunne und deines Lebens Wunne deiner sich angenommen und mir mein Strafamt abgeschwindelt, mag es dahingestellt bleiben! — Doch eine Strafe muß (dir) werden! Bringe alsbald, was dir die Herzogin beschieden hat!»

„Sogleich brachte der Junker die Sachen und mußte die Ruthe anstatt des Schwertes an die linke Seite hängen, das süße A=B=C=Büchlein aber und die bezuckerte Jungfer aufspeisen in Gegenwart des fürstlichen Ehepaares sammt des Herrn Marschalles.

„Der Versleinmacher war kaum dreizehn Jahr alt, als sich solches zugetragen. Das Schwert ist dem Junker am heiligen Weihnachtsabend hinwiederum überantwortet worden, bis dahin aber hat in seinem Kämmerlein die vergoldete Ruthe hängen müssen anstatt des Schwertes."

Wir würden sicherlich diese ganze Erzählung als einen nicht uninteressanten Beitrag zu den Jugenderlebnissen unsers Dichters mit Freuden begrüßen, wenn die Quelle, der sie entnommen ist, nicht zu mancherlei Zweifel an ihrer unbedingten Glaubwürdigkeit Veranlassung gegeben hätte. Es ist dies nämlich ein vielbesprochenes, angeblich von dem Rothgerbermeister Valentin Gierth handschriftlich hinterlassenes Tagebuch, welches der Syndikus Koch in Brieg besessen haben will, obwol in seinem Nachlaß keine Spur mehr davon aufzufinden war. Obgleich nun selbst Wuttke, der eine ausführliche Widerlegung dieser sogenannten Valentin Gierth'schen Handschrift veröffentlicht hat, nicht das ganze Tagebuch für eine Koch'sche Fälschung hält, vielmehr der Meinung ist, daß den meisten der darin enthaltenen Berichte wirklich historische Facta zu Grunde liegen mögen: so muß doch die eben mitgetheilte Erzählung mit Recht angezweifelt werden, solange nicht die unbedingte Glaubwürdigkeit ihrer Ueberlieferung nachgewiesen ist.

Am 13. Mai 1617 wurde Friedrich nach Secunda und am 26. März des folgenden Jahres nach Prima versetzt, welche er sieben Jahre lang besucht hat. Sein Schulbesuch war indessen sehr häufig unterbrochen, da der Hof wegen der Kriegsunruhen die Stadt verließ und z. B. das ganze Jahr 1621 abwesend war. Die Acten des brieger Gymnasiums haben uns folgende Notizen über diese Schulzeit Logau's aufbewahrt: „Am 1. Februar 1620 declamirte er die Invective des Priamus gegen Pyrrhus und erhielt den Vorrang über Johann Dietrich von Skrbensky; den 19. September 1620 das Gebet des Aeneas an den delischen Apoll (Aen., III, 374 fg.) und wurde von Johann Lukas besiegt. Am 25. März 1623 hielt er mit Georg Buchwälder im Namen der Juno eine Rede, in welcher sie die Venus zu bereden sucht, Aeneas mit Dido zu vermählen. Den 29. April 1623 war er Respondent in einer Disputation: De Felicitate morali von M. Johann Buchwälder gehalten. Den 8. Juli 1623 wurde er in den Schulsenat gewählt." Zur Unterstützung der Schulzucht bestand nämlich damals auf dem Gymnasium zu Brieg ein wahrscheinlich nach Trotzendorf'schem Muster eingerichtetes, aus Schülern zusammengesetztes Schulgericht (judicium scholasticum), welches die Formen der römischen Staatsverwaltung auf die Schule übertragen hatte. Dasselbe wurde von den Schülern der ersten Klasse (populus scholasticus) gewählt und bestand aus sechs Mitgliedern derselben (judices oder Senatus scholasticus). Den Umfang der dem Forum dieses Schülergerichts zugewiesenen Angelegenheiten nennt die über dem Gerichtstische angebrachte Inschrift: Judicia scholastica, in quibus actionum forensium exhibentur principia, faciunt ad disciplinae conservandae constantiam, ad excitandam in tardis diligentiam, ad exsuscitandam in biliosis concordiam, ad augendam in ordine politico reverentiam. (Schönwälder, „Nachrichten von Brieg", II, 494 fg.) „Den 9. Mai 1624 trug er in des Rectors Wohnzimmer eine Rede der Dido an ihre Schwester Anna vor, des Inhalts: auf jeden Fall den Aeneas von der Abreise abzuhalten." Laubanus nennt diese Rede: verbis et sententiis lecta atque ornata, laudemque singularis industriae promeruit. „Den 20. Februar 1624 trug er mit Valentin Gerhard eine oratorische Darstellung des Wettstreites der trojanischen Schiffe bei den Spielen zu Ehren des Anchises vor." Auch in Schauspielen trat er auf, z. B. als Midian in Frischlin's „Susanna".

Im Jahre 1625 verließ Logau endlich das Gymnasium. Mit welchem Eifer und Erfolg er sich den Studien ergeben, trotzdem gerade damals die innern und äußern Verhältnisse und Zustände des Brieger Gymnasiums keineswegs sehr erfreulicher Natur waren, das bezeugt noch jetzt die uns durch Weinschenk überlieferte, von dem Rector Laubanus ihm eingehändigte Abschieds=Matrikel, in welcher es heißt: „Am 26. Juni nahm feierlich Abschied vom Gymnasio Fr. v. Logau, seit vielen Jahren einer der vortrefflichsten Schüler, dessen Studien mit Recht Heil und Segen wünschen alle Professoren des Gymnasiums."

Nach seinem Abgang von der Schule widmete sich Logau dem Studium der Rechtswissenschaft, wozu damals fünf Jahre erforderlich sein mochten, wie sich aus seinen eigenen Worten entnehmen läßt:

> Wenn einer will das Recht studiren,
> So muß fünf Jahr er dran verlieren.
>
> (Nr. 124.)

Auf welcher Universität dies geschehen, dafür ist nirgends eine Andeutung zu finden; doch liegt die Vermuthung nahe, daß er gleich den herzoglichen Prinzen Georg, Ludwig und

Christian, die erſt ein Jahr vorher wieder nach Brieg zu=
rückgekehrt waren, die Hochſchule zu Frankfurt a. O. beſucht
habe. Daß ihn aber ebenſo wenig, wie ſo viele andere
deutſche Dichter vor und nach ihm, innere Neigung dieſem
Berufe zugeführt, iſt kaum zweifelhaft. Wie ließen ſich
ſonſt wol ſeine oft ſo bittern und ſarkaſtiſchen Bemerkungen,
die er in reichlicher Fülle und mit unſaglicher Verachtung
gerade über dieſen Stand ausſchüttet, erklären?*) Und
wenn er, deſſen ſittliches Gefühl von der laxen Moral
ſeiner Zeit ohnedies aufs ſchmerzlichſte berührt wurde, auch
gar bald den Richterſtand der allgemeinen Corruption ver=
fallen und das geheiligte Recht zur käuflichen Waare herab=
gewürdigt ſehen mußte: dürfen wir uns dann wundern,
wenn er mit ſtiller Reſignation dem Glauben an ſeine
Wiſſenſchaft, die ihm überhaupt dieſes Namens nicht mehr
würdig erſcheint, entſagt? (Vgl. Nr. 487. 490.) Wir
werden alſo wol kaum fehlgreifen, wenn wir die Ver=
muthung ausſprechen, daß auch ihn, wie ſo viele andere,
lediglich die Noth ſeiner dürftigen Lage und die Ausſicht
auf eine ſeinen Fähigkeiten wie ſeiner Geburt entſprechende
Lebensſtellung, kurz die materielle Verſorgung dem Studium
der Rechte zugeführt hat. Das von dem Vater hinterlaſſene
Gut Brockut hatten die vier Schweſtern deſſelben anfangs
gemeinſchaftlich übernommen, bis es durch Kaufvertrag vom
29. März 1616 in den Beſitz der einen, Hedwig von
Logau, die an Wolf von Rödern verheirathet war, überging;
doch war es ſchon damals tief verſchuldet. Seine Mutter
war, wie ſchon oben bemerkt, zu einer neuen Ehe mit einem
Herrn von Hohberg geſchritten, und auch ſie vermochte daher
wol nicht, dem Sohn einen Schritt zu erſparen, den er
nicht mit dem Enthuſiasmus einer durch Neigung entſchie=
denen Wahl thun konnte. Daß wenigſtens ſchon damals

---

*) Vgl. Nr. 47. 85. 92. 213. 220. 487. 549. 582. 594. 637.
647. 663. 682. 692 u. v. a.

seine Lage eine bedrängte gewesen sein muß, geht aus einer
noch vorhandenen Schuldverschreibung vom 1. Juli 1631
hervor, nach welcher Friedrich von seinem mütterlichen Oheim
Heinrich von Neydeburg 1000 Thlr. auf sechs Jahre gegen
Verpfändung seines auf dem Gute Brockut stehenden groß=
väterlichen Legats leiht: eine Summe, die indessen wol nie=
mals zurückgezahlt worden ist; vielmehr wird, nachdem der
Tod dieses Oheims schon im nächsten Jahre erfolgt war,
die Schwester desselben, Logau's Mutter, laut Testaments=
verfügung mit einem Legat von 1000 Thlrn. bedacht, wo=
für ihr Sohn Friedrich, falls sie nicht mehr am Leben sei,
substituirt werden solle; auch sei letzterm die vorhandene
Bibliothek zu überlassen. (Extract aus der Testaments=Re=
gistratur, S. 184 im Staats=Archiv zu Breslau.) Ungefähr
um dieselbe Zeit ist der Dichter auch in den Besitz des
väterlichen Gutes Brockut gekommen, ohne daß sich jedoch
seine äußere Lage wesentlich günstiger gestaltete; sie war
vielmehr hauptsächlich die Veranlassung, daß er jetzt auch
den Freiherrntitel, den seine Vorfahren seit Kaiser Rudolf's
Verleihung im Jahre 1605 geführt hatten, aufgab. (Der=
selbe wurde später seinem Sohne Balthasar Friedrich, nach der
im Besitz des Herrn Grafen Logau auf Reuthau befindlichen
Originalurkunde, am 31. December 1687 von neuem verliehen.)
Konnte er doch nicht einmal die verhältnißmäßig geringe
Summe von 1500 Thlrn., welche seiner Cousine Anna
Marie nach dem großväterlichen Testament schon seit dem
Jahre 1616 zustand, trotz wiederholter Mahnung auszahlen.
Wie hätte es auch anders sein können in jenen traurigen
Zeiten, in denen die allgemeine Noth für die Noth des
einzelnen kaum noch ein Gefühl des Mitleids übrig ließ!
Seit dem Jahre 1632 hatte General Arnheim, aus Böhmen
vertrieben, den Schauplatz des Kriegs nach Schlesien ver=
legt, das nun jahrelang nach allen Richtungen hin, bald
durch die Heereszüge der Schweden und Sachsen, bald durch
die der Kaiserlichen, der Grausamkeit und der unmenschlichen

Barbarei damaliger Kriegführung anheimfiel. Während Falkenberg, Strehlen und Grottkau 1633 die Wuth der schwedischen Sieger empfanden, hatten Wallenstein's Schaaren Nimptsch verheert und hierbei ohne Zweifel auch Brockut ausgeplündert und völlig verwüstet. Erst etwa drei Jahre später, im Frühling 1637, besuchte es der Dichter zum ersten male wieder. Mit welchen Empfindungen er es begrüßte, wie sehr sein Herz blutete, als er das wenige, was er sein nennen konnte, niedergetreten und vernichtet sah, das hat er uns selbst in einer seiner vortrefflichsten Elegien geschildert, die wir noch heute nicht ohne die innigste Theilnahme zu lesen vermögen (Nr. 47). Sie beginnt mit den Worten:

>Glück zu, du ödes Feld! Glück zu, ihr wüsten Auen,
>Die ich, wann ich euch seh, mit Thränen muß bethauen.

Und dennoch ist er glücklich und zufrieden, trotzdem er gerade damals wegen rückständiger Steuern bereits mit Execution bedroht war (Nr. 54). Darf er doch hier, an den heimischen Laren, am Busen der Natur, aufathmen von all dem Weh, das ihn in der Stadt, am Hofe, in seinem Amt niedergedrückt.

>Gehab dich wol, o Stadt! die du in deinen Zinnen
>Hast meinen Leib gehabt, nicht aber meine Sinnen.
>Gehab dich wol! mein Leib ist nun vom Kerker los;
>Ich darf nun nicht mehr sein, wo mich zu sein verdroß.
>   Ich habe dich, du mich, du süße Vatererde.
>Mein Feuer glänzt nunmehr auf meinem eignen Herde u. s. w.

In der That geht aus dem weitern Inhalt des Gedichts offenbar hervor, daß Logau bereits längere Zeit eine öffentliche Stellung am herzoglichen Hofe zu Brieg eingenommen haben muß. Landesfürst war bekanntlich damals noch Johann Christian, freilich nur dem Namen nach; denn bereits im Anfang des Jahres 1635, als die Folgen der verlorenen Schlacht bei Nördlingen auch die protestantischen Schlesier hart genug trafen, war derselbe mit einem Theil seiner

Räthe nach Thorn und später nach Osterode in Preußen
geflüchtet, während sein ältester Sohn Georg unterdeß die
Regentschaft in Schlesien übernommen hatte. Erst als der
Vater am Weihnachtstage 1639 plötzlich in Osterode gestorben war, traten die drei Brüder Georg III., Ludwig
und Christian gemeinschaftlich die Regierung des Herzogthums
an, die sie, unter Einem Dache wohnend, in seltener Treue
und Einigkeit bis zum Jahre 1653 führten.*) Jeder von
den Brüdern hatte jedoch seinen besondern Hofhalt, seine
besondern Beamten, und unter denen des Herzogs Ludwig
finden wir nun Friedrich von Logau, anfangs wol in unter-
geordneter Stellung, bis er im Jahre 1644 zum Rath
befördert wurde. In dem Bestallungsdecret vom 29. Sept.
1644 (im Besitz des Herrn Dr. Tobias in Zittau) heißt
es unter anderm: „Diesem nach haben wir wahrgenommben
und erwogen, die gutten qualiteten, angeborne Tugendt vnd
aufrichtigkeit, damit der Gestrenge Vnser lieber getreuer
Friedrich von Logau auf Prockobt, von Gott begnadet, vnd
darumb Ihme, als auch aus andern bewegenden vrsachen
zu Vnsern Rhatte erkieset vnd angenomben, derogestalt, daß
Er iziger Zeit Beschaffenheit nach bey Vnserer Fürstlichen
Canzley, neben andern Rhätten, den Justitzsachen beywohnen,
dabey alle vnd jede Vnsere gesambte Fürstl. Regierung con-
cernirende angelegenheitten, wie nichts weniger in Vnsern
privat vnd Wirthschafftsgeschefften, zu Vnserem aufnehmen
vnd conservation — seinem besten verstande nach treulich
vnd aufrichtig, mit sonderer dexteritet vnd Bescheidenheit,
Rhatten vnd thaten, in acht nehmen, fördern vnd fortstellen
helffen solle" u. s. w. Dafür erhielt er an jährlicher Besoldung
306 Rthlr. schles. nebst „gewöhnlicher Wohnung" und
einigem Deputat in Naturallieferung, nämlich: „ein Bößlin
Bier vnd für den Jungen 22 Gr. 6 Heller wöchentlich,
Ingleichen zu einem jährlichen deputat 20 Locktern Brenn-

---

*) Schück, Georg III., Herzog in Schlesien.

holtz vnd 2 Fuder Hew"; ein Einkommen, das auch in damaliger Zeit kaum hinreichend sein konnte, selbst den bescheidensten Ansprüchen zu genügen.

So spärlich schon bis hierher die Quellen für die Darstellung von Logau's Leben geflossen sind, so versiegen sie doch gerade jetzt, wo wir sie bei der vollen Manneskraft des Dichters am sehnlichsten begehrten, fast gänzlich, und nur eine spendet uns hier und da noch eine mühsam erworbene Notiz: es sind seine Gedichte. Aber selbst der Werth des hier Gefundenen würde in mehr als einer Hinsicht ein nur zweifelhafter sein, wenn der Herausgeber dieser Auswahl nicht die erfreuliche Wahrnehmung gemacht hätte, daß die in der zweiten Ausgabe von 1654 überlieferten Gedichte genau chronologisch geordnet sind, wodurch für die Beurtheilung mancher an sich dunkeln Beziehung ein sicherer Anhalt gewonnen wird. Besonders schätzenswerthe Aufschlüsse erhalten wir hierdurch über des Dichters Verhältniß zum herzoglichen Hause, zu seiner Umgebung am Hofe und zu seinen Freunden, ein anschauliches, wenn auch unendlich trauriges Bild von den politischen Wirren und dem namenlosen Elend seiner Zeit, sowie endlich Andeutungen über ihn selbst und seine Familie. Was zunächst den letztgenannten Punkt betrifft, so hatte auch jetzt das Geschick nicht aufgehört seinem tief empfindenden Herzen manches bittere Weh zu bereiten. Ein frühzeitiger Tod hatte ihm die Geliebte seiner Jugend nach kurzer, aber überaus glücklicher Ehe entrissen (wahrscheinlich im Jahre 1640, in welchem Nr. 98 verfaßt ist), und selbst die Zeit vermochte diese Wunde nicht völlig zu schließen; sie blutete wieder von neuem noch fünf Jahre vor seinem eigenen Tode, als eine Freundin und Verwandte jener ins Grab sank und der Dichter ein rührendes, von echt poetischem Geiste getragenes Trostgedicht (Nr. 257, aus dem Anfang des Jahres 1650) an den trauernden Gatten sendet. Wenn es gestattet ist, die Gedichte I, 8, 65—69 der Original-Ausgabe von 1654

b*

auf den Tod dieser ersten Gemahlin zu beziehen (wofür alle
innern Gründe sprechen), so beweisen sie ebenso sehr das
wahrhaft innige Familienglück, das nun auf immer zerstört
war, wie die rührende Dankbarkeit, in welcher der Dichter
das theuere Bild der Frühvollendeten mit den schönsten
Blüten seiner Poesie schmückt. Und in der That stehen seine
Anschauungen über die Heiligkeit des ehelichen Bündnisses
auf einer solchen sittlichen Höhe, wie sie gerade in damaliger
Zeit, die uns auch hierin und zumal bei den höhern Stän=
den fast überall den tiefsten Verfall, die schrankenloseste
Verhöhnung und Auflösung aller moralischen Bande offen=
bart, sicherlich nur von den wenigsten getheilt wurden. Kein
Schatz, sagt er, wie groß er auch sei, kein Freund, wie gut
er immer sei, darf dem Herzen des Mannes so nahe stehen
als sein Weib:

Denn die angetraute Treu
Herrschet über Leib und Zeit,
Wird durch alt sein immer neu.   (Nr. 257.)

Ein Kind aus dieser Ehe, ein Sohn, scheint die Mutter
nur wenige Jahre überlebt zu haben, da derselbe später nirgends
wieder erwähnt wird (Nr. 161, V. 23 fg.). Im Jahre 1643
vermählte sich Logau zum zweiten mal und zwar mit Helene
von Knobelsdorf, einer Tochter des briegischen Hofmarschalls
Balthasar von Knobelsdorf auf Fritzendorf und Wohnewitz,
und dieser Ehe entsproßten fünf Kinder, ein Sohn und vier
Töchter, von denen ersterer, Balthasar Friedrich, nachmals
eine sehr einflußreiche Stellung als Rath des Herzogs von
Nassau=Dillenburg bekleidete, eine Stellung, die selbst die
Mängel seiner poetischen und schriftstellerischen Leistungen
noch in günstigem Lichte erscheinen ließ, wozu freilich die
maßlosen und freigebigen Lobesspenden von Christian Gry=
phius, damaligem Rector des Magdalenen=Gymnasiums
zu Breslau, nicht wenig beigetragen haben. Ob je=
doch die Ehe unsers Dichters mit seiner zweiten Gemahlin
eine besonders glückliche gewesen, dürfte wol mehr als

zweifelhaft sein, wenn man sich die offenbar dem gepreßten
Herzen eines geplagten Ehemanns entschlüpften Stoßseufzer
vergegenwärtigt, welche sich so zahlreich in seinen Gedichten
finden. Man sage doch ja nicht, dergleichen Ausfälle seien
allgemein ausgesprochen, wenigstens sei kein zwingender Grund
vorhanden, sie auf den Verfasser selbst zu beziehen. Aber
gerade in dem Charakter des Epigramms liegt mehr als in
jeder andern Dichtungsart die individuelle Färbung; es ist
ein Stimmungsgedicht, dessen kurz zusammengedrängter, oft
leicht hingeworfener Gedanke gerade die augenblickliche
Seelenbewegung und Empfindung des Dichters in subjec=
tivster Gestalt reflectirt. Es ist dann in der That die be=
deutungsvolle Ueberschrift zu einem Lebenskapitel, oft gar
das ergreifende Kapitel selbst. Und wenn uns der Dichter
noch an mehr als einer Stelle versichert, daß es ihn oft
genug dränge, gerade dem, was ihn augenblicklich bewege,
in einigen Versen Ausdruck zu geben*), so dürfte wol die
Vermuthung gerechtfertigt erscheinen, daß der Inhalt der hier
gemeinten Epigramme in nicht allzu entfernter Beziehung zu
ihm selbst gestanden. Aus der reichen Anzahl derselben**)
heben wir nur zwei hervor, deren Inhalt allein durch den
Hinweis auf den Dichter die tiefere Bedeutung, das epi=
grammatische Gepräge verräth:

Soll W bei Ehe sein, ist's besser, man begräbet
Ein fromm Weib, als daß die, die bös ist, immer lebet.

Ferner:

Ist ein Fegefeuer wo? darf doch dieses keiner dulden,
Der ein böses Weib hat hier, Armut, Darmgicht, große
Schulden.

Es wäre wunderbar, wenn in dem eben angeführten
Epigramm, in welchem Logau so recht aus eigener trauriger
Erfahrung spricht, da Armuth, Gicht und Schulden seine

---

*) Vgl. Nr. 846. 849. 902.
**) Vgl. Nr. 271. 285. 566. 796 u. a.

beständigen Genossen durch sein Leben gewesen sind, gerade das vierte Uebel, „das böse Weib", nichts weiter als eine blos allgemeine poetische Reflexion gewesen sein sollte. Und dennoch hätte sich gerade ein so liebevolles und liebebedürf=
tiges Gemüth wie das seine in der anmuthigen Atmosphäre einer traulichen Häuslichkeit so reich und so beglückt gefühlt, hätte so gern im Frieden des Hauses und im Kreise der Seinen die Stürme der Zeit und das Weh des eigenen Le=
bens vergessen, das ihn fort und fort schmerzlich genug be=
rührte. Daß er sich in seinem amtlichen Wirkungskreise nicht glücklich fühlte, ist schon oben bemerkt worden; allein noch andere Umstände traten hinzu, ihm seine Stellung viel=
fach zu verleiden und so viele seiner Gedichte mit jenem bittern Sarkasmus, jenem menschenverachtenden Spott zu erfüllen, der ihn die Hoffnungslosigkeit seiner Lage oft kaum noch mit stiller Resignation ertragen ließ. Angefeindet von dem Adel des Hofs, dessen Gesinnungslosigkeit, Schmeichelei und Buhlen um Gunst die Pfeile des Satirikers von selbst herausforderten*), beneidet von unberufenen und eifersüchtigen Kritikern, welche den Unmuth über seine Ueberlegenheit wie die Blößen eigener Unfähigkeit nicht deutlicher verrathen konnten als dadurch, daß sie ihm den Rath geben, lieber das Corpus juris eifriger zu studiren als Verse zu machen**), verleumdet bei den Brüdern seines herzoglichen Gönners, welche ihn oft genug empfinden ließen, wie leicht verletzt und wan=
delbar die Gunst der Fürsten sei***), verrathen von denen, welchen er sich mit dem Vertrauen eines arglosen Herzens hingegeben hatte, verkannt und misverstanden in seinen edelsten Bestrebungen: steht Logau, bald mit dem zürnenden Unmuth des redlichen Mannes, der den Glauben an die bessere Natur im Menschen zu verlieren beginnt, bald mit der

---

*) Vgl. Nr. 189. 190. 227. 288. 289. 328. 347. 476 u. a.
**) Vgl. Nr. 85, Auf. 216. 217.
***) Vgl. Nr. 170. 238. 375. 376. 478.

hoffnungslosen Entsagung eines tief verwundeten Gemüths, das sich scheu vor dem unlautern Treiben der Welt nur noch in die Arme der Natur zu flüchten weiß, fast allein und vereinsamt da auf seiner sittlichen Höhe. Inmitten einer solchen Zeit und Umgebung muß es daher für ihn ein wohlthuendes Gefühl der Befriedigung und des Trostes gewesen sein, sich gerade von demjenigen verstanden zu wissen, dem treu und ergeben zu sein schon seine Dienstpflicht gefordert hätte, auch wenn sie nicht das ungleich festere Band gegenseitiger Hochachtung und Werthschätzung einander näher geführt; wir meinen den Herzog Ludwig, Johann Christian's zweiten Sohn, zu dessen Hofstaat und Räthen, wie oben bemerkt worden, unser Dichter gehörte. So oft Logau seiner gedenkt, geschieht es stets in Ausdrücken ungeheuchelter Liebe und dankbarer Anerkennung für die väterliche Sorgfalt, mit welcher der Fürst die Leiden des Krieges auch den Geringsten seiner Unterthanen weniger fühlbar zu machen bestrebt war (vgl. Nr. 589); Aussprüche, welche einen Mann von so biederm und geradem Wesen vor dem Verdacht niedriger Schmeichelei um so mehr sicher stellen müssen, als seine natürliche Freimüthigkeit ohne Scheu und Furcht auch Fürsten den Ernst bitterer Wahrheiten und gerechten Tadels nicht vorenthielt. Wie herzlich heißt er diesen Gönner in der Heimat willkommen, als derselbe mit seinem Bruder Georg von seinen Reisen durch Deutschland, Frankreich, England und die Niederlande zurückkehrte! Und als der junge Fürst seine Gemahlin Anna Sophie von Mecklenburg-Strelitz im Juli 1649 in Brieg eingeführt hatte, und auch Logau von der Anmuth, dem Liebreiz und den reichen Herzensgaben dieser Fürstin gefesselt war: da ist sie ihm, dem im eigenen Hause das Glück einer verständnißinnigen Ehe versagt war, das Ideal aller weiblichen Tugend, seine Sonne und sein Engel; mit der schwärmerischen Ueberschwenglichkeit eines Jünglings pflückt er im Garten seiner Poesie manche sinnige, lyrische Blümchen, die er in einen

vollen duftenden Kranz gewunden zu den Füßen seiner
Herrin niederlegt. In der That hatte ein im Jahre 1653
verfaßtes Epigramm in dem Herausgeber sogleich die Vermuthung erweckt, Logau müsse für die Herzogin eine
besondere Sammlung von Gedichten verfaßt und derselben überreicht haben, eine Vermuthung, welche ein glücklicher Fund auch bestätigt hat. Diese Sammlung nämlich, welche vielleicht darum bisher übersehen worden, weil
sie anonym und nur „von Einem Gehorsamen Unterthan"
unterzeichnet erschienen ist, wurde in einem Foliobande der
breslauer Stadtbibliothek entdeckt; sie enthält unter dem Titel:
„Anna Sophia", 50 Epigramme und lyrische Gedichte, von
denen sich ein großer Theil allerdings in der letzten Ausgabe
von 1654 zerstreut wiederfindet, 13 jedoch, und zwar die
umfangreichsten, bisher völlig unbekannt waren.

An wichtigern äußern Ereignissen während dieser Zeit
ist nur eins zu unserer Kenntniß gelangt: seine im Jahre
1648 erfolgte Aufnahme in den Palmenorden oder die
Fruchtbringende Gesellschaft zu Weimar, eine an sich wol
ehrenvolle Auszeichnung, die aber höchst wahrscheinlich weniger
dem Dichter, als vielmehr dem Rathe und Freunde des
Herzogs Ludwig galt, welcher damals gleichfalls zum Mit-
glied der Gesellschaft ernannt worden war. Schon sein
Symbol, „das Milzkraut", sein Gesellschaftsname, „der Ver-
kleinernde", sowie seine Ordensdevise enthalten nicht die ge-
ringste Hinweisung auf seine poetischen Verdienste, die etwa
auf die Herausgabe der ersten Sammlung „Zweihundert teutscher Reimsprüche" vom Jahre 1638 hätten begründet werden können, und nur der liebenswürdigen Bescheidenheit
seines äußern Auftretens wird ehrend gedacht. Die Devise
oder das Reimgesetz auf ihn lautet nämlich nach Krause,
„Der Fruchtbringenden Gesellschaft ältester Erzschrein nach
dem Original der herzogl. Bibliothek zu Gotha" (Leipzig 1855):

Die aufgeschwollne Milz das Milzkraut kleiner macht,
Verkleinernd hab' ich drum den Nahmen auch empfangen;

> Daß man demüthig sey, das ist sehr wohl bedacht,
> Man kan zu höherm Standt dadurch viel ehr gelangen,
> Als wan man bey sich hegt nur stoltzen muth und pracht.
> Drum laßet uns mit Fleiß all an der Demuth hangen,
> Den die Erfahrung giebts, daß wer demütig lebt,
> Der wird mit reicher Frucht geehrt sein und erhebt.

Heiß ersehnt von unserm Dichter wie von tausend andern, die für die allgemeine Noth noch Herz und Gefühl behalten hatten, war endlich nach dreißigjährigem Morden der Friede wieder eingekehrt. Aber jetzt erst übersah man auch mit Entsetzen, bis zu welcher Tiefe das materielle und moralische Elend herabgesunken war.

> Treu und Glauben ist zerrissen,
> Dran die Welt zusammenhing — (Nr. 224.)

klagt voll Wehmuth unser Dichter, und wir dürfen ihm wohl glauben, daß die ersten Friedensjahre nicht geringere Leiden enthüllten als selbst der Krieg. Den kaum erträglichen Steuerdruck, der auf den ausgeplünderten Bewohnern lastete, die allgemeine Verarmung, welche namentlich in den letzten Jahren des Kriegs in erschreckender Weise zugenommen hatte, die Zuchtlosigkeit und sittliche Entartung, die alle Stände mehr oder minder ergriffen, die Verwilderung und brutale Roheit der herrenlos umherziehenden, räuberischen Landsknechte: kurz, den ganzen Jammer dieser eisernen Zeit finden wir in Logau's Gedichten mit der ergreifenden Darstellungskraft eines Augenzeugen geschildert; ja aus ihnen allein könnten wir, auch wenn uns nichts weiter überliefert worden wäre, ein getreues, freilich unendlich trauriges Bild jener Tage entwerfen.

Nicht minder traurig ist jedoch das Bild von des Dichters letzten Lebensjahren. Auch er ist noch ärmer geworden, als er es sonst schon war; sein Hausstand ist um mehrere Glieder gewachsen, während die Einkünfte seines Gutes Brockut fast gänzlich aufgehört haben; es ist niedergetreten, verwüstet und auf Jahre hinaus ertragsunfähig. Zu den

schon früher von seinem Oheim Heinrich von Reydeburg ge=
liehenen, aber noch nicht wiederbezahlten 1000 Thlrn. leiht
er neue 400 Thlr. auf das Gut (Grundacten von Brockut
im Staats=Archiv zu Breslau), obwol er um dieselbe Zeit
eine gewisse Summe aus dem Nachlaß einer andern Ver=
wandtin, Katharine von Reydeburg, geerbt (Extract aus
dem Testaments = Register, S. 216), sowie eine allerdings
nicht erhebliche Verbesserung seiner Einkünfte durch ein ver=
mehrtes Deputat erlangt hat (d. d. 26. November 1649).
Auch eine Feuersbrunst sucht ihn heim; aber er, der andere
mit dem trefflichen Sinnspruch:

> Leichter träget, was er träget,
> Wer Geduld zur Bürde leget —

ermuthigt und getröstet hat, weiß auch sich jetzt in Geduld
zu fassen.

Daß mein Haus zu Asche worden, bringt mir darum nicht Ver=
druß,
Weil auch ich, der Wirth zum Hause, kürzlich Asche werden muß.
(Nr. 865.)

Freilich entschlüpft ihm wol zuweilen ein Seufzer über der
Armuth drückendes Joch:

> Ist man arm, was hilft die Jugend?
> Ist man arm, was hilft die Tugend?
> Ist man arm, was hilfet Schön?
> Ist man arm, was hilft verstehn?   (Nr. 131.)

Und wenn das Silber dem Monde und das Gold der Sonne
gleicht, warum wollen sie ihm nur so selten und spärlich
scheinen? Aber noch hat er sich den Muth zu leichtem
Scherz zu bewahren gewußt; seine Armuth, „das Merkmal
aller Poeten", ist ihm eine Anweisung für den Himmel, in
dessen enge Pforte die mit Geldsäcken beladenen Reichen
nicht eingehen können (Nr. 652); überdies hat sie ihm, wenn
sie ihm auch sonst nur Sorgen und Kummer gebracht, doch
auch ein unschätzbares Gut bewahrt: ein reines Gewissen
(Nr. 727).

Ein schlimmerer Feind indessen als selbst die Dürftigkeit

seiner äußern Lage bringt jetzt immer hartnäckiger auf
ihn ein, untergräbt in schmerzensreichen Tagen die starken
Wurzeln seiner Manneskraft und lähmt den freien Flügel=
schlag seines Geistes: es ist die Gicht. Wie Jakob Balde,
sein lateinisch dichtender Zeitgenosse, der im Hinblick auf
seinen immer mehr schwindenden Körper den scherzhaften
Orden „der Dürren" gestiftet hat, so spottet auch Logau im
Anfang noch seine Leiden hinweg. Er schiebt die Schuld
auf den Wein; aber beim Wassertrinken, meint er, könne
man doch nicht dichten; und dennoch werde er auch ihm wol
noch entsagen müssen (vgl. Nr. 373), wenn ihn Apollo
nicht etwa durch eine Flasche Hippokrene begeistere, da er
mit dick verpackten Füßen und ohne Stiefel und Sporn
das Dichterroß nicht besteigen könne (Nr. 845). Allein
bald wollen ihn die Schwingen seiner Phantasie nicht
mehr gen Himmel führen; sie vermögen nur noch „nah der
Erde" sich zu halten (Nr. 849), und so flossen unter
Leiden mannichfaltiger Art des Dichters letzte Lebensjahre
dahin. Wohl fand er in dem Kreise weniger auserlesener
und bewährter Freunde, wie in dem Umgang mit Gelehrten,
denen er bei besondern Veranlassungen manches herzlich und
treu gemeinte Lied widmet, und unter denen besonders der
als Dichter nicht unbekannte Organist Wenzel Scherffer
von Scherffenstein in Brieg hervorzuheben ist, eine anspruchs=
lose Erholung. Aber auch der Verkehr mit diesen vermag
nicht eine immer bestimmter, immer inniger ausgesprochene
Sehnsucht nach dem Tode zu verscheuchen. Und wenn er
auch nicht, wie Oedipus oder Lactantius, es für das größte
Unglück des Menschen hält, geboren worden zu sein, so
spricht er gleichwol unumwunden aus:

Das Beste, das ein Mensch in dieser Welt erlebet,
Ist: daß er endlich stirbt, und daß man ihn begräbet.
Die Welt sei, wie sie wil, sie hab' auch, was sie wil;
Wär sterben nicht dabei, so gilte sie nicht viel.

(Nr. 144.)

Die Jugend ist verronnen, heißt es in einem andern Gedicht,

das Alter bringt heran, und so will er, dem Sorge und Kummer frühzeitig das Haar gebleicht (Nr. 757), nur noch dahin denken, wo ihm eine neue, ewige Jugend erblühen, wo kein Alter ihn mehr beschleichen wird. Und so heißt er matt und lebensmüde den Tod freudig willkommen, der ihn „entzeucht dem Toben toller Zeit", der ihm „den Hut der goldnen Freiheit schenket" (Nr. 977). Doch bevor noch seine Sehnsucht und vielleicht früher, als er es selbst geahnt, in Erfüllung ging, sollten die bedeutenden Veränderungen, welche sich damals zu Brieg vorbereiteten, auch auf seine äußern Verhältnisse nicht ohne Einwirkung bleiben.

Am 14. Januar 1653 war Georg Rudolf, der Oheim der herzoglichen Brüder von Brieg, ohne männliche Nachkommen zu hinterlassen, gestorben, bei dessen feierlichem Leichenconduct zu Liegnitz am 14. Mai 1653 auch Logau unter den hinter dem fürstlichen Leichenwagen einherschreitenden Marschällen genannt wird; außer ihm noch Balthasar von Knobelsdorf, sein Schwiegervater, und Jonas von Lilgenau.*)

Die nächsten Erben seiner beiden Herzogthümer Liegnitz und Wohlau sind nun gleichfalls die drei Brüder. Noch immer regierten diese gemeinschaftlich miteinander, obwol schon früher einmal, im Jahre 1642, bei ihnen die Absicht hervorgetreten war, sich in die Hinterlassenschaft ihres Vaters Johann Christian zu theilen. Die eindringlichen brieflichen Vorstellungen ihrer Schwester Sibylla Margaretha, vermählten Gräfin von Denhof, hatten jedoch nicht wenig dazu beigetragen, diesen Entschluß, den vielleicht Mishelligkeiten hervorgerufen hatten, nicht zur Ausführung kommen zu lassen. Jetzt aber schien der Besitz von drei Herzogthümern gewissermaßen von selbst zur Theilung anzuregen. Dieselbe fand nun auch wirklich am 3. Juni 1654 auf dem Schlosse zu Brieg in feierlicher

---

*) Lucä curieuse Denkwürdigkeiten, S. 1325.

Weise statt. Das durch einen Waisenknaben gezogene Los entschied, und so ergab sich, daß Georg das Herzogthum Brieg, Christian Wohlau, und Ludwig, der Gönner Logau's, Liegnitz erhielt, wohin derselbe auch kurz darauf mit seinen Räthen und seinem Hofstaat übersiedelte. Doch ehe noch diese Uebersiedelung nach Liegnitz stattfand, hatte Herzog Ludwig „in sondrer Anmerkung, wie durch Unsere folgende Verheürathung Unsere Hofestat sich vergrößert, dann auch durch Anfall deß Liegnizischen Fürstenthums für Unser Theil die Verrichtungen bey Canzelley, Cammer, Hoff und Wirthschafft gewachsen", in dankbarer Anerkennung auch unsers Dichters gedacht und ihm in einer am Johannistage 1653 ausgestellten Urkunde (das Original befindet sich gleichfalls in dem Besitz des Herrn Dr. Tobias in Zittau), „um sich desto beßer außzubringen und seines Fleißes eine ergezung zu haben, über vorige Besoldung und Deputat noch einen Nachsaz von zwey Hundert Thalern Schlesischer Wehrunge gegönnet und gegeben, die der von Logaw mit unterthänigem Dank angenommen, [und sich hingegen gehorsam verpflichtet, nebenst Seinem Vorigen und in erster Bestallung angezogenem Obliegen, auch die Inspection bei Unser Fürstl. Cammer und Hofe Wesen, nebst dazu absonderlich verordneten Personen, zu übernehmen] und dann sonst wie vormals mit aller Trew und gewierigkeit Unser Bestes zu fördern und Unsern Schaden zu verhütten". Ueber seine nunmehrige Stellung, mit welcher ihm auch wahrscheinlich der Titel eines herzoglichen Regierungsraths verliehen wurde, spricht er sich mit der ihm eigenen Bescheidenheit und frommen Ergebenheit folgendermaßen aus:

Die Person, die ich jetzt führe auf dem Schauplatz dieser Welt,
Wil ich nach Vermügen führen, weil sie mir so zugestellt;
Denn ich hab sie nie gesucht. Wird was andres mir gegeben,
Wil ich nach des Schöpfers Ruf, nie nach meinen Lüsten leben.
(Nr. 963.)

Dasselbe Jahr jedoch, welches ihm in der Bedrängniß seiner dürftigen Lage endlich die Aussicht auf eine sorgenfreiere

Zukunft eröffnete, sollte auch nicht ohne betrübende Ereignisse vorübergehen. Am 15. Juni war sein Schwiegervater Balthasar von Knobelsdorf gestorben, und wenige Wochen darauf, am 5. August, folgte ihm Logau's jüngstgeborenes Töchterchen Sophie Eleonore in dem zarten Alter von 17 Wochen und 3 Tagen, „dessen abgeseeltes Körperlein", wie es auf dem von Wenzel Scherffer verfaßten Trauergedicht heißt, „den 8ten tag gedachten Monats, bey der Fürstl. Brieg. Schloß Kirchen Christ = Adelich beerdiget worden".

Im Frühling des nächsten Jahres 1654 war Logau endlich die Freude zutheil geworden, die große Sammlung seiner Epigramme und Gedichte, von ihm selbst mit Sorgfalt chronologisch geordnet, unter dem Pseudonym Salomon von Golaw, beendet und gedruckt vor sich zu sehen. 3560 Nummern enthaltend und einen Zeitraum von mehr als 25 Jahren umfassend, läßt sie uns jetzt einen lohnenden Blick in die Werkstätte schaffender Gedanken thun, in welcher der Dichter, erlöst von dem drückenden Joche des Amtes, in der Stille der Nacht Trost und Vergessenheit sucht vor dem Elend seiner jammerreichen Zeit; sie steht demnach in bedeutungsvollstem Zusammenhang mit seinem Leben, das nach der Vollendung dieses Werks nun selbst seinem Ende entgegeneilt.

Mit der Uebersiedelung des Herzogs Ludwig nach Liegnitz im Sommer desselben Jahres war auch für Logau die Nothwendigkeit eingetreten, Brieg, in welchem er den größten Theil seines bisherigen Lebens zugebracht, noch jetzt am Abend seiner Tage zu verlassen, und sicherlich ist ihm das Scheiden von dieser Stadt, welche seine theuersten Jugenderinnerungen umschloß, welche später in Freud und Leid, in Friede und Drangsal des Mannes Streben und Wirken, Kämpfen und Dulden gesehen, nicht leicht geworden. Wie schmerzlich es allen denen geworden, die ihn näher kennen gelernt, das bezeugt noch ein, nachmals auf seinen Tod verfaßtes Trauergedicht, in welchem es unter anderm heißt:

Was wird das Große Brieg jtzt auch vor Kummer rühren:
Ja wohl! Was ließ sich nicht vor wehmut damals spüren,
Alß Er sich nur der Stadt gedachte zu entbrechen?

Aber nur noch ein Jahr war ihm vergönnt, an dem neuen Schauplatz seiner Thätigkeit zu wirken. Er starb hier in Liegnitz schon am 24. Juli 1655 (nicht, wie Lessing und nach ihm andere angeben, den 5. Juli) im Alter von 51 Jahren und 6 Wochen; in der Kirche zu St.-Johannis wurde ihm in dankbarer Pietät ein Epitaphium errichtet.

Die hinterlassene Witwe blieb nach des Gatten Tode im Besitz des Familiengutes Brockut für ihre vier Kinder, über welche der Vetter und Schwager des Verstorbenen, Ludwig von Logau auf Crahn, die Vormundschaft führte; das älteste derselben, Balthasar Friedrich, hatte eben erst das zehnte Lebensjahr zurückgelegt, während die jüngste Tochter, Anna Helene, kaum sechs Jahre zählte. (Die älteste Tochter Anna hat sich später an einen von Gersdorf; die zweite, Dorothea Magdalena, an von Bonner, darauf an Gustav von Rose verheirathet.) Ja selbst nachdem sich die Mutter 1661 mit dem fürstlich ohlauischen Rath Heinrich Ernst von Rößler auf Langenwalde und Jakobsdorf zum zweitenmal vermählt hatte, wird ihr der Weiterbesitz des Gutes bis zum Jahre 1668, also bis zur Volljährigkeit des Sohnes, verlängert, wogegen sie sich jedoch schriftlich verpflichten muß, den „Sohn in triviali zu unterhalten, wenn er, um seine Studien zu continuiren, auser Landt sich begeben sollte und Ihme Jährlichen Ein Hundert Taler-Schles. zu seiner alimentation de proprio zu geben". (Vertrag vom 12. December 1661.) Allein des Vaters Kampf gegen die immer bedrohlicher auftretende Verarmung der Familie scheint sich auch auf den Sohn vererbt zu haben, trotzdem er eine äußerlich glänzende und einflußreiche Stellung als Rath der Herzogs von Nassau-Dillenburg bekleidete. Noch liegen uns mehrere

Actenstücke vor, in denen er immer neue, ansehnliche Summen gegen Verpfändung des ohnehin schon vielfach belasteten Gutes aufnimmt, und obwol seine drei Schwestern in einem Vertrage vom 12. Januar 1679 auf ihre Erbantheile zu seinen Gunsten verzichten, sieht er sich doch am 18. October 1689 genöthigt, Brockut zu verkaufen. Tief verschuldet stirbt er am 9. Februar 1702, und noch gegen seine vierte Gemahlin, eine geborene Gräfin Rödern, wird 1705 wegen einer Summe von 40608 Thlrn. eine Execution vollstreckt, welche den letzten Rest von dem Erbe unsers Dichters verzehrte!*)

---

2. Charakter als Mensch und Dichter.

Während wir bei der Darstellung von Logau's äußerm Leben uns reichlicher fließende Quellen zu wünschen so oft veranlaßt waren, sind wir bei der Beurtheilung seines Charakters in ungleich günstigerer Lage. Für diesen Zweck nämlich bieten uns seine Gedichte ein völlig ausreichendes Material, da bei dem subjectiven Gepräge des Epigramms, auch wo der Dichter nicht geradezu von sich selbst spricht, schon die Wahl seines Stoffs wie die Art der Behandlung, das Maß seiner Indignation wie seines Lobes, die Energie des Ausdrucks wie die durch ihn sich offenbarende Kraft der eigenen Ueberzeugung einen sichern Rückschluß auf die Gesinnung und Denkungsart des Verfassers gestatten. Um so

---

*) Die außerordentlich reiche und kostbare Bibliothek Balthasar's, welche noch bei Lebzeiten des Eigenthümers Christian Gryphius, der Rector des Magdalenen-Gymnasiums zu Breslau, verwaltete, ging im Jahre 1703 durch Kauf in den Besitz des Herzogs Wilhelm Ernst von Weimar über und bildet noch gegenwärtig einen bedeutenden Theil der weimarischen Bibliothek. Das Verzeichniß dieser Bücher, welche bei dem Transport drei Schiffsladungen ausmachten, umfaßt 464 enggeschriebene Folioseiten!

unbedenklicher aber dürfen wir solche Rückschlüsse wagen, wenn einem Dichter, wie dem unserigen, die Poesie zur vertrauten Freundin geworden, der rückhaltlos seine Schmerzen und Freuden, seine Empfindungen und Betrachtungen, seine Wünsche und Hoffnungen mitzutheilen für ihn eine süße Gewohnheit, ein tägliches Bedürfniß geworden ist. Und, gestehen wir es gleich, es braucht der Mann sich des Bildes, welches er uns unbewußt auf diese Weise gezeichnet, nicht zu schämen; zwar sind auch Schatten darin: aber würde es uns ohne dieselben noch gefallen?

Friedrich von Logau ist eine der edelsten Erscheinungen seiner Zeit, und je mehr die sittliche Verkommenheit seines Jahrhunderts zugenommen, je unaufhaltsamer der Verfall in Sitte und Religion sich im öffentlichen Leben wie im Schos der Familie offenbart, desto höher muß der Werth seiner einsamen Tugend angeschlagen werden. Es gilt wenig, in einer tugendhaften Zeit nicht zu den Lasterhaften zu gehören; aber inmitten des politischen, socialen und sittlichen Elends, welches der langjährige, entsetzliche Krieg heraufbeschworen, seiner edlern Gesinnung treu zu bleiben, noch da den Glauben an die heiligsten Güter des Herzens unwandelbar zu bewahren: das vermag nur ein Mann von strengen und edeln Grundsätzen, ein Mann von bewährtem Charakter.

Die Liebenswürdigkeit seiner persönlichen Erscheinung spricht sich vor allen Dingen in der Anspruchslosigkeit und Bescheidenheit aus, welche bei ihm den Kern und Mittelpunkt seiner ethischen Grundsätze bilden. Nicht nach den stolzen Höhen irdischer Herrlichkeit trägt sein Herz Verlangen; nicht Hoheit, Reichthum und äußere Ehren können ihn verlocken, sein eigenes Selbst zu verlieren.

> Seines Lebens und der Welt kan am besten der genießen,
> Der das Große dieser Welt ihm begehret nicht zu wißen.
> (Nr. 935. 604.)

Sein Ehrgeiz reicht nicht weiter, als bis zu der stillen Hütte im Thal, in welcher weit öfter das wahre Glück wohnt als

auf des Lebens Höhen und in stolzen Marmorpaläſten
(Nr. 9. 619). „Wer ruhig ſitzen will", ſagt er, „der ſitze
nicht beim Giebel", woher ſo leicht der tiefe Fall droht
(Nr. 624). Nur durch Beſcheidenheit wird Glück und
Würde lange unverſehrt erhalten. Daher das Gefühl ſelbſt=
bewußter Sicherheit, mit welcher er feſt und gelaſſen das
buntbewegte Schauſpiel des Lebens um ſich her betrachtet:

— Die ſchmale Stürzebrücke,
Darauf nach Gunſt man zeucht, die bringt mir nicht Geſahr.
Ich ſtehe, wo ich ſteh', und bleibe, wo ich war.
Der Ehre ſcheinlich Gift, des Hofes Meiſterſtücke,
Was gehen die mich an? — —
Nach Purpur tracht ich nicht; ich nehme weit dafür,
Wenn Gott ich leben kan, dem Nächſten und auch mir.
(Nr. 148.)

Aus ſolchen Lebensanſchauungen muß nothwendig eine
Zufriedenheit hervorgehen, die ihn mit der Dürftigkeit ſeiner
Lage nicht nur völlig ausſöhnt, ſondern dieſelbe ſogar mit
einer gewiſſen Behaglichkeit auszuſtatten weiß. Wohl regt
ſich auch in ihm zuweilen der Wunſch nach einer ſorgen-
freiern, mit des Lebens anmuthigern Formen umgebenen
Exiſtenz, wohl ſähe er, mit leichtem Wortſpiel ungriſch
Gold nicht ungern in ſeinem Beſitz; aber bald verflüchtet
ſich der Ernſt ſeines Wunſches zu ſcherzender Ironie
(Nr. 54), oder er verſtummt in der beruhigenden Erwägung:
„Wer weiß, was mehr mir ſoll?" (Nr. 477. 550.) Em=
pfindet der doch nicht, daß ihm manches gebricht, der nicht
mit Trauer ſeines Mangels gedenkt (Nr. 498. 572). Iſt
nur der gute Name gerettet und rein das Gewiſſen: wer
wollte ſich dann noch um ſchnöden Weltlohn kümmern?
(Nr. 38. 43. 710.) Mäßig und einfach in ſeinen Bedürf=
niſſen, kann er des Reichthums entrathen; thätig und raſtlos
in den Mühen ſeines Amtes, bedarf es keines lucullischen
Mahls, um ihn zufrieden zu ſtellen (Nr. 47. 151). Schlicht
und dem Prunk abhold, ſehnt er ſich deshalb ſo gern nach dem
idylliſchen Frieden des Landlebens, in welchem er, fern von

dem lauten Geräusch der Stadt und den Stürmen der Zeit, die einfachen Gaben der Natur genießen und dabei das allgemeine wie das eigene Leid vergessen darf (Nr. 47, B. 16 fg.).

Vermöge der eben geschilderten, mehr den traulichen Kreis einer bescheidenen Häuslichkeit zierenden Eigenschaften war Logau vom Beginn seiner juristischen Laufbahn seinem Berufe, noch mehr aber dem Leben an einem Hofe abgeneigt. Hier wie dort mußte er in eine Oeffentlichkeit heraustreten, welche seiner stillen Natur wenig zusagte; hier wie dort mußte er der persönlichen Unabhängigkeit, welche er für das größte Glück eines Mannes erklärt, für immer entsagen.

Ist Glücke wo und was, so halt ich mir für Glücke,
Wann ich mein eigen bin, daß ich kein dienstbar Ohr
Um weg verkaufte Pflicht darf recken hoch empor
Und horchen auf Befehl.
(Nr. 148. 85, B. 41 fg. 288. 943.)

Diese Abneigung mußte natürlich immer mehr Nahrung gewinnen, als er später zu Brieg hinreichende Gelegenheit gefunden, das Hofleben in seinen dunkelsten Schattenseiten kennen zu lernen. Von nun an bildet es ein unerschöpfliches Thema für seinen Spott und seine Satire. Bald in launigem Humor, bald in beißender Ironie, öfter aber noch von Ekel und Abscheu erfüllt, geiselt er das widerwärtige Schauspiel, das die niedrige Denkungsart des größten Theils seiner Umgebung ihm täglich bot, und das den moralischen Bankrott seiner Zeit nicht schonungsloser enthüllen konnte. Das Buhlen um Fürstengunst, die schamlose Schmeichelei, die charakterlose, kriechende Demuth, welche gleichwol mit hochmüthiger Ueberhebung und hartherzigem Druck gegen Untergebene auftritt, das gesinnungslose Haschen und Jagen nach Amt und Auszeichnung, die Bestechlichkeit der Richter und Hofbeamten, ihr Neid gegen den Begünstigten, die Heuchelei, die sich im Gewande der Tugend brüstet, die

offenbare Ehrlosigkeit, die sich zu verhüllen verschmäht und
sich zu schämen verlernt hat: das ist der Stoff, den er in
hundertfältiger Variation mit dem Schmerz und Ingrimm
eines lautern Gemüths behandelt. Zwar selbst durchdrungen
von der Bedeutung seiner adelichen Geburt und nicht frei
von manchen Vorurtheilen seiner Standesgenossen, deren
Gerechtsame er auch bis auf ihre übeln Gewohnheiten und
Fehler gewahrt wissen will (vgl. Nr. 577), gilt ihm anderer=
seits doch nur der Adel der Gesinnung, der edle Schmuck
des Herzens als das wesentliche Merkmal echter Abstam=
mung, nicht blos die lange Reihe der Ahnen, deren ältester
doch nur daran mahnt, daß unser aller „Ursprung Erde
sei" (Nr. 45. 46). Kann es ein vortrefflicheres Zeugniß
für seine Auffassung geben, als das, welches er selbst in
folgenden Worten niedergelegt:

>Die Tugend alleine gibt tüchtigen Adel;
>Das Waffen Gemäld
>An Helm und Feld
>Bedecket vergebens den inneren Tadel.
>Die Wiege des Cyrus wie Irus ist Thon.
>Ein leeres Geklänge,
>Ein gläsern Gepränge
>Sind Ahnen, wo Tugend ist ferne davon.
>   (Nr. 141. 873.)

Aber eben darum, weil er den Vorzug und die Würde
seines Standes ausschließlich in dem Adel der Gesinnung
und der That, nicht in dem Zufall der Geburt, noch in
stolzer Ueberhebung andern gegenüber sieht, wacht er eifrig
über die Reinerhaltung der Standesehre, die ohne Zweifel
durch die gerade damals so häufig gewordene Unsitte, ein
Adelsdiplom zu erkaufen, nicht gewinnen konnte, und un=
barmherzig schwingt er die Geisel seines oft drastischen
Spottes über die Landsknechte, die nun Landesherren, über
die Bauern, die nun Grafen und Edelleute geworden.*)

---

*) Vgl. Nr. 293. 386. 399.

Freilich der langjährige, blutige Krieg hatte alle jene sitt=
lichen Niederlagen zum Theil mit verschuldet, und es war
eben nur wenigen starken Charakteren möglich, ihr Herz und
Gewissen von dem allgemeinen Schmuz, der den vornehmen
wie den niedrigen Pöbel ergriff, rein zu erhalten. Aber
gerade darin lag auch die Veranlassung, diejenigen anzu=
feinden und zu verleumden, die ehrenvoll, wenn auch spär=
lich unter solchen Zeitgenossen hervorragen, und wir müßten
auch diese bittern Erfahrungen als selbstverständlich bei
Logau voraussetzen, selbst wenn er sich nicht so vielfach
darüber beklagte. Gewiß war es vor allem sein edler Frei=
muth, mit welchem er sich schonungs= und rückhaltlos gegen
alle jene Gebrechen seiner Umgebung, selbst die der Fürsten
nicht ausgenommen, erklärt, der seinen Gegnern die wirk=
samsten Waffen in die Hände gab. Die Wahrhaftigkeit und
Lauterkeit seiner Gesinnung erkennt nur darin den wahren
Heldenmuth,
— schwarz schwarz, weiß weiß zu nennen;
sieht nur in dem einen echten tapfern Mann,
Der keinen Umschweif braucht, der keinen Mantel nimmt,
Der allem gegen geht, was wider Wahrheit kümmt.
(Nr. 419.)
Und so kann weder Anfeindung noch Neid und Verleumdung
ihn in seinen Grundsätzen irremachen; wol geht er verein=
samt seinen Pfad, aber die Höhe, auf welche seine sittliche
Kraft sich in solcher Zeit erhebt, umflicht seine Stirn mit
einem unverwelklichern Kranz als der Lorber, der ihm als
Dichter gebührt. Nur ein Mann wie er hat dann das
Recht, erhoben von seinem bessern Bewußtsein, der ganzen
Welt den Handschuh hinzuwerfen, weil ihre Wege nicht mehr
die seinen sind:
Mein Sinn steht aufgericht: die Welt geht krumm gebückt;
Mein Sinn ist ungefärbt: die Welt ist glatt geschmückt.
Mein Mund hat eine Zung', ich kan nicht Warmes hauchen
Und Kaltes auch zumal: die Welt pflegt Ja zu brauchen
Wie Nein und Nein wie Ja; dann ihre Zunge bricht
Die schöne zwischen Mund und Herz gepflogne Pflicht.
(Nr. 980. 60. 370.)

Logau ist eine echt religiöse Natur; seine hierher gehörenden Epigramme und Lieder offenbaren eine Tiefe des Gemüths und eine Innigkeit der Empfindung, daß man sie unbedenklich den besten Producten ihrer Gattung aus damaliger Zeit gleichstellen darf. Sei es daß er in kindlichem Gottvertrauen seine Hoffnung auf den Herrn setzt, dessen Barmherzigkeit und Güte auch ihm den vollen Becher reicht*), sei es daß er in völliger Ergebenheit in Gottes Willen seinen Lebensgang und sein Geschick ihm anheimstellt (Nr. 58. 451. 512), sei es daß er den geoffenbarten Glauben als einen Bau besingt, der in Ewigkeit nicht vergehen wird (Nr. 56), oder sei es endlich, daß seine Seele zum Gebete sich erhebt, das bald in schlichten Worten, bald in begeistertem Jubelgesang dem Born seines dankerfüllten Herzens entströmt**): überall weht ein Hauch wahrer Frömmigkeit, die kindlich und lauter, wie seine Natur, ihn auf den Schwingen der Andacht hoch über die Schatten des Erdendaseins erhebt (Nr. 89. 447). Aber eben darum, weil er nur eine Religiosität des Herzens kennt, welche ein Gemeingut aller Menschen sein soll, verhält er sich kühl oder abwehrend gegenüber den kirchlichen und confessionellen Bewegungen seiner Zeit. Fest auf dem Standpunkt des geoffenbarten Glaubens stehend und speciell Protestant, sind ihm gleichwol alle dogmatischen Fehden zanksüchtiger Theologen verhaßt. Bei dem erbitterten Streit um den Glauben, meint er, gehe gewöhnlich der rechte Glaube verloren, und wenn Christus wiederkehrte, „dürft er alsdann finden keinen". (Nr. 711.)

Luthrisch, Päbstisch und Calvinisch, diese Glauben alle drei
Sind vorhanden; doch ist Zweifel, wo das Christenthum dann sei:
(Nr. 232.)

In jedem Falle aber will er die Freiheit seiner religiösen Ueberzeugung in vollem Maße gewahrt wissen; sie ist des

---

*) Nr. 252. 246. 441. 621.
**) Nr. 1. 2. 461. 503.

Herzens heiligstes Gut, über dessen Berechtigung er keinen
andern als den Richterstuhl Gottes anerkennt:

Was geht es Menschen an, was mein Gewissen gläubet?
Wenn sonst nur christlich Ding mein Lauf mit ihnen treibet.
Gott gläub' ich, was ich gläub'; ich gläub' es Menschen nicht;
Was richtet dann der Mensch, was Gott alleine richt'?
(Nr. 936.)

Diese Forderung der Glaubens- und Gewissensfreiheit, welche er mit solcher Entschiedenheit für sich in Anspruch nimmt, gesteht er natürlich auch jedem andern zu, und so predigt er im Sinne christlicher Liebe mit wahrer, innerer Ueberzeugung eine der schönsten Tugenden unserer Religion, Duldung, in einer Zeit, in welcher der größte Krieg, den jemals religiöse Intoleranz hervorgerufen, noch immer alle Gemüther Deutschlands gegeneinander entflammte. Mitten in den Kampf der Parteien ruft er das milde Wort der Versöhnung: nicht durch Vergewaltigung und Verfolgung hat Christus seine Kirche gegründet (Nr. 662), und gleichwie der Schalksknecht im Evangelium, dem sein Herr eine große Summe erlassen, und der gleichwol um kleiner Schuld mit seinem Mitknecht übel verfährt, wollten wir diejenigen, die wir für Ketzer halten, hassen und verfolgen, während uns doch Gottes Liebe, Nachsicht und Langmuth erträgt? (Nr. 363. 209.)

Eben weil Logau eine durchaus fromme und lautere Natur ist, verabscheut er alle frömmelnde Scheinheiligkeit und Heuchelei. Die Schilderung, welche er von ihr entwirft, paßt noch genau auf ähnliche Erscheinungen unserer Tage; sie paßt auf alle Zeiten:

> Kirchen gehen, Predigt hören,
> Singen, beten, andre lehren,
> Seufzen und gen Himmel schauen,
> Nichts als nur von Gottvertrauen
> Und vom Glauben und vom Lieben
> Und von andrem Gutsverüben
> Reden führen —

dabei aber gleichwol hinterm Rücken lästern,

> Seinen Nächsten haßen, neiden,
> Dessen Bestes stets vermeiden,
> Dessen Nachtheil emsig stiften,
> Zungen=Honig, Herzens=Giften,
> Jenes außen, dieses innen,
> Lieblich, tückisch führen können:
> Meinstu, daß dem Christenleben
> Beides ähnlich sei und eben?
> (Nr. 163. 328.)

Aber nicht blos in Gesinnung und Gefühl äußert sich Logau's Religiosität, sondern auch lebendig durch die That:

> Denn aus Wandel und Gewißen
> Kan man erst den Glauben schließen.
> (Nr. 703. 606.)

Allerdings vermag auch er den Sohn seiner Zeit nicht gänzlich zu verleugnen; auch er zahlt der herrschend gewordenen Unsitte des 17. Jahrhunderts seinen Tribut, indem er frivole und obscöne Bilder und Stoffe in einer nicht geringen Anzahl seiner Gedichte behandelt. Und dennoch ist auch hierin ein großer Unterschied zwischen ihm und andern hervorragenden Zeitgenossen nicht zu verkennen. Während Hoffmannswaldau, Lohenstein und andere die poetische Sinnlichkeit so oft mit der gemeinen verwechseln und mit widerlichem Behagen in dem Schmuz der Obscönität wühlen, tritt bei Logau doch wesentlich die Absicht des Epigrammatikers und Satirikers in den Vordergrund: die Schäden und Laster der Gesellschaft dadurch zu heilen, daß er sie in ihrer ganzen Häßlichkeit zur Schau stellt und mit seinem Spott geiselt. Ohne Zweifel hat er selbst den Vorwurf, den ihm die Behandlung solcher Stoffe zuziehen könnte, vorausgesehen; denn er hält es für nöthig, sich ausdrücklich deshalb zu entschuldigen und vor allem den Verdacht eigener Unsittlichkeit zurückzuweisen:

> Ich weiß wol, daß man glaubt, daß einer gerne thu
> Das was er gerne sagt; allein es trifft nicht zu. — —
> Mein Reim ist manchmal frech, die Sinnen sind es nicht;
> Der eine Zeug ist Gott, der ander das Gerücht.   (Nr. 762.)

Und weil er eben darüber nur schreibt, was andere wirklich
thun (Nr. 831), so dürfe der sittliche Zweck seiner Verse
nicht angezweifelt werden:

>Ich rede frei von dem, was Schande heißt und bringt;
>Vielleicht ist wer, den Scham von Schanden abezwingt.
>   (Nr. 195.)

Als die alleinige Richtschnur für sein praktisches Christen=
thum erklärt er mehr als einmal das schöne Gebot der
Liebe, welches die Heilige Schrift selbst die Hauptsumme
aller Gebote nennt, darinnen das ganze Gesetz und die
Propheten begriffen sind: Liebe zu Gott und dem Nächsten!*)
Und so dient er, wie er scherzend sagt, nicht blos zween,
sondern sogar dreien Herren: Gott mit dem Herzen, dem
Fürsten mit dem Kopfe und dem Nächsten mit den Händen
(Nr. 974); oder an einer andern Stelle:

>Dem Herren herzlich,
>Dem Fürsten treulich,
>Dem Nächsten redlich!   (Nr. 87.)

Besonders in der letztgenannten Beziehung, in der strengen
Auffassung seiner Verpflichtungen gegen den Nächsten, steht
Logau an sittlicher Größe neben den Besten seiner Zeit; sie
muß um so höher angeschlagen werden, weil sie mit dem
herzlosesten Egoismus, welcher bei dem Elend des langen
Kriegs erbarmungslos alle Stände ergriffen hatte, in einem
um so wohlthuendern Gegensatz steht; und gerade der Um=
stand, daß er so häufig und so bringend zu der lebendigen
Bethätigung dieses Gebots ermahnt, beweist hinlänglich, wie
sehr solche Ermahnungen noththaten. Wenn er schon im
allgemeinen klagt, es gäbe kaum noch ein größeres Wunder,

>— — als daß ein frommer Mann
>Bei dieser bösen Zeit fromm sein und bleiben kann; —
>   (Nr. 55.)

so mag es sicherlich um eine uneigennützige, selbstsuchtlose
Pflichterfüllung dem Mitmenschen gegenüber nicht minder trau-

---

*) Nr. 166. 80. 85, B. 47. 163, B. 19 fg. 712.

rig gestanden haben. Ihm jedoch ist die Liebe zum Nächsten
geradezu der einzig berechtigte Maßstab wahrer Frömmigkeit:

> Man merkt, wie gegen Gott der Glaube sei bestellt,
> Aus dem, wie Glaub' und Treu man seinem Nächsten hält.
> (Nr. 413.)

„Ich diene, wem ich kann, bin eines jeden Knecht", darf
er daher an einer andern Stelle (Nr. 85, B. 47) ohne eitle
Ruhmredigkeit von sich sagen; denn wie heiliger Ernst es
ihm um die lebendige Bethätigung dieser Tugend war, das
erhellt allein schon aus den Worten:

> Wenn man seinen Nächsten haßet, wirft man Christo gleichsam für,
> Daß er den so werth geschätzet, den so wenig achten wir.
> (Nr. 700.)

Noch eine Seite endlich dürfen wir bei der Beurtheilung
unsers Dichters nicht unberührt lassen, seine Liebe zum
Vaterlande. Freilich kann sich dieselbe nicht in stolzem
Selbstgefühl kundgeben; was hätte damals dazu berechtigt?
Aber in bittern Klagen trauert er über Deutschlands Schmach
und tiefen Fall, mit ihm die Besten seiner Zeit, deren eigene
Noth das Gefühl für die Leiden des Vaterlandes noch nicht
hatte verstummen lassen. Bald gedenkt er des Reiches alter
Herrlichkeit und seines Volks verschollener Tugenden; bald
klagt er über die Herabwürdigung, über die politischen und
sittlichen Niederlagen, welche Deutschland in seinen Tagen
erfahren, sodaß es mühselig unter der Last fremder Fesseln
seufzt.*) Die edle, kraftvolle Muttersprache ist untergegangen,
verdorben und entstellt durch die armseligen, bunten Lappen
fremder Zungen. Wohl ist Deutschland „blutarm" geworden,
bekennt er schmerzlich, „drum geht es so geflickt" (Nr. 57).
Die schmucklose, aber ehrsame Kleidertracht hat der franzö=
sischen Mode weichen müssen, die leider noch bis zu unsern
Tagen ein demüthigendes Denkmal deutscher Knechtschaft

---

*) Nr. 106. 379. 463. 884. 926.

geblieben ist. Mit Entrüstung weist er auf die Frauen hin, die, schamlos entblößt, mit dem ehrbaren Kleid auch die ehrbare Sitte abgelegt; denn: „wie sichs wandelt außen, wandelt sichs auch innen" (Nr. 583), und sicher nicht mit Unrecht macht er deshalb diese beklagenswerthe Sucht Fremdes nachzuahmen, abgesehen von der Verwilderung, welche im Gefolge der langen Kriegsnoth war, für den tiefen Verfall deutscher Art und Sitte verantwortlich.

Dies ist in allgemeinen und großen Umrissen das Bild von dem Charakter und dem moralischen Gehalt unsers Dichters, sowie es uns wenigstens die in seinen Dichtungen enthaltenen Züge habe entwerfen lassen. „Nehmt alles nur in allem: er war ein Mann!" tragen wir kein Bedenken darunterzusetzen, oder mit den Worten eines auf seinen Tod verfaßten Trauergedichts zu schließen:

Hier starb ein Ebenbild der deutschen Treue!

Friedrich von Logau ist keineswegs ausschließlich Epigrammatiker, wie man allgemein anzunehmen pflegt; vielmehr steht seine Begabung für lyrische Poesie jener mehr verstandesmäßigen Richtung nicht nach, ja ihr scheint er sich in seiner Jugend ausschließlich gewidmet zu haben. Seine frühesten Gedichte sind nach seinem eigenen Zeugniß Liebeslieder gewesen, über welche wir allerdings kein Urtheil mehr zu fällen vermögen, da sie sämmtlich eine Beute des Kriegs geworden. Ihren Verlust haben wir indessen wol kaum zu beklagen Ursache, da sie selbst der Dichter nicht schwer vermißt. Doch auch in den noch erhaltenen Gedichten findet sich eine nicht geringe Anzahl lyrischer Lieder, welche sich ebenso durch Zartheit der Empfindung, durch Wahrheit und Innigkeit des Gefühls wie durch Leichtigkeit in der Form auszeichnen, von einem Hauche echter Poesie derartig durchweht, daß sie mit Recht neben die besten lyrischen Erzeugnisse ihrer Zeit gestellt zu werden verdienen.

Es genüge zum Beweise auf das vortreffliche Abschiedslied bei dem Tode seiner ersten Gemahlin hinzuweisen (Nr. 161).

Die zunehmende Fülle seiner Amtsgeschäfte, die nichts weniger als poetischer Natur waren, legte indessen später dem Flug seiner dichterischen Phantasie bald durch mangelnde Stimmung, bald durch sparsam zugemessene Mußestunden Fesseln an, und nur in der Stille der Nacht vermag er sich noch seiner poetischen Neigung hinzugeben.

— Mein Beruf spannt mich ein in andre Schranken;
Was du hier am Tage siehst, sind gemeinlich Nachtgedanken.
(Nr. 846.)

Er muß sich begnügen, in wenigen Versen, in knapper, gedrängter Form, in scharf ausgeprägten Gedanken sozusagen die Hauptsumme seiner poetischen Stimmung niederzulegen, und das führte ihn in natürlichem Zusammenhang dem Epigramm zu, dessen Inhalt ebenso natürlich die Ereignisse des Tags wie die eigenen Erlebnisse, die Fragen der großen Politik wie die socialen Zustände und Gebrechen seiner Zeit bildeten. Und wie den Juvenal die sittliche Indignation über den immer offenbarer drohenden Verfall altrömischen Lebens in Staat und Familie zur Satire trieb, so bot auch unserm Dichter das mannichfache allgemeine und besondere Elend ebenso oft den Stoff für seine epigrammatischen Pfeile, als es ihn andererseits durch stilles Versenken in poetische Betrachtungen auf Augenblicke wenigstens die Leiden der Zeit vergessen ließ. In der That begünstigte die Gestaltung der Zeitverhältnisse das Gedeihen epigrammatischer Dichtung in hervorragender Weise. Was an Gemüth noch gerettet war, flüchtete sich in die lyrischen, halbdunkeln Hallen des Kirchenliedes; das Verstandesmäßige dagegen schritt mit dem Griffel der Satire, des Spottes und Witzes, auf den Markt des Lebens, unter das Gedränge der Leute, um hier die Typen ihrer Charaktere aufzusuchen. Von Julius Wilhelm Zinkgref an, dessen „Deutsche Apophthegmata" 1626 erschienen waren und die Gervinus nicht mit Unrecht „die vaterländischen

Erstlinge des Epigramms" nennt, mehrt sich zusehends die
Zahl der Dichter, welche dem Sinngedicht ihre Aufmerksam=
keit zuwenden, so Rudolf Weckherlin, Martin Opitz, Paul
Fleming, Georg Greflinger, Daniel von Czepko und viele
andere. Der Römer Martial und der Brite Owen, ge=
legentlich auch wol Dionysius Cato und die neuern Lateiner,
wie Muret und Scaliger, werden vielfach übersetzt und ge=
plündert. Von Johann Rist aus Ottensen erscheint 1634
eine Auswahl von Epigrammen aus dem eben genannten
englischen Dichter; ihm folgten Johann Peter Titz aus Lieg=
nitz 1643 mit einer „Centuria florilegii Oweniani" und
Simon Schulz aus Thorn 1644 mit einer ähnlichen Blu=
menlese aus Martial und Owen, während 1647 Michael
Fend aus Mannheim dreihundert Epigramme zum Lobe der
Schreibfeder veröffentlichte. (Gervinus, III, 307.) Allein
alle diese Erscheinungen sind unbedeutend gegen die nächsten
drei, in kurzer Aufeinanderfolge hervortretenden, größern
Sammlungen von Sinngedichten. Im Jahre 1653 gab
Valentin Löber aus Bremen seine vollständige Uebersetzung
Owen'scher Epigramme heraus; noch in demselben Jahre er=
schienen die deutschen Madrigale von Kaspar Ziegler aus
Leipzig, und ein Jahr später Friedrich von Logau's „Deutscher
Sinngedichte dreitausend". Auch bei letzterm ist, wie bei
den Vorhergenannten, der Begriff des Epigramms allerdings
in dem weitesten Umfang gefaßt; alle ihm verwandten Gat=
tungen: das Sprichwort, der Sinnspruch oder die Gnome,
das Madrigal und die Satire wechseln in bunter Reihen=
folge miteinander ab; ja sogar die mittelalterlichen Priameln
finden wir in Form und Inhalt wieder aufgefrischt. Aller=
dings war man damals in der Trennung und Unterscheidung
dieser einzelnen Specialitäten nicht allzu ängstlich; entschied
doch z. B. zwischen Epigramm und Satire einzig die äußere
Ausdehnung, insofern man das Epigramm als eine kurze
Satire, diese als ein langes Epigramm definirte. (Opitz,
„Poeterei", c. V.)

Daß bei der großen Zahl von Logau's Gedichten nicht alle von gleichem Werth sein können, ist einleuchtend. Er selbst dachte bescheiden genug von sich und seinem poetischen Talent, sobaß er es nicht einmal wagt, sich für einen Dichter zu halten:

— ein Urtel mag vor fällen,
Der selbst ist ein Poet mit Recht und durch die Kunst.
(Nr. 975.)

Fällt die Entscheidung für ihn aus, so will er es als eine besondere Gunst ansehen; wo nicht, so ist er auch damit zufrieden. Schreibt und dichtet er doch, wie er so häufig erklärt, nur zu seinem und seiner Freunde Vergnügen, „zur Uebung seiner Sinnen", wie er sagt, und um sich den Unmuth ob der Zeiten Weh zu verscheuchen. Frei von dichterischer Eitelkeit oder Selbstüberschätzung ist er daher völlig befriedigt, wenn bei vielem Mislungenen auch nur einiges gut und würdig befunden werde (Nr. 789). Bescheidenheit pflegt indessen immer das Attribut des wahren Talents zu sein, das sich in seiner Kunst die höchsten Aufgaben stellt und darum bei der Unzulänglichkeit des menschlichen Vermögens hinter seinem Ziel und den eigenen Erwartungen zurückbleibt. Allerdings fehlt es auch bei Logau nicht an dürftigen, geistlosen Gedanken, an unpoetischen, nüchternen und platten Einfällen, an wohlfeilen Wortwitzen, an faden Spielereien, welche sich besonders in den damals sehr beliebten Buchstabenversetzungen kundgaben, und an ähnlichen Gebrechen, abgesehen von den sprachlichen und formellen Mängeln, von denen noch weiter unten die Rede sein wird; allein alle diese Mängel werden bei weitem aufgewogen durch die erstaunliche Fruchtbarkeit der Erfindung, welche neue und überraschende Gedanken, kühne und treffende Bilder, geschickte und feine Wendungen in unerschöpflicher Mannichfaltigkeit aneinanderreiht. Dabei hat er nicht, wie die meisten seiner Vorgänger, blos die Spuren anderer breit getreten; denn wenn er auch hier und da entlehnt oder nachahmt, so darf er doch mit vollem Recht von seinen Gedichten sagen, daß sie zum größten Theil sein Eigenthum und „nicht fremde Beute" seien (Nr. 433); und gerade um dieser Originalität willen bemerkt Lessing von ihm, „daß wir in ihm allein einen Martial, einen Catull und Dionysius Cato besitzen". Seine Satire ist von großartigen Gesichtspunkten aufgefaßt, und die ganze Zeit kann darin ihr getreues Spiegelbild sehen, das die Culturgeschichte des 17. Jahrhunderts als eine klare und ungetrübte Quelle zu benutzen vermag. Ernst und Sinnigkeit, Anmuth und Leichtigkeit, beißender Spott und kecker, schneidender, zuweilen derber Witz, fast immer aber ein reicher Schatz glücklicher Gedanken führen den Leser aus der trostlosen, gedankenarmen Wüste, welche die Literatur dieses Jahrhunderts darstellt, zu dem frischen, wohlthuenden Grün einer Oase, in deren Schatten er sich mit Behagen niederläßt. Gerade das Epigramm duldete nicht, wie Gervinus sich ausdrückt (III, 305), „die Leere an Gedanken und Gehalt, die wir sonst überall fanden, duldete nicht das gespreizte Wesen, noch die Breite der übrigen Zweige, sodaß hier der schönste Gegensatz wohlthuender Kürze gegen die sonstige Weitläufigkeit und auch der Bescheidenheit gegen die sonstige Großsprecherei vorliegt". Allerdings würde die Wirkung einer Erscheinung wie Logau noch bedeutender und nachhaltiger geworden sein, wenn er mit der Rücksichtslosigkeit, welche einmal der Epigrammatiker ebenso wenig wie der Satiriker entbehren kann, seine scharfen Pfeile direct gegen die Personen selbst und nicht blos gegen Gattungen gerichtet, wenn er seiner Satire statt des typisch unterschiedslosen Colorits bestimmte, individuelle Züge verliehen hätte. In dieser Hinsicht ist er mit Wilhelm Rabener zu vergleichen, der hundert Jahre später mit der entschiedensten Befähigung zu dem größten deutschen Satiriker auftrat, und dessen Befangenheit und rücksichtsvolle Peinlichkeit ihn gleichwol nur verblaßte Gestalten ohne individuelles Leben und Gepräge schaffen ließ, ihn über die Sphäre kleinbürgerlicher Alltäglichkeit nicht erhob.

In Beobachtung der metrischen Formen, der rhythmischen und sprachlichen Gesetze dürfen wir bei Logau um so weniger eine allzu große Strenge voraussetzen, als er selbst deren Vernachlässigung durch den Hinweis auf den Inhalt für genügend entschuldigt hält. Ob er hier und da eine lange Silbe kurz oder eine kurze lang gebraucht, hält er im Gegensatz zu dem „großen Haufen der Reimenkünstler", die zu der strengen Schule Opitzischer Theorie geschworen, für unwichtig und bedeutungslos:

Wenn nur der Sinn recht fällt, wo nur die Meinung recht,
So sei der Sinn der Herr; so sei der Reim der Knecht.
(Nr. 457.)

Aber gerade diese absichtlich ausgesprochene Geringschätzung der formellen Kunst, auf welche immer in solcher Zeit ein um so größerer Werth gelegt zu werden pflegt, je armseliger und dürftiger sie selbst an Geist und Inhalt auftritt, hatte ihm derartig die Verfolgung der zünftigen Kritik zugezogen, daß sie ihm überhaupt jede Berechtigung, als Dichter zu gelten, absprach. Es ist wahr, Logau gestattet sich manche Freiheit in der Behandlung des Reims, manche Willkür gegenüber prosodischen Bestimmungen, manche Verstöße gegen Leichtigkeit und Fluß des Versbaues, namentlich durch Anhäufung einsilbiger Wörter; es fehlt bei ihm nicht an ungewöhnlichen Härten im Ausdruck, an gezwungener, oft fehlerhafter Wortstellung, an Unklarheit und Dunkelheit der Gedanken, an Constructionen, welche ihren lateinischen Ursprung nicht verleugnen: aber auch er ist keineswegs unempfänglich gegen Schönheit der Form; auch er kennt und wendet Hülfsmittel an, um poetische Wirkungen hervorzurufen; beabsichtigte Alliterationen, Denominationen, onomatopoetische Klänge lassen sich zahlreich nachweisen. Ja in mancher Beziehung erscheint er sogar als strenger Purist, der die äußere Form doch eben nicht mit der Geringschätzung behandelt, wie wir es nach seinen eigenen Aeußerungen anzunehmen berechtigt wären. So elidirt er, um nur ein

Beispiel anzuführen, ein auslautendes e fast ausschließlich nur vor einem Vocal. Er fühlt ferner, daß er in die Einförmigkeit und Monotonie des damals fast allein gebräuchlichen Alexandriners, der sich allerdings schon durch die Strenge der Cäsur nach der dritten Arsis und die dadurch bewirkte Theilung in Halbverse zu Antithesen und Parallelismen empfahl, Wechsel und Bewegung durch Anwendung anderer Metra bringen müsse, und wir könnten nur wünschen, daß er sich von diesem richtigen Gefühl für Wohllaut und Abwechselung noch entschiedener hätte leiten lassen.

Logau's eigenthümliche Sprache eingehend zu behandeln, würde für sich allein eine umfassende Abhandlung erfordern. Für die vorliegende Auswahl schien es genügend, einzelne veraltete oder eigenthümliche Wortformen durch Noten unter dem Texte zu erklären. Im übrigen sei hier auf Lessing's Untersuchung verwiesen, in welcher er unter anderm Logau's Sprache in treffender Weise folgendermaßen charakterisirt: „Das Sinngedicht", sagt er, „konnte ihm die beste Gelegenheit geben, die Schicklichkeit zu zeigen, welche die deutsche Sprache zu allen Gattungen von Materie unter der Bearbeitung eines Kopfes erhält, der sich selbst in alle Gattungen von Materie zu finden weiß. Seine Worte sind überall der Sache angemessen: nachdrücklich und körnicht, wenn er lehrt; pathetisch und vollklingend, wenn er straft; sanft, einschmeichelnd, angenehm tändelnd, wenn er von Liebe spricht; komisch und naiv, wenn er spottet; possirlich und launisch, wenn er blos Lachen zu erregen sucht."

---

3. Ausgaben der Gedichte.

An Originalausgaben von Logau's Sinngedichten sind nur zwei erschienen. Die erste, unter dem Titel: „Zwei Hundert teutscher Reimensprüche Salomons von Golaw"

(In Verlegung David Müllers Buchhandl. sel. Erben in
Breßlaw), stammt aus dem Jahre 1638 und ist gegenwärtig
eine bibliographische Seltenheit geworden. Lessing benutzte
diese Ausgabe in der Rhediger'schen Bibliothek zu Breslau;
sein Leihschein ist noch vorhanden, das Buch selbst aber bei
der Uebersendung an Ramler auf dem Wege nach Berlin
verloren gegangen. Vielleicht ist es dasselbe Exemplar, das sich
gegenwärtig auf der breslauer Universitätsbibliothek befindet.
Mit Ausnahme von sieben Epigrammen ist der Inhalt dieser
Sammlung, allerdings oft mit wesentlichen Abänderungen, in die
zweite, größere Ausgabe: „Salomon von Golaw's deutscher
Sinngetichte drei Tausend" (Breßlaw, In Verlegung Caspar
Kloßmanns, Gedruckt in der Baumannischen Druckerey durch
Gottfried Gründern), vollständig übergegangen. Dieselbe ist
zwar ohne Angabe der Jahreszahl; allein der Umstand, daß
die letzten, während des Drucks verfaßten Gedichte bis gegen
Ende 1653 reichen, sowie der Name des Druckers Gottfried
Gründer, der die Baumann'sche Officin bereits im folgen=
den Jahre wieder verließ, ergeben mit Sicherheit 1654 als
das Jahr ihres Erscheinens, und zwar gleich den Anfang
desselben, wie aus einer handschriftlichen Notiz in dem von
dem Herausgeber vielfach benutzten und der jetzigen Stadt=
bibliothek zu Breslau gehörigen Exemplar hervorgeht, nach
welcher der erste Besitzer das Buch im Monat Mai 1654
für 24 Gr. gekauft hat. Es ist ohne Zweifel dasselbe,
welches auch Lessing benutzt hat, da seine Beschreibung bis auf
alle Einzelheiten genau auf dasselbe paßt, und das er für das
Handexemplar Logau's hält. Noch vor der Veröffentlichung
dieser eben genannten größern Ausgabe ließ Logau eine bis=
her nicht bekannt gewesene Sammlung von 50 Gedichten,
wovon ein Exemplar in der breslauer Stadtbibliothek durch
den Herausgeber aufgefunden wurde, anonym und nur „von
Einem Gehorsamen Unterthan" unterzeichnet, erscheinen.
Sie stammt höchst wahrscheinlich aus dem Jahre 1653 und
soll eine Huldigung für die Gemahlin seines Gönners, des

Herzogs Ludwig IV. von Brieg, Anna Sophie, sein, deren Name auch als Titel der ganzen Sammlung vorangesetzt ist. Derselbe lautet vollständig: „Anna Sophie oder Unterschiedene Getichte zu Ehren der Durchl. Hochgeb. Fürstin und Frauen, Frauen Anna Sophia, Geb. von Meckelburg, Vermähleten Herzoginn in Schlesien zur Liegnitz und Brieg, Fürstinn zu Wenden, Gräffinn zu Schwerin, der Lande Rostock und Stargart Frauen geschr. v. Einem Gehorsamen Unterthan." Wahrscheinlich sind diese Gedichte nicht für das größere Publikum bestimmt gewesen und darum nur in wenigen Exemplaren gedruckt worden; 13 derselben waren, wie schon oben bemerkt, bisher nicht bekannt, während die übrigen in die größere Ausgabe von 1654 aufgenommen sind. Letztere gewinnt für uns noch dadurch an Bedeutung, daß ihr Inhalt durch die Hand des Dichters chronologisch geordnet hinterlassen worden ist, und zwar sind die Spuren der Abfassung theils durch die ausdrücklichen Angaben Logau's, theils durch die angedeuteten historischen Ereignisse derartig genau zu verfolgen, daß wir nicht nur die einzelnen Jahrgänge, sondern innerhalb derselben meist auch noch die einzelnen Monate zu bestimmen vermögen.

Aus welchen Gründen Logau sich bewogen gefühlt, seine Sinngedichte unter dem angenommenen Namen „Salomon von Golaw" zu veröffentlichen, darüber fehlt uns jeder sichere Anhalt; nur die Vermuthung wagen wir auszusprechen, daß auch diese Pseudonymität vielleicht aus der ängstlichen Scheu entsprang, mit welcher er selbst den Schein eines persönlichen Angriffs auf seine Gegner zu vermeiden suchte. In keinem Falle aber bietet sie eine Erklärung für die unbegreifliche Vernachlässigung, mit welcher schon seine Zeitgenossen ihn der Vergessenheit anheimfallen ließen. Zwar fehlt es nicht an Zeugnissen, welche in anerkennender Weise Logau's gedenken; so heißt es in dem bereits oben angeführten Trauergedicht auf seinen Tod:

Bedenke, Schlesien, was du doch wohl verloren! —

und in einem andern, den Palmenorden verherrlichenden
Poem („Entsprossende Teutsche Palmen des durchlauchtigsten
und Welt beruffenen Palmen=Ordens u. s. w.", 1670, S.16):
„Auch Logau strahlt hervor u. s. w."; ja Ephraim Heer=
mann erhebt sich in einem Hochzeitscarmen zu Ehren Bal=
thasar Friedrich von Logau's bis zu der poetischen Hyperbel:
Der edle Logau, der von altem Stamm entsprossen,
Und dessen Vaters Ruhm erst mit der Welt vergeht; —
allein das sind nur sehr vereinzelte Stimmen, die noch dazu
nicht einmal das Gewicht einer literarischen Bedeutung in
Anspruch zu nehmen berechtigt sind.*) Mit Recht darf es
daher wol seinem Sohne, dem hochangesehenen, vielver=
mögenden Manne, der als Mäcen der schönen Wissenschaften
gerühmt, ja selbst als Schriftsteller über Gebühr gepriesen
wird, zum Vorwurf gemacht werden, daß er entweder seines
Vaters Bedeutung gar nicht erkannt, oder, was noch schlimmer
wäre, geflissentlich nichts für die Erhaltung seines Ruhms
gethan hat. In würdiger Weise gedenkt dagegen ein späterer
Verwandter, Heinrich Wilhelm von Logau, der im Jahre 1724
eine nicht unbeträchtliche Anzahl von Gedichten unter dem
Titel: „Poetischer Zeitvertreib", sowie ein Schauspiel:
„Hildegardis", herausgab, unsers Dichters, indem er in
der Vorrede sagt: „Ich folge in meinem Vorhaben denen
Ehrenvollen Fußstapffen Herrn Salomons von Golaus, als
eines berühmten Vorgängers in der deutschen Poesie aus
meiner Familie, dessen Lobens=werthe Asche alleine fähig ist,
meiner Arbeit ein Ansehen zu machen. Und ob ich seinen
gelehrten und Sinn=reichen Gedanken gleich nicht vermögend
bin, die Wage zu halten; so hoffe doch keiner tadelhafften

---

*) Sonst wird Logau noch erwähnt in: „Die Logau=Zollikoferische
Hoch=Adeliche Vermählung u. s. w."; „Felices Nuptiae" von
David Camerarius; „Acclamatiunculae Votivae ad Ill. Cels.
Princ. Dn. Ludovicum Ducem Silesiae hujusque cels. Illustr.
inclutum consiliariorum status collegium" von M. Abraham
Hofmann, in welchem ein griechisches, ein lateinisches und ein
deutsches Lobgedicht auf Friedrich von Logau enthalten ist.

Verwegenheit beschuldiget zu werden, wenn ich mich, sein
schätzbares Andenken, wiewol nur im Schatten, bey der
Poetischen Welt fortzupflantzen, bemühe." Um so ungerechter
wurde Logau von der literarischen Kritik, wie sie von einem
Morhof, Wernike, Neukirch und Gottsched geübt wurde, be=
handelt, insofern sie ihn entweder mit wenigen nichtssagen=
den Zeilen, denen man die offenbare Unbekanntschaft mit
dem Dichter anmerkt, abfertigt oder gänzlich mit Stillschwei=
gen übergeht. Und so ist Logau wol schon am Ende des
17. Jahrhunderts völlig vergessen gewesen, wie aus dem
Titel eines Buchs hervorgeht, das zum ersten mal öffentlich
für den Dichter einzutreten beabsichtigt, wir meinen: „Salo=
mon von Golaw's auferweckte Gedichte" (1702). Allein
dieser Versuch, den begrabenen Logau wieder aufzuerwecken,
mußte unter den Händen eines Mannes mislingen, der
weder Verständniß noch Geschmack genug besaß, einer solchen
Aufgabe zu genügen; vielmehr hat die Urtheilslosigkeit, mit
welcher er gerade die unbedeutendsten Sinngedichte aus=
wählte, die Ungeschicklichkeit, mit welcher er sie durch eigen=
mächtige Abänderungen entstellte, sicherlich nicht wenig dazu
beigetragen, daß man die Vergessenheit unsers Dichters als
eine verdiente betrachtete. Und so blieb er verschollen, bis
erst Lessing hundert Jahre nach Logau's Tode seine Ehren=
rettung übernahm, den Werth des Dichters in den „Literatur=
briefen" (36 und 43) klar und treffend kennzeichnete und
endlich 1759 mit Ramler eine Auswahl seiner Sinngedichte
in zwölf Büchern nebst Anmerkungen erscheinen ließ. Hat sich
Lessing durch diese gerechtere Würdigung ein unbestreitbares
Verdienst um Logau wie um die deutsche Literatur erwor=
ben, so kann doch die Art, wie Ramler mit den Sinnge=
dichten selbst verfuhr, nicht gebilligt werden. Abgesehen da=
von, daß von den so vortrefflichen Gedichten religiösen
Inhalts nur eine auffallend geringe Anzahl aufgenommen
sind, erscheint die Behandlung der übrigen in hohem Grade
willkürlich und eigenmächtig, ja die Grenzen einer Bearbeitung

weit überschreitend. Nicht blos alterthümliche Formen und
Wendungen sind gegen neuere umgeändert, sondern Ge=
danken und Inhalt vieler Epigramme, zuweilen aus offen=
barem Misverständniß, derartig umgestaltet, daß sie als
Logau'sche Gedichte füglich nicht mehr gelten können; ein
Verfahren, welches in der zweiten Ausgabe Ramler's vom
Jahre 1791 in noch erhöhterm Maße auftritt.

Der Lessing=Ramler'schen Bearbeitung war es gelungen,
Logau wieder zu Ehren zu bringen, und in den meisten
von da an erschienenen Anthologien ist auch er nun ver=
treten, wenn auch nur mit einer fast bestimmten Anzahl be=
liebt gewordener Sinngedichte. Eine besondere nach dem
Inhalt geordnete Auswahl erschien außerdem 1849 in Frank=
furt anonym unter dem Titel: „Friedrich von Logau und
sein Zeitalter, geschildert in einer Auswahl aus dessen Sinn=
gedichten." Eine eingehende Untersuchung über die Lebens=
umstände und die Persönlichkeit des Dichters jedoch blieb
unversucht; man begnügte sich lediglich mit den spärlichen
Resultaten, die Lessing in der Einleitung zu der oben ge=
nannten Bearbeitung mitgetheilt hatte. Diese Lücke auszufüllen,
war die Absicht des Verfassers obiger Darstellung, und da=
mit war zugleich der Gesichtspunkt gegeben, von dem die
Auswahl nachstehender Sinngedichte geleitet wurde. Es sollten
alle Seiten von dem Charakter Logau's in dem Spiegel
seiner Dichtungen zur Anschauung kommen, seine eigene Art
zu denken und zu empfinden aus dem großen Rahmen, in
welchen er das Bild seiner Zeit einschließt, hervortreten,
und so die ganze individuelle Persönlichkeit des Dichters in
ihren Vorzügen wie in ihren Schwächen zum Ausdruck ge=
langen, ohne daß jedoch die chronologische Anordnung der
Gedichte zerstört würde. Möge nun diese Darstellung auch
ihrerseits dazu beitragen, die Erinnerung an den so lange
Vergessenen aufs neue zu erwecken und ihm die Anerkennung
zu verschaffen, die er vor vielen andern verdient.

Inhalt.

Friedrich von Logau.

	Seite
1. Lebensnachrichten	v
2. Charakter als Mensch und Dichter	xxxii
3. Ausgaben der Gedichte	xlix

Sinngebichte.

Nr. 1—1000 3

Sachregister 271

Sinngedichte.

1.
Tag und ein Tageswunsch.

Die Nacht ist nun dahin; die Sonn' ist wieder kommen;
Der Schlaf, des Todes Bild, ist weg von uns genommen.
Herr Gott, du reines Liecht, laß ferne von mir sein
Der Sünden finstre Werk' und gib mir deinen Schein.
Laß mich dein werthes Wort frei öffentlich bekennen; 5
Laß mich in deiner Lieb' und meines Nächsten brennen;
Laß meinen Sinn und Geist sein wacker für und für,
Zu thun, was mir gebührt und wolgefället dir.
Und so mein müder Leib noch länger sol beschauen
Das Unrecht dieser Welt und dieses Elend bauen: 10
Herr Gott, so gib Geduld, verleih Beständigkeit,
Laß scheinen deinen Trost und hilf zu rechter Zeit!
Laß mir mein' Augen nicht von eitlen Dingen blenden,
Nach köstlich Ding der Welt von dir, mein Herze, wenden.
Hilf, daß ich mich nicht theil' und bleibe ganz an dir, 15
Auf daß du, höchstes Gut, mögst bleiben auch in mir.
Wenn endlich dann mein Liecht und Leben muß vergehen,
So laß mich dort ganz schön und wie verkläret stehen
Da, wo du, Sonnenstrahl voll von Gerechtigkeit,
Schön hell erleuchten wirst die selig' Ewigkeit! 20

2.
Nacht und ein Nachtwunsch.

Die Mutter unsrer Ruh, die Arznei vieler Sorgen,
Die finstre Nacht ist da; die Sonne geht verborgen;
Die halbe Welt ist schwarz, ist traurig ohne Liecht,
Ist gleichsam mehr nicht da, lebt zwar, lebt doch auch nicht.

1. 10 das Elend bauen, ursprünglich in der Fremde weilen, später in Jammer und Noth leben.

Herr Gott, du heller Glanz, laß unser Herz und Sinnen 5
Im Finstren nimmer sein; gib, daß sie wachen können
Auch mitten in dem Schlaf, auf daß dein göttlich Schein
Mög' unsrer Seele Liecht und helle Fackel sein.
Wenn wir des Kummers Last zu unsren Haupten legen,
So laß sich deinen Geist in unsrem Geiste regen 10
Und schaffe, daß die Nacht, wenn uns der Tag erweckt,
Der Sünden schnöde Bürd' in allem hat verdeckt.
Laß deiner Engel Dienst auch uns zu Dienste kommen.
Gib, daß von unsrem Haupt sei Schad' und Schmach genommen,
Auf daß der starke Feind, der schwarze Fürst der Nacht, 15
Des Leibes süße Ruh' uns nicht verbittert macht.
Und so es so sol sein, daß heut' ich noch sol gehen
Des Todes finstren Gang, so wollst du bei mir stehen
Und gehen für mir her ins Leben durch den Tod,
In Himmel aus der Welt, zur Freude von der Noth! 20

3.
Das Gebete.

Wenn die Welt mit Menschen kriegt,
Muß der Mensch mit Gotte kriegen.
Weil die Noth uns gegen liegt,
Müßen wir für Gotte liegen
Und durch Beten endlich siegen. 5

4.
Hochzeitwunsch.

Lebt, liebes Paar, mit Gott; lebt, liebes Paar, mit Segen;
Lebt, liebes Paar, im Glück, daß Neid euch könn' erregen;
Ich sage noch einmal, lebt hin in süßer Ruh,
Bis Kindes-Kindeskind drück' euer Auge zu!

---

2. 6 künnen, können, mhd. künnen oder kunnen. Logau braucht, auch unabhängig vom Reime, noch häufig mittelhochdeutsche Formen. — 9 Haupten, Pl. ohne Umlaut; so noch bei Goethe: „wie leuchtet's ihm zu Haupten". (12, 209.)
4. 4 Lessing, Nathan, III, 7: „bei euren Kindes-Kindeskindern".

5.
Ein andrer.

So lebt, ihr Beide, nun, lebt eines in der Liebe;
Lebt eines in dem Sinn, damit euch nicht betrübe
Des Glückes runde Macht; denn seine Tück' und Neid
Hat keinen andern Feind als Lieb' und Einigkeit.
Jedoch woll' Einsamkeit zur Einigkeit nicht kommen, 5
Noch eures Lebens Brauch euch eher sein benommen,
Bis daß sich dann zur Zeit die süße Zeit erweist,
Die Eltervater euch, euch Eltermutter heißt.

6.
Pathenzettel.

Du kommst, o liebes Kind, ein Gast in diese Welt,
Da gleich das Gasthaus jetzt zu Grund und Boden fällt
Durch, in und mit sich selbst. Drumb ist dir nun sehr gut,
Daß dir der Himmel bleibt, erkauft durch Christi Blut.

.7.
Hoffnung.

Auf was Gutes ist gut warten,
Und der Tag kommt nie zu spat,
Der was Gutes in sich hat.
Schnelles Glück hat schnelle Fahrten.

8.
Das höchste Gut.

Zum höchsten Gut in dieser Welt
Wählt jeder, was ihm selbst gefällt.

---

5. 3 runde, leicht bewegliche, veränderliche.

Gar im Schoß sitzt der dem Glücke,
Dem gegeben sind vier Stücke:
Ein gütig Gott,
Ein liebes Weib,
Ein frischer Leib,
Ein selig Tod.

9.
Hoheit hat Gefahr.

Auf schlechter, ebner Bahn ist gut und sicher wallen;
Wer hoch gesessen ist, hat niedrig nicht zu fallen.

10.
Hier sind wir; dort bleiben wir.

Ich bin, ich bleibe nicht in dieser schnöden Welt,
Und weil das Bleiben mehr mir als das Sein gefällt,
So lieb' ich sterben mehr als leben, weil ich kan
So hören auf zu sein, zu bleiben fangen an.

11.
Gerechtigkeit des Neides.

Keine Straf' ist ausgesetzet
Auf des Neides Gift;
Denn er ist zu aller Zeit
Selbsten voll Gerechtigkeit,
Daß er meistens trifft
Und sich durch sich selbst verletzet.

---

8. 5 Logau pflegt besonders nach dem unbestimmten Artikel das Abjectivum nicht zu flectiren.
9. 1 schlecht, schli t, niedrig.

12.
Prüfe; dann liebe.

Kenne vor und trau' nicht bald.
Trau' wol hat das Pferd verritten;
Kenne nicht hat fremde Sitten;
Frühezeitig wird nicht alt.

13.
Grabschrift.

Dem Himmel war ich nur und nicht der Welt geboren.
Was hab' ich, sterb' ich gleich, durch Sterben denn verloren?

14.
Verdorbene Kaufmannschaft.

Bei dem Bäcker kaufen Korn, bei dem Schmiede kaufen Kohlen,
Bei dem Schneider kaufen Zwirn: hilft dem Händler auf die Sohlen.

15.
Sparsamkeit.

Wenn die Jugend eigen wüßte,
Was das Alter haben müßte,
Sparte sie die meisten Lüste.

16.
Der Tod ist der Sünder und der Krieger Sold.

Die Sünder haben Sold; Sold haben auch Soldaten;
Der Tod ist gleicher Lohn auf ihre gleichen Thaten.

---

12. 1 Kenne vor, lerne vorher kennen. — 2 verritten, zu Grunde gerichtet.

17.
Die unartige Zeit.

Die Alten konnten fröhlich singen
Von tapfern, deutschen Heldensdingen,
Die ihre Väter ausgeübet.
Wo Gott noch uns ja Kinder gibet,
Die werden unsrer Zeit Beginnen 5
Beheulen, nicht besingen können.

18.
An die Leser.

Dieses Buch soll Monde sein,
Leser aber seine Sonnen,
So daß durch der Sonnen Schein
Auch der Monde sei entbrunnen.

19.
Der Zeiten Schauspiel.

Es denkt mich noch ein Spiel bei meinen jungen Jahren,
Drin ich ein König war, da Andre Knechte waren.
Da nun das Spiel war aus, fiel meine Hoheit hin,
Und ich ward wieder der, der ich noch jetzo bin.
Der heutige Gebrauch trägt gleichsam ein Ergetzen, 5
Die Bauren dieser Zeit den Fürsten beizusetzen.
Schimpf aber ist nicht Ernst, und des Saturnus Fest
Ist einmal nur des Jahrs zu Rom im Brauch gewest.

---

19. 6 beizusetzen, gleichzustellen. — 7 Schimpf, Scherz (ahd. scimf, mhd. schimpf). — Saturnus Fest: an den Saturnalien wurden die Sklaven in Rom von den Herren bedient.

20.
Vom Kaiser Probus.

Kaiser Probus wollte schaffen,
Daß man dürfte keiner Waffen.
O wo ist bei unsren Tagen
Kaiser Probus zu erfragen?

21.
Hofeleben.

Das Hofe=Leben ist ein rechtes Hoffe=Leben;
Denn da verspricht man Gunst, und Ungunst wird gegeben.

22.
Fleiß bringt Schweiß; Schweiß bringt Preis.

Jedermann hat gerne Preis;
Niemand macht ihm gerne Schweiß.
Wer der Arbeit Mark will nießen,
Muß ihr Bein zu brechen wißen.

23.
Eigenlob.

Duppler, nicht ein einzler Mund
Gibt der Wahrheit ihren Grund.
Drum kan der nicht gelten viel,
Der sich selbst nur loben wil.

---

20. 2 dürfte, bedürfte.
22. 3 nießen, genießen. Sehr häufig fehlen bei Logau die Vorsilben ge und be: er schreibt Ruch für Geruch, Schmack für Geschmack, Sang für Gesang, liebet für beliebt u. ähnl.
23. 1 Duppler (lat. duplus), doppelter. — 2 Alter Rechtsgrundsatz: Durch zweier Zeugen Mund Wird erst die Wahrheit kund.

24.
Frei Leben — gut Leben.

Wer Andren lebt, lebt recht; wer ihme lebt, lebt gut,
Weil jener Andren wol, ihm übel der nicht thut.
Wol dem, dem da zugleich die Freiheit ist gegeben,
Bald recht, bald gut, wenn, wie und wem er wil, zu leben.

25.
Weltbeherrscher.

Gott, Fleiß und die Gelegenheit
Beherrschen Menschen, Welt und Zeit:
Gott ist in Nöthen anzuflehn,
Gelegenheit nicht zu versehn,
Der Fleiß muß fort und fort geschehn. 5

26.
Bittre Liebe.

Lieben ist ein süßes Leiden,
Wenns nicht bitter wird durch Scheiden.
Bittres will ich dennoch leiden,
Daß ich Süßes nicht darf meiden.

27.
Mittel zum Reichthum.

Wer, wie er werde reich, wil Weis' und Weg betrachten,
Der lerne Geld und Gut bald viel, bald wenig achten.

28.
Gewohnheit und Recht.

Gewohnheit und Gebrauch zwingt oft und sehr das Recht.
Hier ist der Mann ein Herr des Weibes, dort ein Knecht.

29.
Tadler.

Wem Niemand nicht gefällt, wer alles tadelt Allen,
Wer tadelt diesen nicht? und wem kan der gefallen?

30.
Die göldenen Soldaten.

Die Sonne geht in Gold, so sprechen unsre Bauern,
Drum wird bei uns ihr Liecht nicht mehr gar lange tauern.
Mars starrt und rauscht für Gold. Ihr Bauern, laßt das Grämen!
Die göldne Gleißnerei wil finstern Abschied nehmen.

31.
Reichthum.

Wer auf übrig Reichthum tracht',
Der wird sonsten nichts erstreben,
Als daß er noch bei dem Leben
Ihme selbst ein täglich Sterben
Und hernachmals seinen Erben 5
Ein gewünscht Gelächter macht.

---

30. 4 Gleißnerei, Glanz. Logau scheint hierbei allerdings auch an die andere Bedeutung des Wortes: Heuchelei und Betrug, gedacht zu haben.

32.
Von meinen Reimen.

Sind meine Reime gleich nicht alle gut und richtig.
So sind die Leser auch nicht alle gleich und tüchtig.

33.
Dank wird bald krank.

Dankbarkeit, du theure Tugend,
Alterst bald in deiner Jugend;
Drum macht deine kurze Frist,
Daß du immer seltsam bist.

34.
Freundschaft mit Gott.

Wenn ein Mensch mit Gott gut steht,
Der steht wol, wenns übel geht;
Denn er kan die höchsten Gaben:
Vater, Bruder, Tröster haben.

35.
Das Beste der Welt.

Weistu, was in dieser Welt
Mir am meisten wolgefällt?
Daß die Zeit sich selbst verzehret
Und die Welt nicht ewig währet.

---

33. 4 seltsam, selten.

36.
Gesegnete Arbeit.

Daß unser Feld jetzt nichts als Dorn und Distel träget,
Drum schwitzet unser Leib, und unser Herze schläget.
Doch laß ich mich auf Gott; der sehe, was er thut;
Dieweil er diesfalls spricht: Wol dir, du hast es gut!

37.
Hoffnung und Geduld.

Hoffnung ist ein fester Stab,
Und Geduld ein Reisekleid,
Da man mit durch Welt und Grab
Wandert in die Ewigkeit.

38.
Arm auf Erden, reich im Himmel.

Wer einen Reichen nennt, hat alles' dies genennt,
Was diese Welt für gut, für hoch, für herrlich kennt.
Wer einen Armen nennt, der hat von dem gesagt,
Was alle Welt veracht' und aller Unfall plagt.
Noch dennoch tausch' ich nicht; ein Armer in der Zeit   5
Ist fertig reich zu sein dort in der Ewigkeit.

39.
Geduld.

Leichter träget, was er träget,
Wer Geduld zur Bürde leget.

---

36. 3 laß, verlaß. — 4 Psalm 128.
38. 6 fertig, gerüstet, geschickt.

40.
Erde — Rede.

Ob eine Red' uns schön und künstlich gleich bedeucht,
So ist sie doch ein Wind, der hin zum Winde zeucht.
Wer Erde liebt, liebt das, was endlich angesichts,
Wann Gott gebeut, zerstäubt und wird ein leeres Nichts.

41.
Elende.

Man trage mit Geduld den Jammer dieser Zeit.
Was Jammer erstlich war, wird endlich Herrlichkeit.

42.
Das Unrecht der Zeit.

Was frag' ich nach der Zeit? wann der mir nur wil wol,
Der Alles schafft, was war, was ist, was werden sol.

43.
Ich bin, wer ich bin, so bin ich des Herrn.

Begehrt mich Gott nicht reich und sonst von hohen Gaben,
So sei ich, wie ich bin: er muß mich dennoch haben.

44.
Der Sonnen und des Menschen Untergang.

Untergehn und nicht vergehn
Ist der Sonnen Eigenschaft.
Durch des Schöpfers Will' und Kraft
Stirbt der Mensch zum Auferstehn.

---

40. 3 angesichts, sofort, augenblicklich.

45.
Eingeborne.

Wer alte Väter sucht und sucht sie alle gar,
Der kümt zuletzt auf den, der anfangs Erde war.
Wer Gott zum Vater hat, der bleibet wol geadelt;
Denn keiner hat den Stamm von Ewigkeit getadelt.

46.
Adel.

Hoher Stamm und alte Väter
Machen wohl ein groß Geschrei.
Moses aber ist Verräther,
Daß dein Ursprung Erde sei.

47.
An mein väterlich Gut, so ich drei Jahr nicht gesehen.

Glück zu, du ödes Feld; Glück zu, ihr wüsten Auen!
Die ich, wann ich euch seh', mit Thränen muß bethauen,
Weil ihr nicht mehr seid ihr; so gar hat euren Stand
Der freche Mord=Gott Mars grundaus herumgewandt.
Seid aber doch gegrüßt; seid dennoch fürgesetzet   5
Dem allen, was die Stadt für schön und köstlich schätzet.
Ihr wart mir lieb, ihr seid, ihr bleibt mir lieb und werth;
Ich bin, ob ihr verkehrt, noch dennoch nicht verkehrt,
Ich bin, der ich war vor. Ob ihr seid sehr vernichtet,
So bleib' ich dennoch euch zu voller Gunst verpflichtet,   10
So lang' ich ich kan sein; wann dann mein Sein vergeht,
Kans sein, daß Musa wo an meiner Stelle steht.

Gehab dich wol, o Stadt! Die du in deinen Zinnen
Hast meinen Leib gehabt, nicht aber meine Sinnen.
Gehab dich wol! mein Leib ist nun vom Kerker los;   15
Ich darf nun nicht mehr sein, wo mich zu sein verdroß.

---

47. 8 verkehrt, verwandelt. — 12 daß die Muse der Poesie statt meiner euch verherrlicht.

Ich habe dich, du mich, du süße Vatererde!
Mein Feuer glänzt nunmehr auf meinem eignen Herde.
Ich geh', ich steh', ich sitz', ich schlaf', ich wach' umbsonst.
Was theuer mir dort war, das hab' ich hier aus Gunst   20
Des Herrens der Natur, um „Habe=Dank" zu nießen
Und um gesunden Schweiß; darf nichts hingegen wißen
Von Vortel und Betrug, von Hinterlist und Neid,
Und wo man sonst sich durch schickt etwan in die Zeit.
Ich eß' ein selig Brot, mit Schweiß zwar eingeteiget,   25
Doch das durch Bäckers Kunst und Hefen hoch nicht steiget,
Das zwar Gesichte nicht, den Magen aber füllt
Und dient mehr, daß es nährt, als daß es Heller gilt.
Mein Trinken ist nicht falsch; ich darf mir nicht gedenken,
Es sei gebrauen zwier, vom Bräuer und vom Schänken.   30
Mir schmeckt der klare Saft; mir schmeckt das reine Naß,
Das ohne Keller frisch, das gut bleibt ohne Faß,
Drum nicht die Nymphen erst mit Ceres dürfen kämpfen,
Wer Meister drüber sei, das nichts bedarf zum Dämpfen,
Weils keinen Schwefelrauch noch sonsten Einschlag hat,   35
Das ohne Geld steht feil, das keine frevle That
Hat den jemals gelehrt, der dran ihm ließ genügen.
Der Krämer fruchtbar Schwur und ihr genießlich Lügen
Hat nimmer Ernt' um mich. Der viel geplagte Lein
Der muß, der kan mir auch anstatt der Seiden sein.   40
Bewegung ist mein Arzt. Die kräuterreichen Wälde
Sind Apothek's genug; Geld, Gold wächst auch im Felde, —
Was mangelt alsdenn mehr? Wer Gott zum Freunde hat
Und hat ein eignes Feld, fragt wenig nach der Stadt,
Der vortelhaften Stadt, da Nahrung zu gewinnen   45
Fast jeder muß auf List, auf Tück', auf Ränke sinnen.
Drum hab dich wol, o Stadt! wenn ich dich habe, Feld,
So hab' ich Haus und Kost, Kleid, Ruh', Gesundheit, Geld.

---

47. 19 umbsonst, gratis, ohne es zu erkaufen. — 24 D. h.: wodurch man sich ꝛc., Logau trennt häufig die Präposition von dem mit ihr zusammengesetzten Wort. — 27 D. h.: es ist nicht durch künstliche Mittel aufgetrieben und unansehnlich, wohl aber nahrhaft. — 29 falsch, gefälscht. — 30 zwier (ahd. zwirou(t), mhd. zwiren(t), zwire), zweimal. — 34 D. h.: bei dem man nicht erst zweifeln darf, ob's Bier oder Wasser sei. — 35 Durch schwefelgetränkte Zeugstreifen pflegte man Farbe und Geschmack des Weins zu verbessern, resp. zu fälschen. — 45 vortelhaft, auf Vortheil bedacht.

48.
Die schamhaftige Zeit.

Sie sei sonst, wie sie sei, die Zeit,
So liebt sie doch Verschämlichkeit;
Sie kan die Wahrheit nackt nicht leiden;
Drum ist sie emsig, sie zu kleiden.

49.
Lobsucht.

Der um Lobes willen thut
Das, was löblich ist und gut,
Thut ihm selbsten, was er thut,
Thut es nicht, dieweil es gut.

50.
Ein ehrliches Leben und seliger Tod.

Wer ehrlich hat gelebt und selig ist gestorben,
Hat einen Himmel hier und einen dort erworben.

51.
Vermessenheit.

Zum Werke von dem Wort
Ist oft ein weiter Ort.

---

48. 2 Verschämlichkeit, veraltet (vgl. Zinkgref, I, 346, Unverschamigkeit).

52.
Auf Technicum.

Technicus kan alle Sachen:
Andre lehren, selbsten machen,
Reiten kan er, fechten, tanzen,
Bauen kan er Städt' und Schanzen,
Singen kan er, messen, rechen, 5
Schön und zierlich kan er sprechen,
Stadt und Land kan er regieren,
Recht und Sachen kan er führen,
Alle Krankheit kan er dämpfen,
Für die Wahrheit kan er kämpfen, 10
Alle Sterne kan er nennen,
Bös' und Gutes kan er kennen,
Gold und Silber kan er suchen,
Bräuen kan er, backen, kochen,
Pflanzen kan er, säen, pflügen, 15
Und zuletzt: erschrecklich lügen.

53.
Täglicher Wunsch.

Von außen guter Fried' und gute Ruh' von innen,
In wol gesundem Leib auch wol gesunde Sinnen,
Des Himmels Freude dort, der Erde Segen hier,
Ein Mehres weiter nicht: ist täglich mein Begier.

54.
Reichthum.

Ich wäre gerne reich; denn daß ich reich nicht bin,
Drum wil man mich dazu noch zu der Strafe ziehn.

---

52. 14 Sehr häufig läßt Logau u und o miteinander reimen; ohne Zweifel milderte die Aussprache den Mißklang.
54. 2 Wegen rückstänbiger Steuern wurde Logau damals mit Execution bedroht.

Ich wäre gerne reich. Wer arm mich nicht kan leiden,
Der mag mir tausend Pfund und noch so viel bescheiden.
Ich hab' ein ungrisch Gold nicht ungern im Beschluß.
Nicht haben, haben nicht, das bringet mir Verdruß.
Wer Gold nicht geben wil, der mag mir Silber geben;
Das Silber nehm' ich auch. Ich wil gar friedlich leben
Mit dem, der dieses bringt. Ein Schelme, der ihn schlägt!
Ob mir wer Jahr und Tag solch Ding zu Hause trägt.
Drum mangelt mir nun nicht die Hand, die Reichthum nimmet;
Mir mangelt nur die Hand, von der mir Reichthum kümmet.
Und kümmts, so ist es gut; wo nicht, was liegt mir dran?
Reich ist, wer ehrlich hier, dort selig leben kan.

55.
Wunderwerk der Welt.

Man sagt und hat gesagt von großen Wunderwerken,
Die wol zu merken sind und waren wol zu merken.
Noch ist ein größres kaum, als daß ein frommer Mann
Bei dieser bösen Zeit fromm sein und bleiben kan.

56.
Glaube.

Ein Bau von Stahl, von Stein und Eichen
Darf langer Zeit nicht leichtlich weichen.
Ein Bau, der auf dem Glauben steht,
Vergeht, wenn Ewigkeit vergeht.

57.
Deutsche Sprache.

Das deutsche Land ist arm; die Sprache kan es sagen,
Die jetzt so mager ist, daß ihr man zu muß tragen

---

54. 4 bescheiden, zuertheilen.

Aus Frankreich, was sie darf und her vom Tiberstrom,
Wo vor Latein starb auch mit dir, unrömisch Rom.
Zum Theil schickt's der Iber; das Andre wird genummen, 5
So gut es wird gezeugt und auf die Welt ist kummen
Durch einen Gernetlug, der, wenn der Geist ihn rührt,
Jetzt dieses Prahlewort, jetzt jenes raus gebiert.
Die Musen wirkten zwar durch kluge Dichtersinnen,
Daß Deutschland solte deutsch und artlich reden können. 10
Mars aber schafft es ab und hat es so geschickt,
Daß Deutschland ist blutarm; drum geht es so geflickt.

58.
Gott füget, wie gnüget.

Ich weiß, wie jetzt mir's geht; wie's aber gehen werde,
Weiß der, der mich gewußt, eh Himmel war und Erde.
Nach seinen geh' mein Gang und nicht nach meinen Sinnen;
Mir gnüget redlich hier, dort selig leben können.

59.
Ich hoffe was Beßres.

Herrscht der Teufel heut' auf Erden,
Wird Gott morgen Meister werden.

---

57. 3 darf, bedarf. — 4 vor, vorher, früher. — 5 Iber, der Ebro, hier also Spanien. — 8 Hat Logau hier vielleicht Ph. von Zesen und dessen verunglückte Sprachneuerungen im Sinn gehabt? An Schottel ist nicht wohl zu denken (vgl. Vorrede zum dritten Tausend von Logau's Sinngedichten). — 10 artlich, wie es Art hat, geschickt, gewandt. — 11 geschickt, gefügt.

58. Dieses und das folgende Gedicht schrieb Logau am 11. October 1639 seinem Vetter Ludwig von Logau in das noch jetzt in der Bibliothek zu Berlin aufbewahrte Stammbuch mit der Ueberschrift:

      Deus ducit ut conducit.
      Nachdem es Gott schicket,
      Nachdem es gelücket.

60.
Fromm sein ist schwer.

Das Gute thun ist schwer, leicht aber böse leben;
Drum weil die Welt ist alt und kan nicht schwer mehr heben,
So pflegt sie sich zu dem, was leicht ist, zu begeben.

61.
Wein-Freundschaft.

Die Freundschaft, die der Wein gemacht,
Wirkt, wie der Wein, nur eine Nacht.

62.
Trauen.

Einem trauen ist genug;
Keinem trauen ist nicht klug;
Doch ist's besser keinem trauen,
Als auf gar zu viele bauen.

63.
Geld.

Der Menschen Geist und Blut ist jetzund Gut und Geld;
Wer dies nicht hat, der ist ein Todter in der Welt.

64.
Sparsamkeit.

Wer von ferne sammlet ein,
Kan von nahem lustig sein.

65.
Geld.

Wozu ist Geld doch gut?
Wer's nicht hat, hat nicht Muth;
Wer's hat, hat Sorglichkeit;
Wer's hat gehabt, hat Leid.

66.
Die Zeiten.

Wer sagt mir, ob wir selbst so grundverböste Zeiten
Verbösern, oder ob die Zeiten uns verleiten?
Der Tag, daran ein Dieb dem Henker wird befohlen,
Hätt' ihn wol nicht gehenkt, hätt' er nur nicht gestohlen.

67.
Verböserte Welt.

Im Argen lag die Welt; jetzt liegt sie nun im Aergsten;
Denn Gottes Theil ist schwach, des Teufels ist am stärksten.

68.
Glückseligkeit.

Man sagt mir viel vom Glück und dessen Seligkeiten,
Und war und ist und wird doch keiner aller Zeiten,
Der glücklich sei durchaus. Dann ist das Glücke rund,
So steht es morgen nicht, als wie es heute stund.

---

66. 1 verböst, verschlimmert. Aehnlich geböfert („Simplicissimus", 1, 230) im Gegensatz zu gebessert.
68. 3 rund, auf einer Kugel sich bewegend, leicht veränderlich, vgl. Nr. 5.

Wo Phönix etwa wohnt, wohnt, glaub' ich, auch das Glücke, 5
Von dem man nach dem Ohr und nichts weiß nach dem Blicke.
Jedoch ich weiß den Ort, wo Glücke macht Bestand,
Den aber Niemand kennt, bis dieser wird verbrannt.

69.
Trunkenheit.

Wer vielleichte sol ertrinken,
Darf ins Wasser nicht versinken,
Alldieweil ein deutscher Mann
Auch im Glas ersaufen kan.

70.
Die beste Arznei.

Freude, Mäßigkeit und Ruh
Schleußt dem Arzt die Thüre zu.

71.
Der Aerzte Glücke.

Ein Arzt ist gar ein glücklich Mann;
Was er Berühmtes hat gethan,
Das kan die Zeit selbst sagen an.
Sein Irrthum wird nicht viel gezählet;
Dann wo er etwa hat gefehlet, 5
Das wird in Erde tief verhöhlet.

---

68. 6 D. h.: von dem man bisher nur gehört, den aber noch niemand gesehen hat. Aehnlich Scultetus bei Lessing (IX, 10): „In Augen ist sie (die Lerche) nicht, nur immer in den Ohren." — 8 Nach der damals vielfach verbreiteten Annahme, daß die Erde nächstens durch Feuer untergehen werde.

72.
Graue Haare.

Wenn graues Haar dir wächst, sprich: Heu wird dieses sein,
Das auf dem Kirchhof nächst der Tod wird sammlen ein.

73.
Des Pharaonis Traum.

Was Pharaoni träumt, wie sieben magre Rinder
Verschlungen sieben fett', ereignet sich nicht minder
Bei uns und in der That; denn mancher Hungerleider
Ist fett vom Raubebrot und glänzt durch fremde Kleider.

74.
Festemacher.

Waffenweich und ehrenfeste
War im Kriege vor das Beste.
Ehrenweich und waffenfeste
Ist im Krieg jetzund das Beste.

75.
Eben die.

Fürs Vaterland sein Blut vergießen,
Hat weiland man zu rühmen wissen.
Das Blut dem Vaterland ersparen,
Ist jetzt ein Ruhm bei unsren Jahren.

---

74. Festemacher nannte man diejenigen, welche Soldaten durch Zauber=
mittel gegen Hieb und Schuß sicher und unburchdringlich zu machen vorgaben. —
2 vor, vorher, früher.

75. 2 weiland, vor zeiten, vormals (ahd. wîlônt, mhd. wîlent).

76.
Ein Lobsprecher.

Wer Andre loben wil, muß selbsten löblich sein;
Sonst trifft das Loben leicht mit Schänden überein.

77.
Christus ist der Weg, die Wahrheit und das Leben.

Ich kumm in diese Welt, hindurch dort nauf zu reisen;
Weil Christus ist der Weg, so wird er mich wol weisen.
Ich kan in dieser Welt viel Redlichkeit nicht schauen;
Weil er die Wahrheit ist, mag ich ihm wol vertrauen.
Hier muß ich zwischen Tod und Nöthen stündlich schweben   5
Weil er das Leben ist, so kan durch ihn ich leben.
Was wil ich weiter mehr? Laß, Herr, nur dich mich haben,
So acht' ich keine Welt mit allen ihren Gaben.

78.
Das Herz auf der Zunge.

Wer's Herz auf seiner Zunge führt,
Der muß, wann er die Zunge rührt,
Bedachtsamkeit sich wohl befleißen;
Sonst möcht' er ihm das Herz abbeißen.

79.
Nicht zu muthig, nicht zu furchtsam.

Noch frech wagen,
Noch weich zagen
Hat jemals gar viel Nutz getragen.

---

79. 1 Statt: weder — noch schreibt Logau auch: noch — noch oder: weder — weder.

Wol bedacht,
Frisch verbracht
Hat oft gewonnen Spiel gemacht.

80.
Die Liebe Gottes und des Nächsten.

Dem Nächsten nütze sein, den Höchsten recht verehren,
Kan geben dorte Heil und hier den Segen mehren.

81.
Die Welt.

Die Welt ist wie das Meer; ihr Leben ist gar bitter;
Der Teufel machet Sturm, die Sünden Ungewitter.
Drauf ist die Kirch' ein Schiff und Christus Steuermann;
Sein Segel ist die Reu', das Kreuze seine Fahn';
Der Wind ist Gottes Geist, der Anker das Vertrauen,
Dadurch man hier kan stehn und dort im Port sich schauen.

82.
Geschminkte Weiber.

Die Damen, die sich gerne schminken,
Die lassen sich wol selbst bedünken,
Daß wo Natur an ihren Gaben
Muß etwas übersehen haben.
Drum wo man Schmuck und Schminke schauet,
Thut thörlich, wer der Farbe trauet.

82. 3 wo, irgendwo.

83.
Von dem Pravo.

Es schrieb ihm Pravus an sein Haus:
„Hier geh' nichts Böses ein und aus."
Ich weiß nicht, sol sein Wunsch bestehen,
Wo Pravus ein und aus wird gehen.

84.
Wissenschaft.

Besser ist es betteln gehen,
Als nichts wißen, nichts verstehen.
Armen kan man Geld wol reichen,
Weisheit aber nicht desgleichen.

85.
Poeterei.

Man hält mir nicht für gut, die Poesie zu üben.
Das Buch, das große Buch, darinnen aufgeschrieben
Der Römer langes Recht, sollt' eher meine Hand
Durchsuchen, daß darauf sich gründe mein Verstand.

Ist's etwan ungesund, auf Speisen, die da nähren,   5
Zu Zeiten frisches Obst erquicklich zu verzehren?
Die edle Poesie ermuntert Sinn und Geist,
Daß er greift an mit Lust, was schwer und wichtig heißt.
Das Nöthigst' ist das Brot; doch läßt man gleichwol gelten
Die weit gereiste Würz und sonsten, was da selten   10
In unsre Kuchel kummt; man günnet auch der Lust,
Bedarf es nicht Natur, zu Zeiten eine Kost.

Der heilsame Verstand, daß einer züchtig lebe,
Niemandem Schaden thu und jedem Gleiches gebe,

---

85. 3 D. h. das Corpus juris. — 12 Vgl. Nr. 52, 14.

Ist nöthig als wol was. Doch steht es gleichwol frei, 15
Zu salzen Kunst und Witz durch die Pocterei.

Weil Recht ein Knecht jetzt ist, dem Frevel hat zu schaffen,
Weil eignen Willens Zaum pflegt frei verhängt zu schlaffen,
Weil Mars das Rothe stellt und auch das Schwarze setzt,
Weil er Gesetz erklärt, wann er den Degen wetzt, 20
Dieweil er Urtel fällt, nach dem der Sieg gefallen,
Weil grober Stücke Knall und hohlen Erzes Schallen
Viel Klagens nicht gestehn: so sei es mir vergunnt,
Auf daß der Zeiten Weh, darinnen wenig Grund
Zum fromm sein übrig ist, ich etwas mag besüßen 25
Durch das, was jeder Zeit für ein gerühmtes Wissen
Geschätzet ward und wird; man lasse mir die Lust,
Die, wo sie wenig bringt, noch weniger doch kost'.
Sie wird mir nützer sein, als Mägden zu gefallen,
Als in der geilen Brunst der Ueppigkeiten wallen, 30
Als eingeschrieben sein in frevlem Raubebund,
Der durch gebrauchten Trotz der Welt hilft auf den Grund,
Als daß mein Sinn im Wein und Wein schwämm in dem Sinne,
Als daß der Spieler Dank, der schlecht ist, ich gewünne,
Als daß ich mich befliß auf Hunds=Philosophei 35
Und trieb als eine Kunst ein bäurisch Feldgeschrei.

So fühl' ich auch nicht Hitz auf Hofegunst zu schnappen;
Ich biege keine Knie und rücke keine Kappen
Für aufgeputzter Ehr' und angestrichner Gunst,
Die mancher sucht mit Müh' durch schnöde Schmeichelkunst. 40
Genug, wann ich mir selbst im Friede kan befehlen
Und darf zu fremder Pflicht nicht Tag und Stunden zählen.
Ein König bin ich so, mein Haus ein Königreich,
Da weder Hold noch Gram mich roth macht oder bleich.
Der Himmel, hat mir der vertraut und was gegeben, 45
So geb ich dieses dem, der bei mir wohnt daneben;
Ich biene, wem ich kan, bin eines Jeden Knecht,
Doch daß mir über mich bleibt unverrückt mein Recht.

---

85. 16 Witz, Weisheit, meist weiblich gebraucht wie mhd. witze. — 18 schlaffen, intr., schlaff zu sein. — 23 gestehn, zugestehen, zulassen. — vergunnt, vergönnt (ahd. gunnan, mhd. gunnen). — 25 besüßen, veraltet für versüßen. — 35 Hunds=Philosophei, die Jagd. — 39 angestrichen, geschminkt, unwahr, geheuchelt. — 44 Hold, veraltet für Huld (ahd. huldî, mhd. hulde).

Hier zwischen laß ich nun zur Zeit mit unterlaufen
Die vielgefüßten Reim' und führe sie zu Haufen 50
Für gute Freunde hin. Gefallen sie, gar wol!
Wo nicht, was liegt mir dran? Es ist kein nöthig Sol
Gefällig Allen sein. Ein Jeder mag es machen,
Daß über seinem Thun die Engel selbsten lachen,
Und daß die Weisheit selbst sich drob verwundern kan. 55
Der, dem ich wo nicht taug, der seh' mich nur nicht an.

86.
Gott mit mir.

Mein Haus ist voller Gott,
In dem es voller Noth.
Ist Gott nun gern um mich,
Warum dann wollt' auch ich
Mich von der Noth entziehn 5
Und Gottes Beisein fliehn?

87.
Lebenssatzung.

Leb' ich, so leb' ich:
Dem Herren herzlich,
Dem Fürsten treulich,
Dem Nächsten redlich.
Sterb' ich, so sterb' ich! 5

88.
Kennzeichen der wahren Kirche.

Der mit dem Beutel ging, hieß Judas; der zu legen
Sein Haupt nicht hatte Raum, heißt Christus. Zeitlich Segen
Ist lange, lange nicht die rechte Liverei,
Zu kennen, wer ein Christ in Christus Kirche sei.

---

85. 52 Sol, Gebot, Verpflichtung.
88. Vgl. Nr. 8, Anm.

89.
Finsterniß.

Wann zwischen Menschen Herz und zwischen Gottes Liebe
Der Erde Schatten fällt, so wird es schädlich trübe;
Dann Gottes Trost vergeht, der doch allein erfreut.
Drum bleibt dem Herzen nichts als Welt, das ist: nur Leid.

90.
Der Tod.

Ich fürchte nicht den Tod, der mich zu nehmen kümmt;
Ich fürchte mehr den Tod, der mir die Meinen nimmt.

91.
Schalksnarren.

Ein Herr, der Narren hält, der thut gar weislich dran,
Weil, was kein Weiser darf, ein Narr ihm sagen kan.

92.
Zungendrescher.

Kein größer Unrecht wird Juristen angethan,
Als wann ein Jeder Recht erweiset Jedermann,
Weil ihnen Unrecht Recht. Wann Unrecht wo nicht wär',
Wär' zwar ihr Buch voll Recht, ihr Beutel aber leer.

93.
Steuer.

Wo Venus weiland saß und den Adonis küßte,
Wuchs Gras und Blumen auf, ob gleich der Ort war wüste.

Wo Bacchus weiland zoh, da wuchsen lauter Reben,
Und aller dürrer Strauch müst eitel Trauben geben.
Kans nicht die Steuer auch? Ein wolversteuret Grund 5
Sol geben her jemehr, je meh er wüste stund.
Wer weiß, ob jenes wahr; wer weiß, ob dies kan sein.
Dort glaube, wer da wil; hier gibts der Augenschein.

94.
Tod und Schlaf.

Tod ist ein langer Schlaf; Schlaf ist ein kurzer Tod.
Die Noth, die lindert der, und jener tilgt die Noth.

95.
Wunderwerke.

Daß kein Christ jetzt Wunder thut,
Macht, der Glaub' ist nicht recht gut.
Drum ist rechter Glaub' jetzunder
Für sich selbst ein großes Wunder.

96.
Ein gläubiger Schuldner.

Veit ist mein Gläubiger und Schuldner für und für:
Den Glauben hält er ihm, die Schuld, die läßt er mir.

---

93. 3 zoh (mhd. Prät. zöch, zugen), zog. — 4 aller, jetzt nur noch selten mit der Einzahl verbunden, vgl. Goethe, IV, 124: „und so schläft nun aller Vogel." — eitel, nichts als.

97.
Der Welt Jägerei.

Ist irgend Tugend wo, ist irgend wo ein' Ehre,
Jagt der die Welt frisch nach, bis daß sie sie zerstöre.
Ist irgend eine Schand, ist irgend eine Schmach,
Die hat bei unsrer Welt hoch Acht und gut Gemach.

98.
Ehescheidung.

Von einem bösen Weib um Spott
Ist schwer sich scheiden müßen.
Von einem frommen Weib im Tod
Ist schwerer sein gerißen.

99.
Schlaf und Tod.

Schlaf und Tod, der macht Vergleich
Zwischen Arm und zwischen Reich,
Zwischen Fürst und zwischen Bauer,
Zwischen Biedermann und Lauer.

100.
Hoffnung.

Der nichts hat, dem ist noch Rath,
Weil er Hoffnung nur noch hat.

---

97. 4 Acht, Achtung. — Gemach, Bequemlichkeit.
99. 4 Lauer, hinterlistiger Schelm (mhd. lûren, im Hinterhalt liegen, lauern), vgl. Nr. 756 und 201.
100. 2 Weil, hier: so lange als.

101.
Schlaf.

Es sitzt der Schlaf am Zoll, hat einen guten Handel;
Sein ist der halbe Theil von unsrem ganzen Wandel.

102.
Die Nachfolge Christi.

Es ist ein schlechtes Ding, dahin mit Christus gehn,
Wo Wein an Waßers Statt muß in den Krügen stehn.
Wo Blut an Schweißes Statt von ihm zur Erde fällt,
Da lob ich den alsdann, der Stand bei Christus hält.

103.
Krieg und Friede.

Die Welt hat Krieg geführt weit über zwanzig Jahr;
Nunmehr sol Friede sein, sol werden, wie es war.
Sie hat gekriegt um das, (o lachenswerthe That!)
Was sie, eh sie gekriegt, zuvor beseßen hat.

104.
Finsterniß.

Ob die Sonne finster wird, wird es dennoch wieder liechte;
Ob die Wahrheit finster wird, findet sich das Liecht mit nichte.

---

104. 2 mit nichte, veraltet für durchaus nicht.

105.
Der Rhein ein Ehrenrichter.

Wann der Rhein hielt jetzt Gerichte
Ueber Eh- und Ehrenfrüchte:
Lieber, welche fette Fische
Würden kummen draus zu Tische?

106.
Deutschland.

Deutschland bei der alten Zeit
War ein Stand der Redlichkeit;
Ist jetzt worden ein Gemach,
Drinnen Laster, Schand' und Schmach,
Was auch sonsten aus man fegt,
Andre Völker abgelegt.

107.
Freien ist versehen.

Da Adam wacht und sucht, wo findet er ein Weib?
Da Adam liegt und schläft, gibt ihm ein Weib sein Leib.
Ein frommes Weib gibt Gott; die Vorsicht thut es nicht.
Rührt Gott das Herze nicht, irrt Ohr und fehlt Gesicht.

---

105. **Ehrenrichter.** Um die echte Abstammung eines neugeborenen Kindes zu prüfen, pflegten die Celten dasselbe in den Rhein zu werfen; spülten es die Wellen ans Ufer, so war jeder Zweifel beseitigt; sank es unter, so war damit die Unechtheit erwiesen; daher nennt ein Epigramm den Rhein ἐλεγξίγαμος ποταμός, den eheprüfenden Strom. („Ep. symm. her. adesp.", 32, bei Brunt, „Annal.", III, 150.)

108.
Geiziges Reichthum.

Wer Geld nicht braucht, doch hat: warum dann hat er Geld?
Drum, daß er etwas hat, das ihn in Marter hält.

109.
Geschminkte Freundschaft.

Hände küssen, Hüte rücken,
Knie beugen, Häupter bücken,
Worte schrauben, Rede schmücken,
Wer, daß diese Gaukelei,
Meinet, rechte Freundschaft sei, 5
Kennet nicht Betrügerei.

110.
Freundes-Kur.

Niemand sei dir erkiest,
Der Freund ihm selbst nicht ist.
Der Freund ihm selbst nur ist,
Sei Niemand dir erkiest.

111.
Von diesem Buche.

Daß mein Buch, sagt mir mein Muth,
Noch ganz böse, noch ganz gut.

---

108. **Reichthum**, als sächliches Hauptwort jetzt nicht mehr gebräuchlich; noch Rabener (Br. 270) schreibt: „mein ganzes Reichthum".
110. **Kur** (mhd. kür, ahd. churê), Wahl. — **1 erkiest** (goth. kiusan, ahd. chiosan, mhd. kiusen), erwählt.
111. 2 Vgl. Nr. 79, 1.

Kummen drüber arge Fliegen,
Wird Gesundes bleiben liegen
Und das Faule leiden an.
Kummen aber Bienen dran, 5
Wird das Faule sein vermieden
Und Gesundes recht beschieden.

112.
Auf Celerem.

Celer lief nun aus der Schlacht;
Denn es kam ihm gleich zu Sinne,
Daß er, würd' er umgebracht,
Nachmals mehr nicht fechten künne.

113.
Ein Ehrgeiziger.

Wer viel Aemter wil genießen,
Muß in sich viel Gaben wißen,
Oder muß auf Vortel gehn,
Oder muß sie nicht verstehn.

114.
Nicht zu viel.

Ein rasches Pferd nur immer jagen,
Ein saubres Kleid nur immer tragen,
Den nützen Freund nur immer plagen,
Hat niemals langen Nutz getragen.

---

111. 5 anleiden, anwidern (?Grimm). Mir scheint richtiger: das Faule wird von ihnen benagt, wie schon der Gegensatz aus dem Folgenden ergibt. — 8 beschieden, schlichten, ordnen (? Grimm), vielmehr: entschieden, anerkannt werden.
114. 3 nütze, nützlich; jetzt veraltet. Den Compar. nützer vgl. Nr. 85, V. 29.

115.
Peſt und Ehrgeiz.

Die Peſt, die Ehrenſucht ſind beide ſtrenges Gift,
Daß die nur meiſtens Hoch' und jene Niedre trifft.
Der Ehre hängt man nach; die Peſt fleucht Jedermann,
Ob die der Welt gleich nicht, wie jene, ſchaden kann.

116.
Des menſchlichen Lebens Wegelagerer.

Ehre, Geiz, Leid, Wein und Liebe
Sind des Menſchen Lebensdiebe.

117.
Erfahrung.

Wer hinterm Ofen her wil von der Kälte ſchließen,
Wer aus dem Keller rauf wil viel von Hitze wißen,
Wer eines Dinges Art nie recht erfahren hat,
Will ordnen aber dran, wil geben Rath und That:
Dem kümmt die Schande früh, die Reue viel zu ſpat.

118.
Ehre und Anſehen.

Die Ehr' iſt zwar der Tugend Sold;
Doch iſt die Ehr' auch manchmal Schuld,
Daß eines einzlen Menſchen Ehre
Manchmal ein ganzes Land zerſtöre.

119.
Eitele Würde.

Titelgroß und bullenedel
Reicht nicht weiter, als der Zedel.

120.
Die Sünden.

Menschlich ist es, Sünde treiben;
Teuflisch ist's, in Sünden bleiben;
Christlich ist es, Sünde haßen;
Göttlich ist es, Sünd' erlaßen.

121.
Des Krieges Alter.

Je toller wird der Krieg, jemehr er krieget Jahr.
Ei, Leute, die sehr alt, die werden wunderbar.

122.
Soldatenzucht.

Pescennius, ein römisch Kaiser,
Der Kriegszucht ernster Unterweiser,
Bei dem, als etwa neun Soldaten
Dem Bauren einen Hahn verthaten,

---

119. 1 bullenedel, durch eine Bulle, ein Diplom geadelt. — 2 Zedel, (mhd. zēdele, lat. schedula, frz. cédule), Zettel, Diplom, Urkunde.
121. 1 kriegen, bekommen; hier wegen des Wortspiels mit Krieg. — 2 wunderbar, wunderlich, mürrisch.
122. 3 Vgl. Aelius Spartianus, „Pescennius Nig." 10, wo allerdings von zehn Soldaten die Rede ist. — 4 verthun, unrechtmäßigerweise sich aneignen und vergeuden.

Da ließ er sie bei vielen Wochen
Als Brot und Wasser nichts versuchen.
Jetzt schadet's nichts, ob ein Soldate
Neun Bauren gleich sied' oder brate;
Eh' als er truckneß Brot sollt' eßen,
Möcht' er ein ganzes Dorf voll freßen.

123.
Reiche Verwüstung.

Da dieses Land war reich für Jahren,
Da glaubten wir, daß Bettler waren.
Nun dieses Land durch langes Kriegen
Bleibt menschenleer und wüste liegen,
Ist Steuer gar nicht zu bereden,
Man sei nun arm von so viel Schäden.

124.
Rechtslernung.

Wenn einer wil das Recht studiren,
So muß fünf Jahr er dran verlieren.
Das Recht, das Krieg jetzt eingeführet,
Wird bei fünf Tagen ausstudiret.

125.
Erbschaft.

Vor, wann nahe Freunde storben,
Erbten wir, was sie erworben.
Wer da wolle, sterbe heuer,
Erbt man nichts als seine Steuer.

---

122. 6 Logau stellt sehr häufig, namentlich bei Comparativen, die abhängigen Satztheile vor das regierende Wort. — 10 voll, wird besonders in Schlesien enklitisch an Substantiva angehängt, um ein Maß zu bezeichnen; z. B. Hamfel (eine Hand voll), Armfel u. ähnl., vgl. A. Gryphius, „Geliebte Dornrose", IV, 2: „er (ihrer) ist a ganz Durffvel draußen."
123. 1 für, vor. — 5 Logau läßt nicht selten den bestimmten Artikel vor Substantiven weg.
124. 3 Vgl. Nr. 123, 5. Anm.
125. 3 heuer, dieses Jahr (ahd. hiurû aus hiûjâru).

126.
Aerzte und Räthe.

Ein Arzt hilft krankem Leib, ein Weiser kranker Zeit.
Der erst' ist noch zur Hand, der ander' ist gar weit.

127.
Deutschland.

Ungerochen hat für Zeiten
Niemand Deutschland kunt bestreiten.
Unbereichert wird mit nichten
Jemand jetzt den Zug verrichten.

128.
Die einfaltige Redlichkeit.

Andre mögen schlau und witzig,
Ich wil lieber redlich heißen.
Kan ich, wil ich mich befleißen
Mehr auf glimpflich als auf spitzig.

129.
Gottes Wort.

Der Hammer Gottes Wort schlägt auf der Herzen Stein.
Jetzt aber wil der Stein des Hammers Hammer sein.

---

128. 4 glimpflich, schonend, rücksichtsvoll.

130.
Geld lehnen.

Wer viel Geld hat weg zu leihen,
Muß der Freundschaft sich verzeihen;
Dann der Tag zum Wiedergeben
Pflegt die Freundschaft aufzuheben.

———

131.
Dürftigkeit.

Ist man arm, was hilft die Jugend?
Ist man arm, was hilft die Tugend?
Ist man arm, was hilfet schön?
Ist man arm, was hilft verstehn?
Dieser sei, dem Welt sol weichen,   5
Reich im Armen, arm im Reichen.

———

132.
Lebenslauf.

Es mühet sich der Mensch, auf daß er was erwerbe,
Und was er dann erwirbt, sol, daß er wo nicht sterbe,
Und wann er nun nicht stirbt, so sol er drum nur leben,
Auf daß er, was er wirbt, zur Steuer müße geben.
Dann bringt ihm weiter nichts das Mühen und Erwerben   5
Und Alles, was er gibt, als so nur eher sterben.

———

130. 2 verzeihen, refl. cum gen., entsagen, verzichten auf etwas. —
3 Dann, denn (sehr häufig im Folgenden).
132. 4 werben, erwerben.

133.
Diebe menschlichen Vermögens.

Werke stehlen nur die Zeit,
Fälle die Vermöglichkeit;
Sorgen stehlen uns das Leben.
Was dann bleibt uns aufzuheben?
„Was der Seele Gott gegeben."   5

134.
Durch Mühen, nicht durch Schmeicheln.

Redlich wil ich lieber schwitzen,
Als die Heuchler-Bank besitzen.
Beßer, harte Fäuste strecken,
Als von fremdem Schweiße lecken;
Beßer, was mit Noth erwerben,   5
Als gut leben, furchtsam sterben.

135.
Vergebne Arbeit.

Einen Mohren weiß erwaschen,
Trinken aus geleerten Flaschen,
Einen Esel nackt bescheeren,
Eine Sackpfeif' abehären.
Einen Pelz im Heißen baden,   5
Mit dem Siebe Wasser laden,
Einem Tauben Lieder singen,
Sand in ein Register bringen,

---

133. 2 Fälle, Unglücksfälle. — Vermöglichkeit, das Vermögen.
    135. Das Gedicht ist ohne Zweifel der mittelalterlichen Priamel: „Wer einen Raben will baden weiß" u. s. w., nachgebildet. — 1 erwaschen, veraltet, für waschen. — 4 abe (ahd. apa, mhd. abe), ab, meist in Zusammensetzungen. — 8 Register, gesonderte Abtheilungen.

In den Wind und Wasser schreiben,
Flugwerk ohne Flügel treiben, 10
Auf den Sand Paläste bauen,
Weibern auf die Tücken schauen,
Wind, Luft, Lieb' und Rauch verhalten,
Jünger machen einen Alten,
Einen dürren Wetzstein mästen, 15
Osten setzen zu dem Westen,
Allen Leuten wol behagen,
Allen, was gefällig, sagen:
Wer sich des wil unterstehen,
Muß mit Schimpf zurückegehen. 20

136.
Heldentod.

Es ritten ihrer zwei nach Rossen;
Darüber ward der Ein' erschoßen.
Der Andre sagte mit Betrüben:
O welch ein ehrlich Kerl ist blieben!

137.
Von der Nachtigall.

Von fernem bist du viel, von nahem meisten nichts,
Ein Wunder des Gehörs, ein Spotten des Gesichts.
Du bist die Welt, die Welt bist du, o Nachtigall;
Zum ersten lauter Pracht, zuletzt ein bloßer Schall.

138.
Vergnügung.

Wie das Kind im sanften Wiegen,
So beruh' ich im Begnügen.

---

135. 10 treiben, betreiben, ins Werk setzen.
138. 2 Begnügen, Zufriedenheit.

Pursche sonst mit Redlichkeit
Hin zu bringen meine Zeit;
Wann ich werde sein begraben, 5
Werd' ich beßres Glücke haben.

139.
Hofekünste.

Künste, die zu Hof im Brauch,
Wollt' ich, dünkt mich, können auch,
Wann nur eine mir wollt' ein!
Nämlich: unverschämt zu sein.

140.
Thorheit.

Ein Reis vom Narrenbaum trägt jeder an sich bei;
Der Eine deckt es zu, der Andre trägt es frei.

141.
Adel.

Die Tugend alleine gibt tüchtigen Adel.
Das Waffen-Gemäld
An Helm und Feld
Bedecket vergebens den inneren Tadel.
Die Wiege des Cyrus wie Irus ist Thon; 5
Ein leeres Geklänge,
Ein gläsern Gepränge
Sind Ahnen, wo Tugend ist ferne davon.

---

138. 3 Purschen, birschen (mhd. birsen, mlat. bersare), nach etwas jagen, streben. (Lessing: sich gesellen?)
141. 2 Waffen (ahd. wâfan, mhd. wâfen, wâpen), Wappen. Logau braucht auch die Form Wapfen (I, 3, 42).

142.
Ein enges Herze.

Wer den Himmel wenig acht',
Wer mit Erde satt sich macht,
Hat ein Herze, drinnen kaum
Leeres Nichts hat Stell' und Raum.

143.
Mißschwören.

Es braucht ein böser Mensch das Schwören wie ein Tuch,
Damit zu flicken aus Zucht=, Ehr= und Tugend=Bruch.

144.
Das Beste in der Welt.

Das Beste, das ein Mensch in dieser Welt erlebet,
Ist, daß er endlich stirbt, und daß man ihn begräbet.
Die Welt sei, wie sie wil; sie hab' auch, was sie wil,
Wär sterben nicht dabei, so gilte sie nicht viel.

145.
Grabmal eines redlichen Mannes.

Weil Welt die Redlichkeit verjagt und duldet nicht,
So sei du, der du hier fürüber gehst, bericht',
Daß nicht ein schlechter Theil, daß großer Schatz von ihr
Hat unter diesen Stein sich wie verborgen hier.
Wofern du redlich bist, so seufze, daß ein Stein
Sol würdiger, als wir, dies Gut zu haben, sein.

---

143. Mißschwören, falsch schwören.
145. 1 Vgl. Nr. 123, 5. Anm.

146.
Weg des Lebens.

Bei dem Tag in einer Wolke,
In dem Feuer bei der Nacht
Ging Gott her für Jacobs Volke,
Bis er in ihr Land sie bracht.
Christus geht für seinem Volke,   5
Daß er sie durch heiße Pein,
Daß durch trübe Jammers Wolke
Er sie führ' in Himmel ein.

147.
Mittel zu verarmen.

Ich möchte wißen, wie es käme,
Daß unser Hab' und Gut zunehme.
Was nicht aus Pflicht wir geben müßen,
Sol Höflichkeit zusammenschießen;
So was fürs Maul noch übrig blieben,   5
So bleibt es doch nicht für den Dieben.
Was gleich die Todten schuldig waren,
Das büßen wir mit unsern Haaren.
Was wir gehabt und nicht mehr haben,
Davon erheischt man Schoß und Gaben.   10
Ich möchte wißen, wie es käme,
Daß Gut wo einen Haufen nehme.

148.
Das Hausleben.

Ist Glücke wo und was, so halt' ich mir für Glücke,
Wann ich mein eigen bin, daß ich kein dienstbar Ohr

---

147. 10 Schoß, masc., Steuer.

Um weg verkaufte Pflicht darf recken hoch empor
Und horchen auf Befehl. Daß mich der Neid berücke,
Da bin ich sorgenlos. Die schmale Stürzebrücke, 5
Darauf nach Gunst man zeucht, die bringt mir nicht Gefahr;
Ich stehe, wo ich steh' und bleibe, wo ich war.
Der Ehre scheinlich Gift, des Hofes Meisterstücke,
Was gehen die mich an? Gut, daß mir das Vergnügen
Für große Würde gilt; mir ist ja noch so wol, 10
Als dem der Wanst zerschwillt, die weil er Hoffart voll.
Wer biegen sich nicht kan, bleibt, wann er fället, liegen.
Nach Purpur tracht' ich nicht; ich nehme weit dafür,
Wann Gott ich leben kan, dem Nächsten und auch mir.

149.
Glückliche Unbesonnenheit.

Kühnheit mit Vermeßenheit
Bringt es ofters noch so weit,
Als Bedacht und Witzigkeit.
Was auf keinen Grund gericht',
Und aus Zufall nur entbricht, 5
Ist plump Ding, man acht' es nicht.

150.
Hofediener.

Ich weiß nicht, ob ein Hund viel gilt,
Der Allen schmeichelt, Keinem billt.
Ein Diener, der die Aufsicht führt
Und Augen nur, nicht Zunge rührt,
Thut nicht, was seiner Pflicht gebührt. 5

---

148. 5 Stürzebrücke, Fallbrücke. — 8 scheinlich, glänzend, schimmernd. —
13 dafürnehmen, vorziehen.
149. 3 Bedacht, Bedachtsamkeit. — 5 entbrechen, hervorbrechen, ent=
stehen.

151.
Tischfreundschaft.

Vermeinstu wol, daß der ein treues Herze sei,
Den dir zum Freunde macht dein ofte Gasterei?
Dein Austern liebt er nur, dein Wilprät, gar nicht dich;
Auch mein Freund würd' er bald, wann so wie du, lebt' ich.

152.
Staffeln der Klugheit.

Wer guten Rath selbst finden kan,
Wer guten Rath kan nehmen an,
Wer beiden recht zu brauchen weiß,
Hat eines klugen Mannes Preis.

153.
Heutige Sitten.

Wozu sol doch sein Kind ein Vater auferziehn
Bei so bewandter Zeit? Er darf sich nur bemühn,
Daß sein Sohn keine Scheu und kein Gewissen hat,
So ist schon Alles gut; so ist schon Allem Rath.

154.
Willst du sein bei Hofe da?
Ei, so lerne sprechen Ja!

Viel Sprachen reden künnen, ziert einen Hofemann.
Wer, was der Esel redet, der ist am besten dran.

---

151. 2 ofte, hier Adj., oftmalig, so auch bei Rückert: „Ein ofter Dankabtrag." („Erbauliches", II, 52.)

153. 2 bewandt, beschaffen.

155.
Hofewahrheit.

Wer um Wahrheit Gunſt wil kaufen,
Muß vom Hofe bald entlaufen.

156.
Anzeigungen des Sieges.

Ei luſtig, ihr Krieger, ihr werdet nun ſiegen!
Es wollte die neue Verfaßung dann lügen.
Die Waffen, um euere Lenden gebunden,
Sind neulich aus Häuten der Bauren geſchunden.
Die Mittel zu Stiefeln, Zeug, Sattel, Piſtolen   5
Sind ritterlich neben der Straße geſtohlen.
Die Gelder zur Pflegung vom Lande gezwungen
Sind rüſtig durch Gurgel und Magen gedrungen.
Die Pferde, vom nützlichen Pfluge gerißen,
Des Brotes die letzten und blutigen Bißen,   10
Die führen und füllen viel tauſend der Wagen,
Die Huren und Buben zu Felde mit tragen.
Daß Reuter ſind wieder ein wenig beritten,
Sind Adern und Sehnen dem Lande verſchnitten;
Ein Fürſtenthum iſt in die Schanze gegeben,   15
Ein Hand voll von Reutern in Sattel zu heben.

Drauf folget nun Seufzen; drauf quellen die Thränen,
Kümmt Klage von Nöthen, nach Brote das Sehnen,
Um Strafe das Wünſchen, um Rache das Flehen.
Seid luſtig, ihr Krieger, ihr werdet es ſehen,   20
Daß ſolcherlei Segen, daß ſolcherlei Sprüche,
Daß ſolcherlei Wünſche, daß ſolcherlei Flüche

---

156. 2 D. h.: es ſei denn, daß ich mich über eure gegenwärtige günſtige Lage
täuſche. — 15 in die Schanze geben, aufs Spiel ſetzen. Schanze, mhd. schanze,
frz. chance (chéance), Wurf im Würfelſpiel. — 21 ſ o l ch e r l e i, Logau liebt Zu=
ſammenſetzungen mit der Silbe lei, z. B. dieſerlei, ſeinerlei u. a.

So wirklich und kräftig zum Feste sind machen,
Daß manchem im Leibe das Herze wird krachen!
Nun must ihr die Feinde zum Lande naus schmeißen,   25
Sonst wird euch der Teufel zulezte besch—.

157.
Ein guter Koch, ein guter Rath.

Bei Hofe kan ein guter Koch auch sein ein guter Rath.
Er weiß, was seinem Herren schmeckt und was er gerne hat.
Er trägt verdecktes Eßen auf und Eßen nur zur Schau,
Geußt Söder auf und Senf daran, die dienlich für den Grau;
Aufs Bittre streut er Zucker her, das Magre würzt er wol;   5
Dem Herren werden Ohren satt und ihm der Beutel voll.
Die Kammer geht zur Küche zu, die Wirthschaft in das Faß,
Die Canzelei hält Fastenzeit; der lechzend Unterfaß
Mag laufen, kan er sitzen nicht. Die ganze Polizei
Wird Heuchelei, Betrügerei und Küchenmeisterei.   10

158.
Weiberverheiß.

Wer einen Aal beim Schwanz und Weiber faßt bei Worten,
Wie feste der gleich hält, hat nichts an beiden Orten.

159.
Schmeichelei.

Wer Ohren macht mit Lobe reich, wil machen reich sein Haus.
Der wil ihm ernten eignen Nuz, der fremdes Lob sät aus.

---

156. 23 zum Festmachen, d. h. um gegen Schuß und Hieb sichern.
157. 4 Söder (? pl. von söt, masc. und neutr.), Brühe. — Grau, masc., Grauen, Ekel. — 8 Unterfaß, Unterthan.
158. Weiberverheiß, ein von Weibern gegebenes Versprechen.

160.
Selig sind die Todten.

Sterben war wol immer lieb dem, der dorte sucht zu leben,
Der da wuste, daß die Welt ihm und er nicht ihr gegeben,
Daß Gast er und sie sei Wirth, daß auch seiner Wolfahr Lauf
Hier im Thale nehme Ruh, weiter aber geh bergauf.
Sterben wird nun noch so lieb dem, der recht nur wil bedenken, 5
Wie der Wirth zum Schelmen wird und die Gäste pflegt zu kränken,
Daß er aus dem Hause jagt den, der ihn nicht betet an,
Der vom Frommsein abzustehn, übers Herz nicht bringen kan,
Der noch glaubet, daß ein Gott, der noch etwa dran gedachte,
Was für Alters Tugend hieß, der noch etwas wo verbrachte, 10
Das nach Biederwesen reucht, der nicht Dienst wil nehmen an,
Wil nicht wider Recht und Zucht treten auf den Frevlerplan.
Dieser, dieser hat verdient, daß man ihn mit Hunden hetze
Zu dem großen Thore zu, biß er Gut und Blut versetze.

Drum wann Gott die blaue Burg öffnet und ihm beut die Hand, 15
Freit ihn von der Trotzer Trotz, setzt ihn in den Friedensstand,
Rettet ihn aus Sünd' und Noth, vom Verterben zum Genesen,
Nimmt ihm die Vergänglichkeit, schenket ihm ein ewig Wesen.
Ei, wer wär so unbedacht, daß er diesen laße nicht
Hin, wo dieser Welt ihr Grimm seine freche Hörner bricht? 20

Allzuweit ist nicht von hier, wo der tolle Schandenwinkel,
Drinnen blinder Willen herrscht und ein tauber Eigendünkel
Fühlt den letzten Donnerschlag, der ihn schlägt in einen Kloß,
Drückt zu Grunde den, der drückt, machet die Gedrückten los.

Wol indessen dem, der dort lacht und schaut die Emsenhaufen, 25
Drinnen um das eitle Nichts kriechen, steigen, dringen, laufen
Unbedachte Menschenschwärme! Wol auch dem, der, was ihm lieb,
Da hat, wo für Bosheit, Noth, Drang und Zwang es sicher blieb.

---

160. 3 Wolfahr, veraltet für: Wohlfahrt, Wohlergehen. — 11 Bieder (ahd. bidarbi, biderbi, mhd. biderbe) wird von Logau mit Vorliebe in zahlreichen Zusammensetzungen gebraucht (s. Lessing, der die Vernachläffigung dieses Wortes beklagt, Wörterbuch zu Logau Sinngedichte, s. h. v.). — 14 versetzen, preisgeben. — 16 freit, befreit. — 21 der Schandenwinkel, die Erde. — 22 taub, leer, hohl. — 25 Emse, Ameise.

161.
Abschied von einem verstorbenen Ehegatten.

Treues Herze, du zeuchst abe
Aus der Welt und gehst zu Grabe,
Einzunehmen Freud' und Ruh,
Die der Himmel richtet zu.
Mir und andren deinen Lieben 5
Ist an deiner Stelle blieben
Bei sonst so gehäufter Noth
Herzens Leid um deinen Tod.
Doch die hier die Zeit verletzet,
Wird bald haben dort ergetzet 10
Ewigkeit, die ohne Ziel
Uns aufs neue treuen wil.
Mir wird sein mein Sarf gemeßen,
Eh dein Lob ich kan vergeßen.
Würdig bistu, daß dein Ruhm 15
Bleibt, weil bleibt das Menschenthum.
Habe Dank für deine Liebe,
Die beständig war, wanns trübe
So wie wann es helle war,
So in Glück als in Gefahr! 20
Habe Dank für deine Treue,
Die stets bliebe frisch und neue!
Habe Dank fürs werthe Pfand,
Das du läst in meiner Hand!
Habe Dank für Müh' und Sorgen, 25
Die biß Abends an vom Morgen
Deine weiße Redlichkeit
Pfloge mir zur Nutzbarkeit!
Habe Dank, daß deine Tugend,
Habe Dank, daß deine Jugend, 30

---

161. 1 Vgl. die Einleitung. Nr. 135, Anm. 4. — 7 sonst, hier ohnedies. — 12 treuen braucht Logau überall für trauen, ehelich verbinden. — 13 Logau schreibt stets Sarf (ahd. sarc, mhd. sarche, von Wackernagel abgeleitet von dem griechischen σαρκοφάγος, fleischverzehrend, wogegen jedoch die allgemeinere Bedeutung von „Behältniß" spricht). — 24 Ein wahrscheinlich jung gestorbener Knabe, s. die Einleitung. — 27 weiß, candida, lauter. — 28 pfloge, widmete (selten; gewöhnlich mit dem Genitiv).

Obwol eine kurze Zeit,
Mir so viel gab Gnüglichkeit!
Fahr' im Friede! Gott wils haben;
Aber laße deine Gaben
Deme, das zum Troste mir 35
Uebrig blieben ist von dir.
Fahr' im Fried'! ich kans nicht wenden,
Bin zu schwach des Herren Händen.
Du zeuchst weg, wo ich jetzt bin,
Ich, wo du bist, kumme hin. 40

162.
Die Oberstelle.

Es müht sich mancher hoch, zu sitzen oben an,
Da doch der Mann den Ort ziert, nicht der Ort den Mann.
Es ist ein schlechter Ruhm, der sitzt; ein Ruhm, der geht
Durch tapfrer Leute Mund in alle Welt, besteht.

163.
Heuchler.

Kirchengehen, Predigthören,
Singen, beten, Andre lehren,
Seufzen und gen Himmel schauen,
Nichts als nur vom Gottvertrauen
Und vom Glauben und vom Lieben 5
Und von andrem Gutsverüben
Reden führen: — ich wil meinen,
Die es thun, Gott, sind die Deinen.

O noch lange nicht! Im Rücken
Schmützen und von vornen schmücken, 10

---

161. 32 Gnüglichkeit, Zufriedenheit (so noch Seume, Spaziergang, 11). —
35 das, dem (Kinde), welches u. s. w. — 38 zu schwach, zu schwach gegenüber
dem Herrn.
162. 1 hoch, in hohem Grade, gewaltig.
163. 10 Schmützen, beschmuzen, besudeln.

Seinen Nächsten hassen, neiden,
Dessen Bestes stets vermeiden,
Dessen Nachtheil emsig stiften,
Zungen-Honig, Herzens-Giften,
Jenes außen, dieses innen   15
Lieblich, tückisch führen können:
Meinstu, daß dem Christenleben
Beides ähnlich sei und eben?

Gott hat neben sich gesetzet
Auch den Nächsten, wird verletzet   20
Durch den Dienst, der ihn gleich liebet
Und den Nächsten übergibet.
Halbe Christen sind zu nennen,
Die da Gott und Nächsten trennen.

164.
Am 11. Sonntage nach der h. Dreifaltigkeit.

Mein Fasten, mein Kastein, mein Zehnt- und Almosgeben,
Und was noch mehr gehört zu einem frommen Leben,
Vermag so viel bei Gott mit nichten, als vermag
Ein Seufzer um Genad und auf die Brust ein Schlag.

165.
Am 14. Sonntage nach der h. Dreifaltigkeit.

Gott ist ein gütig Gott, der zehnfach Hilfe sendet,
Eh' einmal sich der Mensch zu seinem Danke wendet.
Doch schau, daß dich nicht wo der Welt ihr Brauch bethört,
Daß, zehnmal wenn du rufst, nicht einmal Gott dich hört.

---

163. 14 Zungen-Honig, Herzens-Giften, kühne Zusammensetzung für: Honig auf der Zunge, Gift im Herzen führen. — 18 eben, gerade, recht, billig.
165. 1 Vgl. Nr. 8, Anm.

166.
Am 18. Sonntage nach der h. Dreifaltigkeit.

Gott solstu mehr denn dich, wie dich den Nächsten lieben.
Wann eine Liebe bleibt, so sind sie beide blieben;
Dann Gott und Nächsten sind verknüpft in eines Band,
Wer da sich hat getrennt, der hat sich dort getrannt.

167.
Namen ohne Sache.

Was hat doch wol für Stärke
Ein Glauben ohne Werke?
Wozu sind doch die Titel,
Bei welchen keine Mittel?

168.
Heutige Weltkunst.

Anders sein und anders scheinen,
Anders reden, anders meinen,
Alles loben, Alles tragen,
Allen heucheln, stets behagen,
Allem Winde Segel geben,   5
Bös' und Guten dienstbar leben,
Alles Thun und alles Dichten
Bloß auf eignen Nutzen richten:
Wer sich dessen wil befleißen,
Kan politisch heuer heißen.   10

---

168. Weltkunst, Weltklugheit. — 4 behagen, ungewöhnlich für: sich behaglich fühlen.

169.
Augen, Ohren, Mund.

Aug' und Ohren sind die Fenster und der Mund die Thür ins Haus;
Diese, wann sie wol verwahret, geht nichts Böses ein und aus.

170.
Hoferegel.
(Non mihi sit servus Medicus, Propheta, Sacerdos.)

Fürsten wollen keinen Diener, der da wil, daß Trank und Eßen
Sol nach Ordnung und Vermögen sein getheilt und abgemeßen.
Fürsten wollen keinen Diener, der da wil voran verkünden,
Was auf ihr verkehrtes Wesen für Verterben sich wird finden.
Fürsten wollen keinen Diener, der da wil, daß ihr Gewißen   5
Sich von allem Argbeginnen kehren sol zu ernstem Büßen.

171.
Vom Orpheo und Eurydice.

Niemand um ein todtes Weib fährt zur Höll' in unsren Jahren,
Aber um ein lebend Weib wil zur Hölle mancher fahren.

172.
Französische Kleidung.

Diener tragen ingemein ihrer Herren Liverei.
Sols dann sein, daß Frankreich Herr, Deutschland aber Diener sei?
Freies Deutschland, schäm dich doch dieser schnöden Knechterei!

---

171. Orpheus stieg in die Unterwelt hinab, um sein Weib Eurydice wieder heraufzuholen.

173.
Hand und Finger, ein Vorbild brüderlicher Einigkeit.

Jeder Finger an der Hand
Hat sein Maß und seinen Stand,
Jeder hilft dem andern ein;
Keiner wil sein eigen sein.
Brüder, die des Blutes Pflicht   5
Hat in einen Bund gericht',
Was dann wolln sich diese zeihn,
Wann sie eigennützig sein?
Wann sie das gemeine Heil
Meßen ab nach eignem Theil?   10
Wann ein jeder drauf nur denkt,
Wie der andre sei gekränkt?
Wann der andre steigen wil
Hin auf dem, der niederfiel?
Wetten wil ich, daß ihr Thun   15
Ganz auf Mißgriff wird beruhn.

174.
Aufrichtigkeit.

Wer wenig irren wil, er thu' gleich, was er thu,
Der schweife weit nicht um, er gehe grabezu.

175.
Geduld.

Geduld ist zwar die Kost, davon sich Arme nähren;
Doch wird kein fetter Wanst sich sehr davon beschweren.

---

173. Ohne Zweifel ist das Gedicht auf die drei herzoglichen Brüder von Brieg zu beziehen, welche seit dem Tode ihres Vaters (1639) gemeinschaftlich regierten, indessen schon nach wenig Jahren vielleicht infolge von Streitigkeiten sich in die hinterlassenen Besitzungen theilen wollten. (Vgl. die Einleitung.) — 7 zeihen, vorwerfen. — 9 gemein, gemeinsam.

176.
Der Henker und das Gewissen.

Den Henker scheut fast Jedermann, fast niemand sein Gewißen,
Da jener doch nur Augenschuld, dies Herzensschuld macht büßen.

177.
Die Ostsee.

Alle Flüsse gehn ins Meer;
Alle kummen dannen her.
Zwar daß in die Ostensee,
Ist gewiß, die Oder geh',
Ungewiß, daß ihre Flut   5
Unsrer Oder kummt zu gut.
Ostsee, unsren Schmuck und Gold
Hastu zwar uns weggeholt;
Aber, was du wiederbracht,
Sei dir hier und dort gedacht.   10

178.
Genießleute des Friedens.

Wer wird, nun es Friede wird, bei solcherlei Verwüsten
Zum ersten kummen auf? Die Henker und Juristen.

---

176. 2 Augenschuld, d. h. eine Schuld, die man mit Augen sehen kann, offenbare Schuld im Gegensatz zu Herzensschuld, die heimliche, von andern nicht gesehene Schuld.

177. 8 Als sich die Schweden im Dreißigjährigen Kriege mit deutschen Schätzen bereicherten.

178. Genießleute, Nutznießer, die, welche durch den Frieden den meisten Nutzen haben werden.

179.
Fremde Hilfe.

Was fremde Hilfe sei, das fühlstu, Land, allhier;
Die Hilfe half ihr selbst, das Fremde ließ man dir.

180.
Kriegesschäde.

Hat Land durch diesen Krieg, hat Stadt mehr ausgestanden?
Schau, wo der beste Tisch und größte Schmuck vorhanden.

181.
Nutz und Gewinn.

Wie kummts, daß Eigennutz jetzt mehr als Ehre gilt?
Die Welt ward durch den Krieg ein unvernünftig Wild,
Das sonsten mehr nicht sucht, als wie es sich nur völlt.

182.
Scherz und Schimpf.

Flut, die nicht ersäuft, nur badet,
Schimpf und Scherz, der Keinem schadet,
Glut, die wärmt und nicht verbrennet,
Zucht, die rühret und nicht nennet:
Wer nicht diese mag erdulden,
Gibt Verdacht von sondren Schulden.

---

180. 2 In den Städten nämlich.
181. 3 völlen, füllen, sättigen.
182. Schimpf, Scherz, Spaß. — 4 nennen, laut anklagen. — 6 sondren, besondern, ungewöhnlichen.

183.
Göttliche Rache.

Man sucht die Unterthanen, die bei der Kriegeszeit
Verkrochen und verlaufen sich haben weit und breit.
Die durch den Krieg getreten aus Gottes Eid und Pflicht,
Solt' er wohl diese laßen und eifrig forschen nicht?

184.
An eine Herzogin zum Brieg.

Eure Schönheit ist der Himmel, Eure Tugend ist die Sonne,
Dannenher auf unsre Länder fället Segen, Liecht und Wonne.

185.
Nutz von großer Herren Freundschaft.

Gut trinken und gut eßen,
Des Unrechts ganz vergeßen,
Sich selbsten nimmer schonen,
Nie denken ans Belohnen:
Dies sind die eignen Gaben, 5
Die Herren=Freunde haben.

186.
Dräuungen.

Ein Fluß verräth durch Rauschen sich, daß er sehr tief nicht lauft,
Ein Bote, daß er müde sei, wenn er sehr schwitzt und schnauft.
Wer allzu sehr mit Worten pocht, gibt leichtlich an den Tag,
Daß seine Lunge ziemlich viel, das Herze nichts vermag.

---

184. Anna Sophia, Gemahlin Ludwig's IV.
185. 5 eigen, eigenthümlich.

187.
Leid und Freude.

Ist ein Böser wo gestorben,
Traure! dann er ist vertorben.
Ist ein Frommer wo verschieden,
Freu' dich! dann er ist im Frieden.

188.
Wer kennt sein Glücke?

So du wilst glücklich sein, so bitte, daß dir gibt
Gott selten, was du wilst und dir zu sehr beliebt.

189.
Hofediener.

Des Fürsten Diener sind also, wie sie der Fürst wil haben;
Sie arten sich nach seiner Art, sind Affen seiner Gaben.

190.
Hofehunde.

Heuchler und Hunde belecken die Teller;
Jene sind Schmeichler und diese sind Beller;
Diese bewahren, bei denen sie zehren;
Jene verzehren die, welche sie nähren.

---

190. 3 bewahren, behüten, schützen.

191.
Soldaten.

Soldate kümmt vom Sold. Die ausgeübten Thaten,
Die sie auf freier Straß', in Hof und Haus verübet,
Verdienten schlechten Sold. Was noch sich jetzt begibet,
Bringt Sold, dadurch sie sind Galgaten und Rabaten.

192.
Weltliebe.

Wie kindisch ist der Mensch! Er sehnt sich, daß er liege
Nicht dort ins Vaters Schoß, nur hier im Wust der Wiege.

193.
Mehr Trauriges als Lustiges.

Der Troglobiten See wird dreimal süße täglich
Und herbe dreimal auch. Was in der Welt ist kläglich,
Kümmt immer eh' und mehr, als das, was lieblich heißt,
Daß Bittres dreimal sich, eh' einmal Süßes weist.

194.
Gasterei.

Gemäßige Trachten,
Vermiedene Prachten,

---

191. 4 Galgaten und Rabaten, scherzhaft gebildet, d. h. sie verdienen nicht Sold, sondern Galgen und Rad.

192. 2 Wust, Schmuz.

194. 1 Tracht, ein Gang Speise, so viel man auf einmal aufträgt. — 2 Prachten, Logau braucht die Mehrzahl dieses Wortes mehreremal (II, 8, 30), jetzt veraltet. Goethe, VI, 272: „Faltet aus die frischen Prachten."

Bekannte Gesellen,
Berühgliche Stellen,
Verträuliche Schwänke,   5
Belieblich Getränke
Sind Stücke, die Gäste
Befinden fürs Beste.

195.
Von meinen Reimen.

Mein Reim ist oft was frei; noch freier ist mein Mut
Auf das, was lasterhaft, von deme, was nicht gut.
Ich rede frei von dem, was Schande heißt und bringt;
Vielleicht ist wer, den Scham von Schanden abezwingt.

196.
Ein redlicher Mann.

Für einen guten Mann sind alle Zeiten gut,
Weil niemals Böses er und Böses ihm nichts thut;
Er führt durch beides Glück nur immer einen Mut.

197.
Unbeständige Arbeit.

Wer nimmer nichts verbringt und dennoch viel fängt an,
Wird in Gedanken reich, im Werk ein armer Mann.

---

194. 4 berühgliche Stellen, ruhige, trauliche Plätzchen.
195. 1 was, etwas, ein wenig.

198.
Ein ehrlich Weib.

Die Ehre ziert das Weib, ein ehrlich Weib den Mann;
Wer diesen Schmuck bekümmt, seh keinen andren an.

199.
Leid-Trost.

Wie glücklich ist doch der, der seines Kummers Wüthen
Kan einem treuen Freund in seinen Busen schütten!
O welch ein Glück hat der, dem gar liegt in der Schoß
Ein Freund, dem sich ein Mann kan kühnlich geben bloß!

200.
Hofcheiligen.

Ist unser Hof denn reformirt? Catholisch ist er auch!
Daß jeder einen Heilgen sucht, ist aller Höfe Brauch.

201.
Der Welt Süßebittres.

Welt gibt ihren Hochzeit Gästen erstlich gerne guten Wein,
Und zuletzte sauren Lauer, wann sie nun bethöret sein.

199, 3 Schoß, in dieser Bedeutung jetzt nur noch männlich (goth. skaut, masc., ahd. scôß, masc., mhd. schôß, masc. fem.).

201. 2 Lauer (lat. lora, ahd. lûrâ, mhd. lûre, fem.), Tresterwein, schlechter Nachwein, aus schon einmal gepreßten Beeren gewonnen. Vgl. Nr. 99 und 756.

202.
Von Livido.

Lividus ist tödlich krank; wil er leben, sol er baden
Aus den Thränen, die er guß über eines Andren Schaden.

203.
Sorgen.

Bei wem bleibt Kummer gerne, zeucht auch am liebsten ein?
Bei denen, die ihn warten und fleißig bei ihm sein.

204.
Lügen und Lügen sagen.

Ein Frommer hütet sich, daß leichtlich er nicht lüge,
Ein Weiser, daß er sich mit Lügen nicht betrüge.

205.
Sparsamkeit.

Wer Geld und Gut denkt zu erlangen,
Muß erstlich von dem Maul anfangen.

206.
Ein Geiziger.

Das, was in der Erde wurzelt, nicht, was gegen Himmel steigt,
Frißt ein Maulwurf, und der Geizhals ist zu gleicher Kost geneigt.

---

202. 2 guß, vergoß.
205. 2 d. h. nicht verschwenderisch essen und trinken.

207.
Von den Steinen der Pyrrhae und Deucalionis.
Die Pyrrha und ihr Mann gestreut, was waren dies für Steine?
Den Kießlingstein warf sie und er den Sandstein, wie ich meine;
Denn dieser dient mehr zum Gebrauch und jener mehr zum Scheine.

208.
Wissenschaft.
Dem Fleiße wil ich sein als wie ein Knecht verhaft,
Damit ich möge sein ein Herr der Wissenschaft.

209.
Vergeben- und Vergeßenheit.
Gedenken lehrte Krieg, und Friede lehrt vergeßen.
Was hier am leichtsten sei, ist leichte zu ermeßen.

210.
Der Ausgang.
Wol berathen — gut gerathen, macht den Rath geehrt und hold.
Wol berathen — mißgerathen, setzt den Rath doch außer Schuld.

211.
Von dem naßen Jahre 1649.
Was meint der Himmel doch mit so gehäuftem Regen?
Wil von des Krieges Schmutz befleckte Welt er fegen?
Bedeut' es wol hinfür viel Heil und reichen Segen?

---

207. Deucalion und Pyrrha erzeugten ein neues Menschengeschlecht aus Steinen, die sie hinter sich warfen. (Vgl. Ovid. Met., I, 318 fg.) — 2 Kießlingstein, Kieselstein.

208. 1 verhaft, ergeben, in dieser Bedeutung jetzt veraltet.

211. 2 Auffallende Auslassung des Artikels „die von des Krieges Schmutz befleckte".

Mich dünkt, er traure so und gieße milde Zähren
Um das, was Sicherheit der Welt noch wil gewähren, 5
Die Friede brauchen wil, den Himmel zu gefähren.

212.
Der Tod.

Der Tod ist unser Vater, von dem uns neu empfängt
Das Erdgrab, unsre Mutter, und uns in ihr vermengt.
Wann nun der Tag wird kummen und da wird sein die Zeit,
Gebiert uns diese Mutter zur Welt der Ewigkeit.

213.
Gunst für Recht.

Kein corpus juris darf man nicht,
Wo Gunst und Ungunst Urtel spricht.

214.
Hofeworte.

Complimenta sind ein Wind, da sich ein Chamäleon,
Der von Luft zu leben pflegt, machet voll und satt davon.
Herzen, da nicht Witz daheim, haben an der Schmeichelluft,
Wie die Kinder an dem Brei, ihre Lieb' und ihre Kost.

---

211. 4 gieße, vergieße. — 6 gefähren, gefährden, in Gefahr bringen.
213. 1 darf, bedarf.
214. 3 die Witz (mhd. witze), Wissen, Weisheit, Verstand.

215.
Vergnüglichkeit.

Glücke kan nie recht betrügen,
Wer ihm immer läßt genügen;
Alles falle, wie es wil,
Das Vergnügen ist sein Ziel.

216.
Neidische.

Wie ich eßen sol und trinken, wie ich mich bekleiden sol,
Wie ich sonst mein Thun sol richten, sind die Leute Kummers voll.
Wann ich nicht zu trinken, eßen, noch mich zu bekleiden hätte,
Sonsten auch gar viel nicht gilte, gilt es eine starke Wette,
Ob nur einer findlich wäre, der nur einmal sorgt um mich. 5
Immer dünkt mich, wie aus Neide, nicht aus Gunst sie kümmern sich.

217.
Pöfel-Gerichte.

Wann ich also solte sein, wie mich jeder haben wil,
Würd' ich also sein, wie der, dessen jeder lacht im Spiel.

218.
Belohnung und Strafe.

Einen Acker wol durchpflügen, einen Acker wol betüngen,
Macht, daß Unkraut muß verwelken und das Land muß Früchte bringen.
Lasterhaftes Wesen strafen, tugendhaftes Thun belohnen
Macht, daß Unheil außer Landes, inner Landes Heil muß wohnen.

---

215. Vergnügen, Vergnüglichkeit, Genügsamkeit, Zufriedenheit.
216. 5 findlich, zu finden.
217. Pöfel, Pöbel (lat. populus, frz. peuple); noch jetzt mundartlich: Gepöfel.
218. 4 außer und inner braucht Logau oft für: außerhalb und innerhalb; vgl. III, 5, 64; II, 2, 16; III, 1, 91; in den beiden letzten Stellen ist es geradezu Präposition = in geworden.

219.
Ein reicher Geizwanst.

Verres ist ein lastbar Esel, aber nicht ein reicher Mann,
Weil nur bloß zum Säcketragen Glück ihn hat genummen an.

220.
Nutz.

Der ergreift nicht leichtlich Gunst, der da ist im Säckel blind.
Weil die Gunst trit meistens hin, wo Genieß und Vortel sind.

221.
Die göldene Zeit.

Jetzt ist die göldne Zeit; wer jetzt kein Gold nicht hat,
Hat keine gute Zeit und ist ihm auch kein Rath.

222.
Ein Weltmann.

Was heißt politisch sein? Verdeckt im Strauche liegen,
Fein zierlich führen um und höflich dann betrügen.

---

219. 2 Den bestimmten Artikel läßt Logau meist bei abstracten Substantiven aus, um ihnen gewissermaßen durch Personificirung einen größern Nachdruck zu verleihen.
220. 1 Die mittelhochdeutsche Endung der Adverbia auf lich (e) findet sich bei Logau noch häufig. — 2 Genieß, veraltet: Nutzen; jetzt noch davon: genießlich.
221. 2 Rath, Abhülfe.
222. 1 politisch, weltklug. — 2 umführen, umgehen mit jemand.

223.
Gute und Böse.

Die Bösen haben Himmel, die Guten hier die Hölle.
Gut, warte biß dort oben! da wechselt man die Stelle.

224.
Weltglauben.

Treu' und Glauben ist zerrißen,
Dran die Welt zusammenhing;
Dieses macht, daß so zu Bißen
Aller Länder Bestes ging.

225.
Die höchste Weisheit.

Gott und sich im Grunde kennen,
Ist die höchste Witz zu nennen.
Vielen ist viel Witz gegeben,
Diese selten noch daneben.

226.
Anzahl der Freunde.

Wer viel Freunde rühmt zu haben, hat gewiß gar wenig Sinnen.
Alle Sinnen fehlen ofters, einen Freund zu finden können.

---

224. 3 zu Bißen gehn, zerstückelt werden.
225. 2 Vgl. Nr. 214, Anm. 3.

227.
Poeterei mindert das Ansehen.

Ei, so laß ich denn nicht bleiben,
Was ich schrieb, noch mehr zu schreiben?
Ehrbarkeit hats bald verdroßen,
Wenn sie um sol gehn mit Possen.
Ist mir recht, Verdruß zu mindern, 5
Kindeln Männer oft mit Kindern.
Auch so bringt man ernste Sachen
Füglich an und ein durch Lachen.

228.
Der Mensch.

Neun Monden wird ein Mensch zum Leben zubereitet,
Darf einen Augenblick, der ihn zum Tode leitet.

229.
Mütterliche Liebe.

Die Mutter trägt im Leibe das Kind drei Vierteljahr;
Die Mutter trägt auf Armen das Kind, weils schwach noch war;
Die Mutter trägt im Herzen die Kinder immerdar.

---

227. 5 ist mir recht, irre ich nicht. Sinn: Gewisse ehrbare Leute halten sich darüber auf, daß ich mich mit Epigrammen, „solchen Possen", abgebe. — 6 Kindeln, kindisch sein. — 8 füglich, angemessen, mit Recht. (III, 8, 46; II, 9, 93; III, 10, 88.)

228. 2 darf, bedarf.

230.
Betrügen.

Menschen sind als Teufel ärger, weil der Teufel nirgend schwur;
Dann er weiß, daß er ein Lügner und betrüglich immer fuhr.
Aber Menschen schwören frechlich, wann sie sich gleich selbsten fühlen;
Dann sie denken durch das Schwören zu gewinnen wie durch Spielen.

231.
Wahrheit.

Fromme Leute klagen sehr, daß die Wahrheit sei verloren,
Suche, wer sie suchen wil, aber nicht in hohen Ohren.

232.
Glauben.

Luthrisch, Päbstisch und Calvinisch — diese Glauben alle drei
Sind vorhanden; doch ist Zweifel, wo das Christenthum dann sei.

233.
Der Weg zu Gunsten.

Wilstu, daß man dich bei uns wol verehr' und deiner denke?
Stelle Gastereien an, sprich stets ja und gib Geschenke.

---

230. 1 Logau setzt bei Vergleichungen den vom Comparativ abhängigen Gegenstand fast stets vor denselben. — 2 fuhr, verfuhr. — 3 Vgl. Nr. 220, Anm. 1.

234.

Selbsterkenntniß.

Wilstu fremde Fehler zählen, heb' an deinen an zu zählen.
Ist mir recht, dir wird die Weile zu den fremden Fehlern fehlen.

235.

Heuchelei.

Die Redlichkeit ist Gold; die Heuchelei ist Erde.
Zu suchen jen' aus der, darf Kunst und hat Gefährde.

236.

Französische Art.

Daß man Deutschen hat für redlich allezeit zuvor gehalten
Und Franzosen für was leichte, findet man bei vielen Alten.
Aber jetzt sols sträflich sein, wenn man nicht nach Redlichkeit,
Sondern nach der leichten Art richtet Sinn, Geberd' und Kleid.

237.

Menschen sind Lügner.

Daß alle Menschen Lügner sind, ist mit Bescheid zu nehmen.
Die Schrift, die sieht auf unsre Zeit, da lügen heißt bequemen;
Bequemen heißt politisch sein: Wer wil sich dessen schämen?

---

234. 2 Ist mir recht, irre ich nicht.
235. 2 darf, bedarf.
237. 1 Bescheid, Verstand. — 2 bequemen, sich in andere schicken.

238.
Fürstengeschenke.

Fürstengaben sind wie Bäche, stürzen immer gegen Thal,
Treffen so nur, wie sie treffen, ohngefähr und ohne Wahl.

239.
Theilung wüster Güter.

Da wir mehr nichts Ganzes haben, wollen wir noch dennoch theilen,
Wollen lieber neue schneiden, als die alten Wunden heilen.

240.
Weiberzank.

Weiberhändel, die, wie bräuchlich, unter ihnen stets entstehn,
Pflegen endlich auf ein „sagen" und auf nichts mehr auszugehn.
Jene sagte dieses neulich, und es sagte jenes die;
Dieses hat sie nicht gesaget; jene sagte solches nie.
Eine sagte, daß da sagte diese: jene sagte das. 5
Nein! sie sagte, daß sie sagte dieses nicht, nur sonsten was.
O, ich weiß wol, was sie sagte; wil sie, sagt ihr, sagen nicht,
Was sie sagte, wil ich sagen, was sie sagte, frei ans Licht.
Ei, sie sage, was ich sagte; eh' ich sagte, sagt sie vor; —
Sagt nur, daß sie solle sagen, was sie mir sagt in ein Ohr. 10
Dieses Sagen wil nun währen, weil das Leder währt ums Maul;
Denn zum Sagen und zum Plaudern sind die Weiber selten faul.

241.
Menschliche Thorheit.

Ofters denk' ich dran und nach, was doch Menschen sind für Thoren,
Die da wißen, daß die Welt durch den Tod wird ganz verloren,

---

238. 2 ohngefähr, von ohngefähr, zufällig.

Wagen dennoch Alles drauf und sich selbsten auch wol dran,
Daß ein Jeder destomehr dergestalt verlieren kann.

242.
Undank.

Theurer Thaten Nachklang
Ist gemeinlich Undank.

243.
Des Menschen Alter.

Ein Kind vergißt sich selbst; ein Knabe kennt sich nicht;
Ein Jüngling acht sich schlecht; ein Mann hat immer Pflicht;
Ein Alter nimmt Verdruß; ein Greis wird wieder Kind:
Was meinstu, was doch dies für Herrlichkeiten sind?

244.
Das vergangene Jahr.

Gott sei Dank! das alte Jahr ist aufs neue nun verstrichen.
Gott sei Dank! viel arges Ding ist mit solchem hingewichen.
Herr, vergiß, was wir gethan! das, was du uns zugemeßen,
Wollen wir (wir waren's werth) nimmer zählen, gar vergeßen.
Arges Thun bracht' argen Lohn; was uns Gutes ward geschenket, 5
Kam von deiner Güt' und ist würdig, daß man dran gedenket.

---

242. 2 gemein, gemeinlich, bei Logau sehr häufig für gewöhnlich meistentheils. (I, 2, 71; 3, 17; II, 5, 46; III, 5, 46; 5, 6; 6, 58; 6, 80; 7, 34.

244. Das Jahr 1649. — 2 hingewichen, entwichen. — 3 an Leiden und Trangsal. — 4 gar, gänzlich, völlig.

245.
Das neue Jahr.

Abermals ein neues Jahr! immer noch die alte Noth!
O das Alte kümmt von uns, und das Neue kümmt von Gott.
Gottes Güt' ist immer neu; immer alt ist unsre Schuld;
Neue Reu verleih' uns, Herr, und beweis uns alte Huld.

246.
Vergangenes Uebel.

Es ging gleich, wie es ging; doch hat, was uns gegunnt,
Der Gott- und Menschen-Feind zu thun noch meh gekunnt.
Es ging gleich, wie es ging; noch ging es also doch,
Daß Gott noch steht bei uns und wir bei Gotte noch.

247.
Die Stunden.

Mensch, vertraue keinen Stunden, weil sie nimmer stille stunden;
Du laufst mit und hast dich blitzlich deinem End' entgegen funden.

248.
Fleiß zur Tugend.

Der Tugend theure Waar, wer was von dieser hält,
Der kaufe sie um Müh, sonst gilt kein ander Geld.

---

245. Das Jahr 1650.
246. 1 gegunnt, gewünscht, gegönnt (mhd. gunnen). — 2 gekunnt, d. h.: der Gott- und Menschenfeind hätte uns noch mehr Uebels anthun können, was er uns gegönnt hätte.
247. 2 blitzlich, blitzschnell; ähnlich gebildet: blicklich.

249.
Ewiger Lenz.
(An eine fürstliche Person.)

Herr, ob jetzt begraben liegt, Lust und Zierde der Natur,
Weil der graue Flockenmann drüber führt die rauhe Spur,
Gleichwol haben Euer Augen, Euer Mund und Eure Sinnen
Immer Frucht und immer Blumen, immer Labsal zu gewinnen;
Dann des Himmels reiches Gut ward so gütig Euch und hold, 5
Daß Euch in die Armen fällt Euer Frühling, wann Ihr wollt.

250.
Der Menschen Unbeständigkeit.

Sein' Eigenschaft und Art bekam ein jedes Thier,
Und wie sie einmal war, so bleibt sie für und für.
Der Löw, der bleibt beherzt; der Hase, der bleibt scheu;
Der Fuchs, der bleibet schlau; der Hund, der bleibet treu.
Der Mensch nur wandelt sich, vermummt sich immerdar; 5
Ist diese Stunde nicht der, der er jene war.
Was dient ihm dann Vernunft? Sie hilft dahin ihm ein,
Daß er kan mit Vernunft recht unvernünftig sein.

251.
Poetinnen.

Wenn Weiber Reime schreiben, ist duppelt ihre Zier;
Denn ihres Mundes Rose bringt nichts als Rosen für.

---

249. An Herzog Ludwig IV. von Brieg. — 6 Frühling, seine Gemahlin Anna Sophie.

251. 2 fürbringen, hervorbringen.

252.
Vergunnte Trunkenheit.
(Pf. 23; V. 5, 6.)

Ich habe Lust zu trinken bei dem, der voll schenkt ein
Barmherzigkeit und Güte: da kan ich lustig sein.

253.
Undank.

Dem, der Undank trägt davon, diesem trau' ich gerne zu,
Daß er redlich sich verhält und mit Treuen Alles thu.

254.
Weltgunst.

Die Weltgunst ist ein See,
Darinnen untergeh,
Was wichtig ist und schwer;
Das Leichte schwimmt daher.

255.
Ein König und Tyrann.

David war ein frommer Hirte; Nimrod ein gewaltsam Jäger.
Fürsten sollen sein des Volkes nicht Zerstörer, sondern Heger.

---

252. vergunnt, erlaubt.
255. 1 gewaltsam, gewaltig.

256.
Begierden.

Wenn Begierd' und nicht Vernunft lieben wil, so liebt sie wol
Selten, was sie lieben mag, meistens, was sie haßen sol.

257.
An einen guten Freund,
über dem Abschiede seiner Liebsten.

Freund, da jeder sich jetzt freut, daß mit dieses Winters Frösten
Auch des langen Krieges Eis werde schmelzen und den Lüften
Nächsten Frühlings sich die Zier auch des Friedens mischen ein:
O so seh' ich dein Gesicht trübe, blaß, naß, kränklich sein.
Wollte Gott! noch dir noch mir wär die Ursach' also kündig. 5
Mir zwar ist sie in dem Sinn; aber dir, dir ist sie findig,
Wo du hingehst, siehst und stehst; was du denkest, was du thust,
Drüber mangelt leider dir deine Friedens=Frühlingslust.
Deine Friedens=Frühlingslust hat des Krieges rauhes Stürmen
Oft geblaßt, doch nie gestürzt. Aber ach! des Grabes Würmen 10
Gab der Tod zum Opfer sie, ohngeacht daß halbe Theil
Deiner dran verbunden hing, auch wohl gar dein sterblich Heil.
Weder Schatz, wie groß er sei, ist uns Männern so ersprießlich,
Weder Freund, wie gut er sei, ist uns Männern so genießlich,
Als der uns in Armen schlief; denn die angetreute Treu 15
Herrschet über Leid und Zeit, wird durch Altsein immer neu.
Wem ist mehr als mir bewußt, wie die Jugend eurer Liebe
Erstlich wuchs und weiter wuchs? Aller Grund, worauf sie bliebe,
War die Treu' und Redlichkeit; anders was, das tauret nicht.
Was sich auf vergänglich Ding stützet, das verfällt und bricht; 20
Was die Tugend baut, das steht. Wenn ich denke mehr zurücke
Auf die nun verrauchte Zeit, auf mein mir begrabnes Glücke,

---

256. 2 mag, wie das mhd. mac = darf.
257. D. h. bei dem Tode seiner Ehefrau. Dieselbe war eine Verwandte und Jugendfreundin von Logau's erster Gemahlin. Vgl. die Einleitung. — 3 Das Gedicht ist aus dem Jahre 1650. — 5 noch — noch, weder — noch, an sehr vielen Stellen. — kündig (mhd. kündic), bekannt. — 6 findig, zu finden, vgl. finblich, Nr. 216. — 10 Sinn: Die verstorbene Gattin hat ihr des Krieges Leiden oft gemildert. — 14 genießlich, nutzbringend (s. Nr. 220, Anm. 2). — 19 tauret, dauert, hat Bestand. — 22 verraucht, wie der Rauch verflogen, vgl. II, 4, 84.

Denk' ich auch zugleiche fort auf der Freundschaft Schwesterschaft,
Drinnen dein' und meine Lust unverbrüchlich war verhaft,
Wie sich dein' und meine Lieb' unter sich so lieblich liebten, 25
Auch des Blutes nahe Pflicht durch vertraute Sinnen übten.
Als der Tod mein' erste Treu' gleich verbarg in frischen Sand,
Dennoch hat das liebe Mensch ein vertrautes Freundschaftsband
Auf die Meinen unverfälscht immer fort und fort erstrecket,
Bis nun auch des Todes Neid ihr das letzte Ziel gestecket. 30
Sei gesichert, treuer Freund, daß dein' Augen nicht allein,
Sondern mir und meinem Haus in Gesellschaft wäßrig sein.
Welcher das gemeine Falsch, das die Welt für Witz verhandelt,
Kennt und haßt, dem wird sein Herz auf betrübten Muth gewandelt,
Wenn ein redlich frommer Christ hin sich sichert in den Sarg, 35
Weil das Fromm geschwächt dadurch und verstärket wird das Arg.
Nun was hilfts? Es muß so sein. In der Welt von Kindesbeinen
Hat man, daß der Mensch verstarb, hören klagen, sehen weinen.
Nun sie auf der Gruben geht, wird es anders wohl nicht sein,
Als daß jedermann in ihr, sie auch kürzlich selbst, geht ein. 40
Ei, gar gut! Was dünkt uns wol, wann wir stätig sollten leben,
Sollten stets der Teufelei dieser Welt sein untergeben?
Nehmen wir noch eine Welt und bestünden noch einmal,
Was bisher uns dreißig Jahr zählten zu an Noth und Qual?
In der Welt sei, was da wil, find' ich doch nichts Beßres drinnen, 45
Als daß frommes Biedervolk selig endlich sterben künnen,
Desto mehr weil nun die Welt, wie ein kindisch alter Greis,
Beißig, garstig, sattsam wird, bloß auch nur zu nuseln weiß.
Weiche Gott und rechtem Sinn, werther Freund, und dich zusammen
Sei zu sammlen nur bemüht! Was dir Gott zu deinem Stammen 50
Vor an lieben Kindern gab, wie daß er sie wieder nahm?
Daß die Mutter, wußt' er wohl, ihnen bald hernacher kam.

---

257. 24 verhaft, ergeben, verbunden. — 27 mein' erste Treu', meine erste
Gattin. — 31 gesichert, versichert. — 33 Sehr häufig braucht Logau das Neutrum
des Adjectivums für das entsprechende Substantivum, das Falsch, die Falschheit;
vgl. V. 36: das Fromm, die Frömmigkeit. — 35 sich sichern, sich bergen. —
39 sie, die Welt: — auf der Grube gehen, den Untergang sehr nahe erwarten
müssen (so Luther 5, 534^b der Jenaer Ausgabe). — 40 kürzlich, in kurzem. —
41 stätig, beständig. — 46 Biedervolk. Zusammensetzungen mit Bieder bei
Logau sehr beliebt: Biedermann, Biedermannsleute (III, 10, 89), Biederwesen
(I, 8, 61), Biedersinnen (III, 2, 10), Biederweib, Biederherz. — 48 beißig,
bissig, zänkisch. — sattsam, verdrießlich, aller Dinge satt. — nuseln (nuscheln,
nischeln), durch die Nase undeutlich sprechen (mhd. nisilên). — 52 hernacher
kommen, nachfolgen.

Auch den Sohn, der eher starb, eh' er anfing hier zu leben,
Der mit finstrer Nacht beringt, sich zum Grabe vor gegeben,
Eh' er sich ans Liecht begab, hieß der Herr gehn nahe vor, 55
Daß die Mutter er sagt an oben in der Engel Chor.
Weil nun Gott die Mutter nahm, o so wird sich noch wol zeigen,
Wo sich Gottes weiser Rath dir zum Besten hin wird neigen.
Deine Friedens=Frühlingslust hat des Todes Tuch verhüllt.
Aber sind wir wol gewiß, daß sich gänzlich setzt und stillt 60
Alles Unfalls zornig Meer? ob sich Fried' im Frühling finde?
O wer ist, der dieses glaubt? Wer es glaubt, der wird zum Kinde.
Welt wird immer bleiben Welt; ist des Bösen so gewohnt,
Daß sie dem, der nicht wie sie raset, spöttisch abelohnt.
Gibt der Herr den Frieden gleich, o es wil mich immer dünken, 65
Wie ich noch seh seinen Arm ausgestrecket uns zu winken,
Weil so sicher wir, verstockt, ja so wenig dankbar sein.
Wißen wir, was wir von Brot künftig werden sammlen ein,
Weil der Himmel fast ein Jahr so gar reichlich wollen weinen?
Wißen wir, ob Mensch und Vieh sich wird sicher künnen freien 70
Für der Seuchen schneller Gift? O wer weiß, was sonst für Joch
Uns der Unfall unversehens sonsten wo kan schnitzen noch?
Weil der Teufel nun forthin wird vom Kriegen müßig werden,
Wird er sonst gar wirthlich sein, uns zu kochen viel Beschwerden.
Was die Welt schätzt also gut, daß man Hab und Gut erwirbt, 75
Lieber, wem ist dieses gut? O durch welchen man vertirbt,
Diesem lohnt man mite noch. Wie die Honigmeisterinnen,
Wie das Wollenträgervolk, was sie sammlen, sammlen künnen
Ihnen selbst nicht, so auch wir müßen laßen machen Preis,
Drüber auf dem Maule lag, auch wie Waßer man goß Schweiß. 80
Drum so bleibt nur dieses gut: Wen der Tod hat weggenummen,
Dieser ist gestorben nicht, dieser ist zum Leben kummen;
Denn hier ist der sichre Port aller Unvergänglichkeit;
Denn hier ist die feste Burg aller stolzen Sicherheit.

---

257. 54 beringt, umringt, umgeben. — 64 spöttisch abelohnen, mit Spott entlassen (den Lohn auszahlen, I, 5, 62). — 69 Das Jahr 1649 zeichnete sich durch große Nässe aus. — 70 freien, befreien. — 71 Logau schreibt die Gift, wie ahd. und mhd. diu gift. — 73 Sinn: Weil der Teufel nach geschlossenem Frieden nichts mehr zu thun haben wird. — 74 wirthlich, wie ein Wirth bedacht sein, freigebig. — 77 Honigmeisterinnen (ähnlich wie III, 6, 10: Honigleute), Bienen. — 79 Die Stelle ist dunkel; Preis ist hier das franz. prise, Beute; Preis machen wird sogar transitiv gebraucht, z. B. eine Stadt = direptioni relinquere. — 80 auf dem Maule liegen, erschöpft darniederliegen. Sinn: Auch wir müssen das preisgeben, was wir mit vielem Fleiße erworben.

258.
Großmut und Hochmut.

Großmut gilt und Hochmut nicht;
Jener steht und dieser bricht;
Dieser pflegt sich selbst zu fällen,
Jener pflegt sich hoch zu stellen;
Jener schaffet, was er wil, 5
Dieser schaffet selten viel.

259.
Eines Fürsten Amt.

Ein Fürst ist zwar ein Herr; im Fall er herrschet recht,
So ist er seinem Volk als wie ein treuer Knecht:
Er dient zu ihrem Heil; er müht sich, daß er schwitzt,
Daß sein vertrautes Volk gedieg- und rühglich sitzt;
Er wacht, damit sein Volk fein sicher schlafen kann; 5
Er stellt sich für den Riß, nimmt allen Anlauf an;
Ist Nagel an der Wand, daran ein jeder hängt,
Was ihn beschwert und drückt, was peiniget, was drängt.
An Ehren ist er Herr; an Treuen ist er Knecht;
Ein Herr, ders anders meint, der meint es schwerlich recht. 10

260.
Fürstendiener.

Wenn Diener löblich rathen,
So sinds der Herren Thaten;
Wenn Herren größlich fehlen,
Ists Dienern zuzuzählen.

---

258. 1 Nach Analogie von Muth, Hochmuth, Gleichmuth sagt Logau auch der Großmuth.
259. 4 gedieglich, gediegen, voll Gedeihen; das Substantivum Gedieg, II, 7, 91. — rühglich, ruhiglich, ruhig. — 6 sich für den Riß stellen, vor die Lücke (franz. brèche) treten, für jemand eintreten. — Anlauf, Angriff.
260. 3 größlich (mhd. groezlîchen), sehr, gewaltig.

261.
Frommer Herr, schlimme Diener.

Ist gleich ein Herr gerecht,
Ist aber arg sein Knecht,
So wird der Herr doch ungerecht,
Dieweil er hegt den argen Knecht.

262.
Ein gnadseliger Diener.

Fürsten werfen oft auf Einen alle Sach' und alle Gunst;
Wenn nun dieser hat gefehlet, ist Verbeßerung umsonst.
Alles kan verrathen Einer, Einer kan nicht allem rathen;
Gut ist, was viel Augen lobten; leicht ist, was viel Hände thaten.

263.
Friede auf den Frühling.

Man verhofft des Friedens Lust mit der nächsten Frühlingslust.
O, daß wo nicht kumme drein etwa noch ein Maienfrost.

264.
Der deutsche Friede.

Was kostet unser Fried'? O wie viel Zeit und Jahre!
Was kostet unser Fried'? O wie viel graue Haare!
Was kostet unser Fried'? O wie viel Ströme Blut!
Was kostet unser Fried'? O wie viel Tonnen Gut!

---

262. gnadseliger Diener, den sein Herr mit seinem ganzen Vertrauen begnabigt hat. (Lessing.)

Ergötzt er auch dafür und lohnt so viel Veröden? 5
Ja; wem? Frag' Echo drum; wem meint sie wol?
(Echo.) Den Schweden.

265.
Das Mittel.

Wenn das Beste nicht zu haben, nehme man für gut das Gute,
Auch fürlieb, ist nicht ein tapfrer, dennoch mit dem frommen Mute.
Wem die Flügel nicht gewachsen, kan die Wolken nicht erreichen;
Wer nicht hat des Adlers Augen, muß der Sonne Strahlen weichen.

266.
Fürsten- und Pöfel-Regiment.

Ein gutes Fürstenregiment gibt mehr und beßres Frei,
Als wo des leichten Pöfelvolks verwirrte Polizei;
Die stets auf blinden Willen geht, übt freche Tyrannei.

267.
Auf den eigensinnigen Witzel.

Witzel ist der Buhler Paris, seine Meinung Helena;
Diese liebt er, diese schätzt er, obgleich Krieg ist drüber da.

---

264. 7 Schweden, die bekanntlich im Frieden an Land und Geld reichlich entschädigt wurden.
265. 2 fürlieb, sc. nehme man.
266. Pöfel, vgl. Nr. 217. — 1 Vgl. Nr. 257, Anm. 33. — 3 blinder Wille, Willkür.
267. Witzel, Witzling. Vgl. I, 10, 11; 1. 3. 100. III, 8, 91.

268.
Gegenwärtiger und vergangener Zustand.

Glücke kennt man nicht, drinne man geboren;
Glücke kennt man erst, wenn man es verloren.

269.
Zuwachs der Diebe.

Diebe, die der Krieg gesät, läßt der Friede reichlich finden,
Und der Henker meit sie abe, wird in Hanf die Garben binden.

270.
Der Tod.

Ob uns gleich der Tod reißt hin, ist von uns doch nichts nicht seine.
Unsre Seele kömmt ihm nicht; unser Haut, Fleisch und Gebeine
Wird uns schöner und verklärt sam der Seele wieder geben
Jene Zeit, die ohne Zeit uns aufs neue heißet leben.

271.
Das Fegefeuer.

Ist ein Fegefeuer wo? Darf doch dieses keiner dulden,
Der ein böses Weib hat hier, Armuth, Darmgicht, große Schulden.

---

269. 2 meien (mhd. maejen), mähen.
270. 2 kommen, zukommen, gehören. — 3 sam, sammt, mit (ahd. samant, mhd. samet, samt), hier jedoch vielleicht richtiger: gleich, da diese Deutung in der That einen bessern Sinn gibt.
271. 2 Vgl. die Einleitung.

272.
Die Gicht.

Die Gicht verbeut den Wein zu trinken,
Sonst mustu liegen oder hinken.
Mich dünkt, es sei ein groß Verdruß,
Wann über Maul regiert der Fuß.

273.
Die blühende, deutsche Sprache.

Deutschen sind so alte Leute,
Lernen reden doch erst heute.
Wann sie lernen doch auch wollten,
Wie recht deutsch sie handeln sollten.

274.
Regier- oder Weltkunst.

Die Weltkunst ist ein Meer; es sei Port oder Höhe,
Ist doch kein Ort, da nicht ein Schiff wo untergehe.
Wo dieser segelt fort, führt jener an den Sand;
Also wie der, der fremd, irrt der, der gleich bekannt.

275.
Tag und Nacht, Leben und Tod.

Wann auf Tag nicht käme Nacht, würden wir gar bald erliegen.
Auch der Tod geht darum vor, daß wir rechter leben mügen.

---

272. 3 Vgl. Nr. 8, Anm. 5.
274. 1 Höhe, auf der hohen See, im Gegensatz zum Hafen. — 4 gleich in Verbindung mit Relat. und Conjunct. gibt diesen eine einschränkende Bedeutung im Sinne von obgleich.
275. 2 Logau bildet von recht den Comparativ und Superlativ, II, 9, 63.

276.
Auf Vitum.

Veit gab seine Treu' zu Pfande; die hat längst schon sich verstanden;
Weil sie niemand denkt zu kaufen, bleibt sie Gläubigern in Handen.

277.
Ein Tyrann.

Ein Tyranne denkt dahin: hat er nicht der Leute Willen,
Daß er seinen Willen doch mit den Leuten mag erfüllen.
Wenig liegt ihm auch daran, ob er Liebe gleich nicht hat,
Wann in dem nur, was er wil, jeder seinen Willen that.

278.
Ein gütiger Abschlag.

Nimmt er gleich nicht, was er wil, ist ein gütig Abeweisen
Dennoch für den armen Mann an den Hohen noch zu preisen.

279.
Redlichkeit.

Wer gar zu bieder ist, bleibt zwar ein redlich Mann,
Bleibt aber, wo er ist, kümmt selten höher an.

280.
Die Welt.

Die Welt ist wie ein Meer; ein jeder geht und fischt,
Nur daß den Walfisch der, den Stockfisch er erwischt.

---

276. 1 verstanden, ist nicht eingelöst worden, daher verfallen.
278. Abschlag und Abeweisen, neutr., abschlägige Antwort, Zurück-
weisung.

281.
Deutschland wider Deutschland.

Das Eisen zeugt ihm selbst den Rost, von dem es wird verzehret.
Wir Deutschen haben selbst gezeugt die, die uns jetzt verheeret.

282.
Die Begierden.

O die Räthe, die sich kleiden in des Fürsten Kleid und Zierden,
Leiden selten andre Räthe. Wer dann sind sie? Die Begierden.

283.
Die Vernunft.

Beßer, haben keine Hand,
Als ein Herz und nicht Verstand.

284.
Fürstenfreundschaft.

Fürsten sind genädig zwar; selten sind sie rechter Freund.
Wer es glaubt, glaubt, was nicht ist, glaubet das nur, was da scheint.

285.
Ein vernünftig Weib.

Wer nach einem Engel freit, trifft oft einen Teufel an;
Alles trifft, wer nur Vernunft an die Seite haben kan;
Denn Vernunft schmückt trefflich schön; denn Vernunft macht alles gut,
Und ein Engel wird das Weib', wenn sie wie ein Engel thut.

286.
Ein alt Weib.

Alte Weiber sind die Sträuche, drauf für Zeiten Rosen stunden;
Ob die Rosen sind verblichen, werden doch die Dörner funden.

287.
Räthe-Wahl.

Einen treuen Rath zu wählen, darf der Fürste treuen Rath.
Selbst der Rath darf reifes Rathen, eh' er Rath versprochen hat.

288.
Hofeleben.

Von des Hofes Hofeleben hab' ich manchmal viel gelesen.
O, das Lesen ist nur beßer als das selbsten dagewesen.

289.
Beförderungen.

Was bringt der Mann zum Amte? Vermuthlich seine Kunst?
Gar selten! Was dann anders? Gemeinlich Geiz und Gunst.

290.
Der Schweden Auszug anno 50.

Die Schweden ziehen heim; daheime wann sie blieben,
Wär Deutschland auch daheim und nicht wie jetzt vertrieben.

---

287. 1 darf, bedarf. — 2 reif, reiflich.
289. gemeinlich, vgl. Nr. 242, Anm. 2.

291.
Der jetzige Friede.

Ein trojanisch Pferd scheinet unser Friede sein,
Stecket voller Groll, reißet viel Verfaßung ein.

292.
Jungfern Wangen.

Poeten steht was frei! Ihr Jungfern, eure Wangen,
Worauf die Schönheit spielt, die Charites so prangen
Und Flora Wohnung hält, die ehr' ich. Die Natur
Hat reichlich bracht hieher in einer vollen Spur
Die Gaben ihrer Kunst. Hier sind die linden Höhen, 5
Für denen Hybla blaßt, für denen traurig stehen
Päftonische Gewächs und Lilien nichts sind
Und Helfenbein nicht taug und Purpur wie verblindt.
Hier ist der runde Zweck, drauf mit viel tausend Küßen
Uns deren Werth mahnt an, zu zielen und zu schießen 10
Aus Ehrerbietung bloß; (wie wols der Brauch verbeut
Und deutsche Zucht nicht wil, die auch den Argwohn scheut.)
Hier ist das klare Feld, drauf Tugend hin ins Liechte
Streut aus die edle Scham, zu tragen reine Früchte,
Die so schön röthlich blühn, die weit ein mehres werth, 15
Als was die rothe See je von Corall bescheert.
Hier ist der zart' Altar von weißen Marmorstücken,
Drauf jungferliche Zucht pflegt reines Blut zu schicken
Zum Opfer keuschem Fromm. Hier ist das flache Rund,
Drum Zephyrus spielt her; drauf oft Cupido stund 20
Und sich um einen Weg für seinen Pfeil umsahe
Und dachte, wie ein Wild für seine Küch' er fahe

---

291. 1 Wie im Mhd. fehlt auch bei Logau oft das zu bei den von andern
Zeitwörtern abhängigen Infinitiven.
292. 2 Charites, die Grazien. — 6 Hybla, ein Berg in Sicilien. —
blaßt, erblaßt, nachsteht. — 7 Die Rosen von Päftum waren im Alterthum
berühmt. — 8 Logau schreibt stets taug; ebenso lautet die mhd. Form touc. —
verblindt, gleichsam erblindet, d. h. den Glanz verliert. — 9 rund, bestimmt
(„sein netter, runder Wille", Schiller), vgl. I, 10, 66, B. 6. — 19 Vgl. Nr. 257,
Anm. 33. — 20 Cupido, der Liebesgott.

Mit seinem Purpurzeug. Hier lag er oft im Halt,
Mit Rosen wohl verhegt, wann er die Jagd bestallt.
Hier trägt Pomona für Vertumnus, ihrem Schatze, 25
Die roth' und weiße Frucht, das schönste Paar vom Platze,
Den ihre Müh gepflanzt. Hier brennt die nütze Glut
Des Pharos, der im Meer den Schiffen Bahn und Mut
Zu sichrem Ufer gibt. Hier scheint das keusche Feuer,
Das mehr als Vesta Flamm' ist zu verehren theuer, 30
Das bringt den klaren Tag hin in die finstre Nacht,
Draus merkt man, ob da schlief, draus merkt man, ob da wacht
Die Scham der Redlichkeit; (in derer Port zu länden,
Wer redlich anders buhlt, sein Schiff pflegt hinzuwenden
Und sonsten nirgend wo; er sei dann so gesinnt, 35
Daß bei ihm Ehr' und Schmach vergleichten Ausschlag findt).
Hier hebet sich entpor, hier breitet seine Wellen
Der Tugend Hauptpanier. Hier lacht sie, wann sie lacht;
Hier ist ihr eigner Schmuck; hier ist ihr eigner Pracht.

293.

Beute aus'm deutschen Kriege.

Was gab der deutsche Krieg für Beute?
Viel Grafen, Herren, Edelleute.
Das deutsche Blut ist edler worden,
Weil so geschwächt der Bauerorden.

---

292. 23 Halt, Hinterhalt. — 24 verhegt, eingehegt, versteckt. — 25 Pomona, die Göttin des Garten= und Obstbaues. — Vertumnus, der Gott des Herbstes. — 28 Pharos, ein Leuchtthurm an der Nordküste von Aegypten. — 33 länden, anlanden. — 36 vergleichter Ausschlag, das wieder hergestellte Gleichgewicht einer Wage; daher Ausgleichung. — 38 Hauptpanier, Feldzeichen, Fahne. — 39 Pracht, noch von Zachariä und Wieland männlich gebraucht; Luther schreibt der und die Pracht.

293. 4 Nach dem Dreißigjährigen Kriege kauften sich viele Personen aus niederm Stande ein Abelsdiplom.

294.
Tüchtige Waar.

Die Waaren, welche vornen an
In einem Laden liegen,
Die kauft nicht gern ein Jedermann;
Sie pflegen nicht zu tügen.
Die Jungfern, welche zu dem Frein 5
Die Freier selbst wie laden,
Wo diese nicht verlegen sein,
So haben sie doch Schaden.

295.
Der vereinigte Glauben.

Ein Reichstag ist nicht weit,
Da aller Glaubensstreit
Wird ganz beschieden werden,
Wann Gott hier von der Erden
Wird haben alle Welt 5
Für seinen Thron gestellt.

296.
Gemeinschaft bringt Verachtung, sonderlich Fürsten.

Wo viel Gemeinschaft ist, ist Ansehn nicht gemein;
Wo Ansehn mehr nicht ist, wil auch nicht Folge sein;
Wo Folge reißet aus, kan Ordnung nicht bestehn;
Wo Ordnung nicht besteht, muß Wolfahrt untergehen.

---

294. 4 tügen (mhd. tugen), taugen. — 7 verlegen, unschön gewordene Waare.
295. 3 beschieben, georbnet, geschlichtet.
296. 1 Gemeinschaft, Vertraulichkeit. — gemein, gewöhnlich. — 2 Folge, Folgsamkeit, Gehorsam (sequela).

297.
Hofewerth.

Ich nehm' ein Quintlein Glück und kaufe Hofegunst;
Ob dir es so beliebt, nimm einen Centner Kunst.
Die leichte Münze gilt, die schwer' ist hier umsonst.

298.
Der Zorn.

Der Zorn ist eine volle Bach,
Ist aber trucken von Gemach.

299.
Der Neid.

Neiden und geneidet werden
Ist das meiste Thun auf Erden.

300.
Gegenwärtige und verlorene Tugend.

Tapfre Leute pflegt der Neid gerne sehn begraben,
Ausgegraben, wenn er sie nun nicht mehr kan haben.

---

297. 1 Quintlein (mhd. quinti, lat. quintinus), das Quentchen, ursprünglich also wol ⅕ Loth. — 2 ob, wenn.

298. 1 Namentlich bei schlesischen Dichtern bis ins 18. Jahrhundert wie noch jetzt mundartlich in Schlesien: die Bach. Logau, II, 4, 93. — 2 Gemach, Ruhe, Behaglichkeit.

300. 1 Vgl. Nr. 291, Anm. 1.

301.
Ein unruhig Gemüthe.

Ein Mühlstein und ein Menschenherz wird stets herumgetrieben;
Wo beides nicht zu reiben hat, wird beides selbst zerrieben.

302.
Verstellung.

Jeder schilt das Hofeleben, wann er nicht darinnen ist.
Jeder nimmt das Hofeleben, wann er nur wird drein erkiest.

303.
Der Feind nicht zu verachten.

Mit dem Feinde sol man fechten, für dem Fechten ihn nicht schmähn.
Viel, die schmähten ungefochten, hat man fechtend laufen sehn.

304.
Das Vergangene und Künftige.

    Was weg ist, läßet Reu,
    Was kommen sol, macht Scheu.
    Die Jugend, die zerrann,
    Das Alter bringt heran.
    Drum denke man dahin,   5
    Wo Jugend stets bleibt grün,
    Wo Alter immer steht,
    Wo Leben nie vergeht.

---

302. 2 erkiest, erwählt.
303. 1 für, vor. — 2 ungefochten, part. perf. in activer Bedeutung: bevor sie gefochten hatten.
304. 1 laßen, hinterlaßen. — 6 Vgl. Nr. 219, Anm. 2.

305.
Bücherstube.

Dieses ist ein Todtengrab, dessen Todten reden künnen,
Sagen das, was weit hindann, zeigen das, was noch von hinnen.

306.
Frühling und Herbst.

Der Frühling ist zwar schön, doch wann der Herbst nicht wär,
Wär zwar das Auge satt, der Magen aber leer.

307.
Der fürnehmste Kummer.

Für den Bauch und für den Kasten
Trägt man alles Kummers Lasten.

308.
Jahrzeiten.

Im Lenzen prangt die Welt mit zarter Jungferschaft;
Im Sommer ist sie Frau, mit Schwangersein verhaft,
Wird Mutter in dem Herbst, gibt reiche Frucht heraus,
Ist gute Wirthin, hält im Winter rathsam Haus.

---

305. 2 hinbann, von bannen, verflossen.
308. 2 verhaft, behaftet. — 4 rathsam (ahd. râtlîh), bedachtsam.

309.
Reimen.

Freude, die gezwungen ist, geht in schwerer Fahrt;
Reime, die gezwungen sind, haben wenig Art.

310.
Lebensregel.

Wis, wer du bist; laß jeden auch für dir sein, wer er ist.
Nicht, was du nicht kanst, was du kanst, sei dir zu sein erkiest.

311.
Das Leiden Christi.

Uns zu Liebe wollte Christus Marter, Schmach und Tod erleiden;
Ihm zu danken, wollen Christen Marter, Schmach und Tod vermeiden.
Wenn nun aber Christus wird kummen in der Herrlichkeit,
Wird, wer weit vom Leiden blieb, auch von Freuden bleiben weit.

312.
Erbarmung und Barmherzigkeit.

Eines Andren Pein entfinden, heißet nicht barmherzig sein.
Recht barmherzig sein wil heißen: wenden eines Andren Pein.

313.
Auf Paetum.

Paetus, du und auch dein Weib lebet stets in einem Willen;
Jedes wil das Andre sehn ehstes in das Grab vervöllen.

---

310. 1 Wis, mhd. Imperat. (bis, wis), sei; noch jetzt im Volksmund gebräuchlich. (Bei Bürger: „Bis wohlgemuth und tummle dich.")
313. 2 ehstes, ehestens, nächstens. I, 1, 90; 7, 48. III, 9, 55 u. a. m. — in das Grab vervöllen, in das Grab legen und mit Erde zufüllen.

314.
Die Liebe.

Nenne mir den weiten Mantel, drunter alles sich verstecket.
Liebe thuts, die alle Mängel gerne hüllt und fleißig decket.

315.
Drei schädliche Dinge.

Spiel, Unzucht und der Wein
Läßt reich, stark, alt nicht sein.

316.
Neigungen.

Wer an Gauklern und an Narren seine Lust und Labsal hat,
Kan sie an sich selbsten haben, wann er braucht der Lüste Rath.

317.
Wahrheit und Lügen.

Die Wahrheit ist ein Oel, (die Lügen Waßer), schwimmt
Doch endlich oben auf, wie viel man Waßer nimmt.

318.
Rath ohne That.

Anschlag, der nicht Fortgang hat,
Ist ein Wagen ohne Rad.

---

314. 2 hüllt, verhüllt.

319.
Der Mai.

Dieser Monat ist ein Kuß, den der Himmel gibt der Erde,
Daß sie jetzund seine Braut, künftig eine Mutter werde.

320.
Handprophezei.

Wer unsrer Welt sah in die Hand,
Was ist es, das er drinnen fand?
Raub, Mord, Trug, Schinderei und Brand.
Ihr ist das letzte Recht erkannt.

321.
An die Schweden.

Alles Inselt von dem Vieh, das ihr raubtet durch das Land,
Asche von gesammtem Ort, den ihr setztet in den Brand,
Gäbe Seife nicht genug, auch die Oder reichte nicht,
Abzuwaschen innren Fleck, drüber das Gewißen richt;
Fühlt es selbsten, was es ist; ich verschweig' es jetzt mit Fleiß, 5
Weil Gott, was ihr ihm und uns mitgespielet, selbsten weiß.

322.
Beredtsamkeit.

Ein beredter Mund
Hat oft viel gekunnt:
Manchmal zum Verrichten
Manchmal zum Vernichten.

---

320. Prophezei, so bis ins 17. Jahrhundert (mhd. prophêzîe aus mittel-
lat. prophetia, gr. προφητεία). — 4 das letzte Recht, das Todesurtheil.
321. 1 Inselt (aus Inschlitt, Unschlitt), Fett.

323.
Die neue Welt.

Weil der Krieg die alte Welt hat zerstöret und verheeret,
Werden neues Land, Stadt, Recht, Brauch und Sitten uns gewähret.

324.
Ergötzlichkeit.

Ei, wie Schad' ists um die Zeit, die mit Reimen ich verspiele!
Uebler würde reimen sichs, wenn mit Nichtsthun sie verfiele.
Eine Ruh für Leib und Sinn ist gelaßen jedem zu;
Jeder ruhe, wie er wil; ich beruh' in dieser Ruh.

325.
Die christliche Liebe.

Weiland war die Lieb' ein Feuer, wärmer war ihr nützer Brauch;
Nun sie aber ist erloschen, beißt sie nur, als wie der Rauch.

326.
Freunde.

Freunde pflegt man zu erwählen
Nur nach wägen, nicht nach zählen.

327.
Auf den unverschämten Calvum.

Calvus hat so großen Schädel und noch dennoch kein Gehirne,
Voller Stirn ist auch sein Schädel; dennoch hat er keine Stirne.

---

324. 4 beruhen, sich befriedigt fühlen (acquiescere).
327. 1 Der Name bedeutet Kahlkopf. — 2 er hat keine Stirn, er kann sich nicht schämen. (Stirn, weil hier durch Erröthen das Schamgefühl sich kundgibt, vgl. „eiserne Stirn", „die Stirn haben" u. s. w.)

328.
Schmarotzer.

Der Bäume Blätter wenden sich, wann Sonne wieder wendet.
Der Heuchler Sinnen folgen nach, wohin ihr Gönner ländet.

329.
Gesang aus B moll.

Daß sein Gesang aus lindem B
Und nimmer nicht aus hartem geh,
Muß machen, wer bei Hofe singt
Und wil, daß alles lieblich klingt.

330.
Auf Nasatum.

Nasatus, wie ein großer Herr, schickt, eh' er kümmt, vor ins Quartier;
Lakai und Trompter ist es nicht: die Nase kümmt weit für ihm für.

331.
Auf Chrysophilum.

Sehr reich bistu und auch sehr karg, Chrysophilus; mich dünkt,
Daß Gold, wenn es gefangen liegt, nicht mehr als Eisen bringt.

---

328. 2 Günner (gebildet von dem mhd. gunnen), Gönner. — länden, landen (mhd.), sich wenden. (Vom Wenden des Pfluges am Ende der Furche.)
329. 1 lindes B trefflich für: B-moll, im Gegensatz zu dem im folgenden Verse gemeinten B-dur.
330. 1 Nasatus, etwa Langnas.
331. 1 Chrysophilus, Goldlieb.

332.
Schnecken.

Bruder, kumm und iß mit mir. Haus und Wirth sol für dir stehn;
Doch iß nur den Wirth, das Haus möchte nicht zu Halse gehn.

333.
Die Verleumdung.

Wann uns die Verleumdung schlägt, heilen letzlich gleich die Wunden,
Wird, wie viel man Pflaster legt, immer doch die Narbe funden.

334.
Flüchtige Zeit.

Wer die Zeit verklagen wil, daß so zeitlich sie verraucht,
Der verklage sich nur selbst, daß er sie nicht zeitlich braucht.

335.
Das Glücke.

Ist unser Glücke schwer? drückt, beugt und macht uns müde?
Geduld! wir schlugens selbst in unsrer eignen Schmiede.

336.
Menschliches Elende.

Alsbald ein neues Kind
Die erste Luft entfindt,

---

332. Ein Beispiel, in welchem das Sinngedicht auch auf das Räthsel aus=
gedehnt ist.
    333. 1 letzlich, zuletzt, schließlich.
    334. 1 zeitlich, zeitig, früh, balb.
    336. 1 Alsbald, hier noch als Bindewort, sobald.

So hebt es an zu weinen;
Die Sonne muß ihm scheinen
Den viermal zehnden Tag, 5
Eh' als es lachen mag.
O Welt, bei deinen Sachen
Ist weinen mehr als lachen.

337.
Ein Geiziger.

Ein Geiziger, der reich, der ist ein Bettler doch;
Wie viel er immer hat, begehrt er mehres doch.

338.
Hofegedächtniß.

Was bei Hofe wird gefehlet,
Das wird lange da gezählet.
Morgen denkt man kaum daran,
Was man heute wol gethan.

339.
Nürenbergische Handelung.

Was zu Nürnberg wird gehandelt,
Wird gewiß was Gutes sein;
Denn gut Ding darf gute Weile.
Wo es sich zum ärgsten wandelt
Und mit Hoffnung nicht trifft ein, 5
Gebe niemand Schuld der Eile.

---

336. 6 Eh' als, bevor.
339. 1 Zur Ausführung der im Westfälischen Frieden festgesetzten Bestimmungen kam endlich nach langen und mühseligen Verhandlungen zu Nürnberg der Friedensexecutions=Hauptreceß (am 16. Juni 1650) zu Stande.

340.
Theure Ruh.

Deutschland gab fünf Millionen,
Schweden reichlich zu belohnen,
Daß sie uns zu Bettlern machten,
Weil sie hoch dies Mühen achten.
Nun sie sich zur Ruh gegeben 5
Und von Unsrem dennoch leben,
Muß man doch bei vielen Malen
Höher noch die Ruh bezahlen.

341.
Ein geraubter Kuß.

Man meint, ein abgestohlner Kuß sei minder angenehme?
Der Kuß wird süßer, wenn man schaut, wie sie so schön sich schäme,
Und was man leichtlich haben kan, ist selten gar bequeme.

342.
Der jetzige Friede.

Dreißig Jahr und drüber noch hat gewährt das deutsche Kriegen.
Währt der Friede dreißig Jahr, läßt ihm jeder wol genügen.

---

340. 1 Nachdem den Schweden im Westfälischen Frieden eine Kriegsentschädigung von 5 Millionen gewährt und ausgezahlt worden war, stellten sie noch eine Nachforderung von 200000 Thalern, die ihnen gleichfalls bewilligt werden mußte.

341. 3 bequeme, hier: erwünscht.

343.
Ein rechtschaffener Friede.

Der Fried' ist nun gewiß, Ruchlosigkeit gewißer.
Viel Frevler hat es noch und wenig rechte Büßer.
Ist Friede da mit Gott, wird Friede Friede sein;
Ist Friede nicht mit Gott, ist Friede nur ein Schein.

344.
Menschlicher Zustand.

Der Mensch bringt nichts davon, wie lang er immer lebt,
Als daß man ihn vergißt, gleich wie man ihn begräbt.

345.
Auf Cacum.

Cacus war ein junger Schelm, ist ein alter, frommer Mann.
Daß er anders ist als war, macht, daß er jetzt nimmer kan.

346.
Weiber-Herrschung.

Haus, Dorf, Stadt, Land und Reich wird Wolfarth bald gelosen,
Wo Männer tragen Röck' und Weiber tragen Hosen.

347.
Hofelauscher.

Bei Hof ist kein Volk stärker
Als schlaue, schlimme Merker.

---

346. Herrschung, Herrschaft (gebildet von herrschen, wie Mahnung von mahnen). — 1 gelosen, los sein, wie I, 6, 49; II, 3, 37; 5, 34.

347. 2 Merker, Aufpasser.

348.
Menschliche Irrthümer.

Daß ich irre, bleibt gewiß, alldieweil ein Mensch ich bin.
Der nun mehr ist als ein Mensch mag mich durch die Hechel ziehn,
Sonst werd' ich ihn von mir weg an sich selbsten weisen hin.

349.
Rathschläge.

Die Vögel fängt man so, nach dem man auf sie stellt.
Der Ausschlag fällt nach dem, nach dem der Anschlag fällt.

350.
Menschliche Thorheit.

Wann keine Thorheit mehr wird sein,
So wird die Menschheit gehen ein.

351.
Hofeverdienst.

Wer dies bei Hofe hat gethan,
Was man ihm nicht verdanken kan,
Der geh bei Zeiten selbst davon,
Der Haß ist sonst gewiß sein Lohn.

---

348. 2 Jemand durch die Hechel ziehen, auch durchhecheln, hinter'm Rücken jemandes Fehler aufzählen.
351. 2 verdanken, mit Dank vergelten, ablohnen.

352.
Irdische Güter.

Die Güter dieser Welt hat nimmer keiner gar,
Und das, was einer hat, bleibt nimmer, wie es war.

353.
Vom Mißbrauch der Singkunst.

Was denkstu, lieber Gott, wenn jetzund deine Christen
In deinem Hause dir nach ihres Ohres Lüsten
Bestellen Sang und Klang? Die krause Melodei
Wird angestimmt zum Tanz und süßer Buhlerei;
Die Andacht acht man nicht. Der geilen Brunst Gefieder 5
Erwächst und steigt empor durch unsre freche Lieder,
Der stille Geist ersitzt. Wir hören viel Geschrei,
Die Einfalt weiß nicht viel, obs süß, obs sauer sei,
Obs Thier, obs Menschen sind, die ohne Sinn so klingen,
Ob seufzen einer sol, ob einer so sol springen. 10
Man wiegert den Discant, man brüllet den Tenor,
Man billt den Contrapunkt, man heult den Alt hervor,
Man brummt den tiefen Baß, und wann es wol sol klingen,
So klingt es ohne Wort, wil keine Meinung bringen;
Man weiß nicht, ob es Dank, man weiß nicht, ob es Preis, 15
Man weiß nicht, obs Gebet und was es sonsten heiß.
Was denkstu, lieber Gott? Wann wir so sehr uns regen
Und sagen doch gar kaum, was uns ist angelegen?
Wir höhnen dich nur mit, daß wir zu dir so schrein,
Und wollen, was es sei, doch nicht verstanden sein. 20

---

352. 1 gar, gänzlich, völlig.

353. 3 kraus, verschnörkelt, bunt verziert, Gegensatz gegen das Einfache, Getragene. — 7 ersitzt, vermag sich nicht zu erheben. — 11 wiegern, wiehern. — 12 billt, veraltet für bellt. — 14 Sinn: man vermag den Inhalt nicht herauszuhören. — 18 Sinn: woran uns gelegen ist, was wir wünschen.

354.
Auf ein Zweifel-Kind.

Du seist dem Vater gleich; da sagt der Vater: nein.
Die Mutter saget: ja. Der Mutter stimm' ich ein.

355.
Das kranke Alter.

Weil Alter eine Krankheit ist, so kan man dem vergeben,
Der uns den Tod hat angewünscht und nicht ein langes Leben.

356.
Gekrönte Poeten.

Einen zum Poeten krönen,
Hält man heute für verhöhnen;
Gebet ihnen für das Kränzen,
Was im Beutel pflegt zu glänzen;
Dieses bringt, ihr hohen Leute, 5
Euch viel Namen, ihnen Beute.
Lorber-Blätter können schmücken,
Aber nicht gar hoch entzücken;
Rosenobel können zieren
Und den Geist zum höchsten führen. 10

357.
Hoheit und Demut.

Man sieht gemeine nicht, daß Ehr' und Demut gleiche;
Vielmehr, wann jene steigt, daß diese meistens weiche.

---

354. Zweifel-Kind sagt Logau sehr bezeichnend von einem Kinde, dessen echte Geburt angezweifelt wird. — 2 einstimmen, beistimmen.
356. 9 Rosenobel, eine ehemalige englische Goldmünze, auf deren einer Seite eine Rose geprägt war; ihr Werth überstieg 6 Thlr. preuß.
357. 1 Vgl. Nr. 242, Anm. 2.

358.
Ehre und Hoffart.

Mancher meinet, Ehr' und Würde scheine nicht an ihm hervor,
Wenn sie nicht sei ausgestellet auf der Hoffart Berg empor.

359.
Bescheidenheit.

Woburch wird Würd' und Glück erhalten lange Zeit?
Ich meine durch nichts mehr, als durch Bescheidenheit.

360.
Sittsamkeit.

Je heller Feuer brennt, je minder Feuer raucht:
Je mehr bei einem Witz, je mehr er Glimpf gebraucht.

361.
Verehrungen.

Wer mit Gaben kämpfen wil und wil haben Sieg und Glücke,
Schieße nicht mit kleinem Loth, schieß' aus einem groben Stücke.

362.
Von Opitio.

Der deutschen Dichter Helena, des Opitz seine Leier,
Hat zwar viel Buhler stets gehabt und, wie man meint, auch Freier:

---

360. 1 Vgl. Nr. 219, Anm. 2. — 2 Sinn: desto mehr ist an einem Witz. — Glimpf (mhd. gelimpf), schonende Rücksicht.
361. 2 Loth, hier: Blei, Kugel. — Stück, Geschütz.

Mich dünkt, daß ihre Jungferschaft noch richtig sei und rein,
Und der, der ihr gehören wird, wird noch von dannen sein.

363.
Gute und Böse.

Bös' und Gute läßt Gott wallen
Auf des Lebens krummer Brucke;
Nicht daß jen' ihm wolgefallen,
Daß er sie zur Buße locke:
Wir, die wir für Ketzer schätzen,   5
Wollen wir vom Leben jagen,
Nicht mit Lehren an sie setzen,
Noch, wie uns Gott, sie vertragen.

364.
Zweifüßige Esel.

Daß ein Esel hat gespracht, warum wundert man sich doch?
Geh' aufs Dorf, geh' auf den Markt; o sie reden heute noch.

365.
Verstorbene Freunde.

Sollte Krieg nicht alles fressen, mußten bisher feste Plätze
(Selten hat es viel geholfen) sichern unsre besten Schätze:
Nun der Friede triumphiret, holen wir die besten Sachen,
Daß wir sie zu unserm Brauche wieder können nütze machen.
Unsre Freund' und unsre Kinder, Schätze, die wir Gott gegeben,   5
Laßen in der blauen Feste billig wir bei Gotte leben;
Friede, wann er gleich der schönste, kan die Welt doch nimmer stiften,
Daß er frei sei von dem Sterben und von tausend Unfalls Giften.

---

362. 4 von bannen, entfernt.
363. 7 an jemand setzen, herantreten, auf jemand einbringen.
364. 1 gespracht, gesprochen; gebildet von der Form sprachen (mhd. sprächen).

366.
Die Welt ein Garten.

Ein Garten ist die Welt; der Mensch der ist ein Kraut;
Drin Unkraut man viel mehr als nütze Kräuter schaut.

367.
An eine fürstliche Person über Ihro Fürstl. Gnaden Geburtstag.

Fürstin, Ihr gabt dieser Welt eure Zier und euer Leben,
Da den Engeln gleich ihr Fest pflegt die Christenheit zu geben;
Dann ihr solltet, wie ihr seid, durch der Schönheit reinen Schein,
Durch die Tugend, durch die Gunst unsres Landes Engel sein.
Engel, diesem Engel dient! den uns Gottes Treu verehret,   5
Dem hier Würde, Leben, Heil und dort Ewigkeit gehöret;
Engel, diesen Engel schützt! durch der Flügel sichres Dach
Führet volles Gnügen zu, führet weg all Ungemach.

368.
Merkzeichen des Gemüthes.

Was an dem Manne sei, weist seiner Augen Schein,
Sein Amt, ein Beutel Geld und dann ein Becher Wein.

369.
Krieg.

Der Krieg macht Sinnen voller Lüste,
Die Länder aber öd' und wüste;
Wann aber dieses nur nicht wär:
Er machet auch den Himmel leer.

---

367. Anna Sophia, Gemahlin Herzog Ludwig's IV. von Brieg. — 2 gleich ist nicht mit Engeln zu verbinden. — Demnach wäre sie den 13. October, am Tage Angelus, geboren.

370.
Geradezu.

Ich bin nicht wol gewandt, ich muß nur bleiben stehn,
Da wo ich nicht vermag geradezu zu gehn.

371.
Auf Vulpiam.

Vulpia weint um den Mann, weinet Tag und weinet Nacht;
Nur daß ihrer Seufzer Wind bald die Thränen trucken macht.

372.
Ueber das Feber einer fürstlichen Person.

Unsre Fürstin lieget krank; Venus hat ihr dies bestellt,
Die, so lange jene blaß, sich für schön nun wieder hält.

373.
Waßer und Wein.

Es kan, wer Waßer trinkt, kein gut Gedichte schreiben;
Wer Wein trinkt, kriegt die Gicht und muß erschrecklich schreien.
Es sei nun, wie ihm wil; eh mag das Dichten bleiben,
Eh daß ich so sol tief in Gichten hin gedeihen.

---

371. 2 ihrer Seufzer Wind, die Sehnsucht nach einem andern Manne.
372. Feber (lat. febris), bei Logau häufig für Fieber. — 1 bestellen, anordnen, vgl. II, 3, 57.

374.
Hofeleute.

Der zu Hause sog die Klauen, wil bei Hofe völlig praßen.
Die noch wieder hungern werden, muß man sich nur völlen laßen.

375.
Treue Hofediener.

Der den Herren um hilft stoßen, dieser ist ein treuer Diener:
Der den Herren auf hilft heben, dieser gilt nicht einen Wiener.

376.
Fürstenfreundschaft.

Weil Fürsten Menschen sind, die doch der Menschen Bestes,
Die Freundschaft, kennen nicht, weil Herrschaft nicht viel Festes
Von Bund und Treuen hegt, so ists natürlich Ding,
Daß auch ein Fürstensinn nach diesem Guten hing.
Am Wählen fehlt es nur; sie pflegen die zu kiesen, 5
Die mit gemalter Zung' und krummem Knie sich wiesen;
Bei welchem freies Wahr, der Freundschaft Seele, wohnt,
Der bleibt von ihrer Gunst gar sicher und verschont.

377.
Der Offenbarung Johannis Prophezei.

Wenn man noch fünf Jahr wird von hinnen zählen,
Sol die Welt nicht mehr Gottes Kirche quälen.

---

374. 1 die Klauen saugen (vgl. die sprichwörtliche Redensart: „Hunger=
pfoten saugen"; das Gleichniß ist vom Bären genommen, der, wenn er hungrig
ist, an den Pfoten saugt, vgl. Frisch, II, 57).
375. 2 Wiener, eine geringe Scheidemünze.
376. 6 gemalt, hier in der Bedeutung von unwahr, täuschend. — 7 Wahr,
Wahrheit, vgl. Nr. 257, Anm. 33.
377. Vgl. Nr. 320.

Ei, ich gebe zu fünf und noch fünf Jahr,
Bin gar wol vergnügt, so es dann wird wahr.
Ob es Gott geliebt, wär der beste Handel, 5
Daß sich hier in dort ehstes fröhlich wandel.

378.
Das Glücke.

Es blüht, dorrt, scheint und bricht — ei, Lieber, sage: was?
Das Glück jetzt wie ein Gras, das Glück jetzt wie ein Glas.

379.
Das gewandelte Deutschland.

Deutsche Sinnen sind gefallen, deutsche Reden sind gestiegen;
Scheint also, man laß an Worten mehr als Thaten ihm genügen.

380.
Worte.

Der Mensch hat zuvoraus für andren Thieren allen,
Daß er kan sagen hier das, was ihm eingefallen:
Fürwahr, wir brauchen jetzt rechtschaffen diese Gabe,
Daß unser ganzes Thun als Worte nichts nicht habe.

---

377. 5 geliebt, beliebt. — 6 ehstes, ehestens, nächstens.
378. 2 jetzt — jetzt, bald — bald.
379. 2 ihm, sich.
380. 1 zuvoraus, voraus. — 2 rechtschaffen, auch jetzt noch in diesem ironischen Sinne: pflichtgetreu, getreulich. — 4 nichts, nichts als Worte. Vgl. Nr. 230, Anm. 1.

Logau.

381.
Begoldete Kleider.

Gold und Silber in dem Beutel, Gold und Silber auf dem Kleide;
Dieses ist der Hoffart Schwindel, jenes hilft aus Noth und Leide.

382.
Modedamen.

Was weiland Metra thät, thun jetzt die Modedamen,
Die so viel Art, Gebrauch und Sitten an sich nahmen;
Zwar jene suchte Brot, den Hunger so zu stillen;
Doch dünkt mich, daß auch die den Beutel wenig völlen.

383.
Hofefliegen.

Großen Herren wehret man Sommerszeit die Fliegen;
Die am meisten an sich ziehn, bleiben aber liegen.

384.
Unterdrückter Adel.

Wie daß der Ritterstand so sehr jetzt wird gedrückt?
Weil er zu mager ist und Städte mehr nicht spickt.

---

382. 1 Metra, richtiger Mestra oder Hypermestra, ließ sich von ihrem Vater Erysichthon immer wieder als Sklavin verkaufen, nachdem sie ihren Herren unter verschiedenen Gestalten entflohen war, um ihn durch den Erlös vom Hungertode zu retten, zu dem ihn der Zorn der Demeter bestimmt hatte.

384. 1 Wie daß, eine bei Logau sehr beliebte Ellipse: wie kommt es, daß —.

385.
Boshaftige Leute.

Man meint, daß auf den Dörfern nur sind Nattern, Kröten, Schlangen;
Mit diesen Würmen ist man mehr in Städten noch befangen.
Dort weichen sie, wann sie man jagt, und fliehen in die Löcher;
Hier finden sie sich um uns her im Haus, auf Gaß', in Glächern.

386.
Fruchtbare Verwüstung.

Da sonste nichts fast wuchs, wuchs was doch reich herfür,
Wohin man nur gesehn? Ei was? Ein Kavalier.

387.
Gottes Wort.

Wann Gottes Kirche man weist in gewisse Schranken,
Wo, wie Gott wohnen soll, fürwahr so gibts Gedanken.

388.
Der natürliche Mensch.

Ein Maulwurf in dem Geistlichen, im Weltlichen ein Luchs,
Ein Esel in dem Nützlichen, im Schädlichen ein Fuchs
Ist jeder Mensch, der seinen Geist,
Der himmlisch ist, mit Erde speist.

---

385. 2 befangen, umfangen, umwunden. — 4 Glächer (Pl. von Glach, I, 10, 9, mhd. gelaege, das Liegen), Gelage.

386. Bezieht sich auf die zahlreichen Adelverleihungen nach dem Dreißigjährigen Kriege. — 1 was, etwas.

389.
Hofeschminke.

Viel küssen, wenig herzen,
Arg meinen, höflich scherzen
Ist so des Hofes Spiel;
Das spielt man täglich viel.

390.
Die Herzens-Kirche.

Man kan zwar alle Kirchen schließen,
Doch nie die Kirchen im Gewißen.

391.
Die Krone des Jahres.

Gott krönt das ganze Jahr: Mit Kräutern pflegt im Lenzen,
Mit Blumen pflegt der Kranz im Sommer für zu glänzen,
Der Herbst= und Winters=Kranz ist jener Frucht und Wein,
Und dieser weiße Seid' und Cristallinen=Schein.

392.
Weisheit der Alten.

Wann der Leib nimmt ab, nimmt Verstand dann zu;
Seele hat als vor mehr vom Leibe Ruh.

---

391. Man vergleiche hiermit die vielfach interpretirte Stelle in Schiller's „Glocke": „und führen das bekränzte Jahr". — Jener, nämlich der Herbstkranz.

392. 2 mehr, d. h. mehr als vorher.

393.
Wiederzins.

Zins von Zins ist nicht erlaubt, außer in der Frauen Schuld,
Da der Mann, wie viel er zahlt, immer dennoch hat gesollt.

394.
Wäschhaftig.

Ein Plaudrer stiftet Haß, pflegt Freundschaft zu verstören;
Wer nichts verschweigen kan, sol billich auch nichts hören.

395.
Viel Welten.

Wo jeder Stern ist eine Welt, o welch ein Haufen Welten!
Weil eine nicht gar viel ist werth, was werden viele gelten?

396.
Dankbarkeit gegen die Schweden.

Was werden doch um ihren Krieg für Dank die Schweden haben?
Wir wünschen, daß Gott ihnen gibt, so viel, als uns sie gaben.

397.
Gold-Kunst.

Aus dem kalten Norden=Loche kam der Handgriff, Gold zu kochen,
Da die Künstler für ihr Kupfer kamen deutsches Gold zu suchen:

---

393. Wiederzins, Zins von Zins. — 2 sollen (lat. debere), schuldig sein.
394. Wäschhaftig, schwatzhaftig. — 2 billich, mit Recht.
397. Gold=Kunst, die Kunst Gold zu machen, Alchymie.

Deutsches Blut mit deutscher Asche wohl vermischet kunnte machen,
Daß den Künstlern ward zu Golde Glauben, Treu und alle Sachen.

398.
Beförderung.

Beständig schwebt,
Wen Gott erhebt;
Wer selbsten steigt,
Wird bald geneigt.

399.
Krieg- und Friedens-Werke.

Krieg der macht aus Bauern Herren; ei, es war ein guter Handel.
Friede macht aus Herren Bauern; ei, es ist ein schlimmer Wandel.

400.
Schriftverständige.

Ihr Geistlichen, ei meßet mir kein Böses sonsten bei,
Drum daß von euch, die ich sonst ehr', ich sondrer Meinung sei.
Mich dünkt, ihr habet alle gern ein wenig Regiment,
Und daß ihr, wann ihr überzeugt, nicht gerne dies bekennt.

401.
Französische Sprache.

Wer nicht französisch kan,
Ist kein gerühmter Mann.

---

398. 4 geneigt, gebeugt, gebemüthigt.
399. 1 Herren, vgl. Nr. 386.
400. 2 Darum daß, deshalb weil. — sondrer, besonderer.

Drum mußen wir verdammen,
Von denen wir entstammen,
Bei denen Herz und Mund 5
Alleine deutsch gekunnt.

402.
Auf Annam.

Bei einem Kranken wachen bis Morgens drei bis vier,
Sagt Anna, muß ich laßen, es geht nicht mehr mit mir.
Bei einer Hochzeit tanzen bis Morgens drei bis vier,
Kan Anna noch wol schaffen, da geht es noch mit ihr.

403.
Gekaufter Rath.

Rath gekauft um Geld, bringt Reu;
Rath bringt Nutz, gelehnt von Treu.

404.
Brüder.

Brüder haben ein Geblüte,
Selten aber ein Gemüte.

405.
Hofe-Werkzeug.

Mäntel zum Bedecken,
Larven zum Verstecken,
Röcke zum Verkleiden,
Scheeren zum Beschneiden,

Zangen zum Verzwicken, 5
Preſſen, auszudrücken,
Penſel zum Vergolden,
Blaſen zum Beſolden,
Pulſter, einzuwiegen,
Brillen, zu Vergnügen, 10
Fechel, Wind zu machen:
Mehr noch ſolche Sachen
Sind bei Hof im Haufen;
Niemand darf ſie kaufen.

406.

Verſtand.

Es geht für Kunſt Verſtand
Weil dieſer jen' erfand;
Wer nicht verſteht ihr Ziel,
Den hilft die Kunſt nicht viel.

407.

Kluge Weiber.

Ein Weib, das mehr verſteht, als ſonſt ein Weib wol ſol,
Die mag wol was verſtehn, brauchts aber ſelten wol.

408.

Frauenliſt.

Weil Eva mit der Schlang' umging
Und neben ihr den Adam fing,

---

405. 7 Penſel, Pinſel. — 8 Blaſen, aus Thierblaſen angefertigte Geldbeutel. — 11 Fechel, Fächer. — 13 im Haufen, haufenweiſe, zahlreich (vgl. „kommet zu Hauf").

So hat sie ihren Töchtern auch
Verlaßen List und schlauen Brauch.

409.
Spötter.

Wer andrer Leute höhnisch lacht,
Der habe nur ein wenig Acht,
Wer hinter ihm ihm gleiches macht.

410.
Das Alter.

Für Zeiten stunden Junge den Alten höflich auf,
Jetzt heißt es: Junger, sitze, und alter Greiner, lauf.

411.
Hoffnung und Furcht.

Furcht und Hoffnung sind Gespielen;
Diese wird geliebt von vielen;
Und wer dies' ihm hat genummen,
Dem ist jene selbsten kummen.

412.
Zuchthüter.

Ein Hüter, der die Weiber für Schand in Obsicht nahm,
War keiner nimmer treuer als tugendhafte Scham.

---

408. 4 verlaßen, hinterlaßen.
410. 1 den Alten, vor den Alten. — 2 Greiner (von dem mhb. grinen, ahb. krinen), mürrischer, misvergnügter Mensch.
412. 1 Obsicht, Aufsicht.

413.
Geiſtlicher und weltlicher Glaube.

Man merkt, wie gegen Gott der Glaube ſei beſtellt
Aus dem, wie Glaub' und Treu man ſeinem Nächſten hält.

414.
Hand und Treu.

Weiland war die Hand
Unſrer Treue Band;
Jetzt legt ihre Stricke
Durch die Hand die Tücke.

415.
Gunſt und Abgunſt.

Bei Hofe kan man zu der Gunſt langſam dringen,
Bei Hofe kan man von der Gunſt leichtlich ſpringen,

416.
Freunde.

Rühmlich iſt es, Freunde haben;
Kläglich, dürfen ihrer Gaben.

417.
Wein-Freunde.

Die von dem Weine
Sind worden deine,

---

415. Abgunſt, Ungunſt.
416. 2 dürfen, bedürfen.

Sind nur zum Scherzen,
Sind nicht von Herzen,
Sind zum Behagen   5
Nur für den Magen.

418.
Ein ungesalzen Gastgebot.

Wo Wirth, wo Gast, wo Kost nicht recht gesalzen sind,
Da kan es leichte sein, ein Ekel daß sich findt.

419.
Die tapfere Wahrheit.

Ein tapferer Heldenmut ist beßer nicht zu kennen,
Als wann er sich nicht scheut, schwarz schwarz, weiß weiß zu nennen,
Der keinen Umschweif braucht, der keinen Mantel nimmt,
Der Allem gegen geht, was wider Wahrheit kümmt.

420.
Freie Künste.

Daß die Länder ausgeplündert, ist noch etwa zu verwinden:
Schade! schade! daß die Sinnen sich so leer von Lehre finden.

421.
Reime.

Werden wo nicht meine Reime wol in fremden Ohren klingen,
Müßen Fremde nur gedenken, es gescheh' auch ihren Dingen.

---

421. 1 wol, hier als Adj. zu verstehen, gut, vortrefflich. — 2 gedenken,
daran denken, bedenken.

Weil die Worte wie die Menschen haben auch ihr Vaterland,
Gelten sie nur da am meisten, wo sie lang und wol bekannt.

422.

Reich und grob.

Wo der Geldsack ist daheim, ist die Kunst verreiset,
Selten daß sich Wißenschaft, wo viel Reichthum, weiset.
Ob nun gleich ein goldnes Tuch kan den Esel decken,
Sieht man ihn doch immer zu noch die Ohren recken.

423.

Speise und Trank.

Wann die Kinder eßen Brot,
Werden ihre Wangen roth.
Wann die Alten trinken Wein,
Pflegt die Nase roth zu sein.

424.

Ein Mensch des andren Wolf.

„Meine Dienste", sagt die Welt; aber Dienste, die sie thut,
Sind so nütze, wie der Dienst von dem Wolfe Lämmern gut.

425.

Ein Frosch.

Die Stimm' ist groß, der Mann ist klein;
Was nahe nichts, hat ferne Schein.

---

422. 4 recken, hervorstrecken (vgl. I, 5, 60).
425. 2 D. h. was in der Nähe sich als ein Nichts erweist, erscheint oft von fern bedeutend.

426.
Dreierlei Geiz.

Geld=Lust= und Ehren=Geiz macht, daß die ganze Welt
So arm ist an Gedieg und nichts von Heil behält.

427.
Fremde Kleider.

Fremde Kleider schimpfen uns; weil sie aber so gemein,
Muß alleine sein ein Narr, wer es nicht wil mite sein.
Frommer Sinn in fremder Tracht bringt alles wieder ein.

428.
Von meinen Reimen.

Hat jemanden wo mein Reim innerlich getroffen,
Daß er zörnt und grimmig ist, ei, so wil ich hoffen,
Daß er sich und nimmer mich schelten wird Verräther,
Weil er selbsten Kläger ist, wie er selbsten Thäter.

429.
Die Liebe Gottes.

Daß wir unsern Gott zu lieben
Uns so schlecht und übel üben,
Macht, daß uns so wol wir üben,
Uns in allem selbst zu lieben.

---

426. 2 Vgl. Nr. 259, Anm. 4.
427. 2 mite (mhd. mite, ahd. miti), zusammen, mit.
428. 2 zörnen (von einem mnd. zornen, mhd. zurnen), zürnen.

430.
Allgemeine Arznei.

Moses gab so viel Gesetze niemals, als die Aerzte geben
Deme, der gesund wil bleiben, wil auch gerne lange leben.
Schweiß und Maß in deinem Thun und die Gottesfurcht dabei,
Dich zu halten lange frisch, sind genugsam diese drei.

431.
Grabschrift der Frömmigkeit.

Frommes liegt in Grabes Nacht,
Böses hat es umgebracht,
Frevel erbte seine Habe,
Tanzt dafür ihm auf dem Grabe.

432.
Bücher.

Böse Bücher tügen auch guten zu der Gegenprobe.
Finstres macht, daß desto mehr jedermann das Liechte lobe.

433.
Von meinem Buche.

Ist in meinem Buche was, das mir gaben andre Leute,
Ist das meiste doch wol mein und nicht alles fremde Beute.
Jedem, der das seine kennt, geb ich willig seines hin,
Weiß wol, daß ich über manches dennoch Eigner bleib und bin;
Zwar ich geb auch gerne zu, daß das meine böses heiße; 5
Gar genug, wann fremdes Gut recht zu brauchen ich mich fleiße.

---

430. 4 Constr.: Diese drei sind genug, dich lange frisch zu halten.
432. 1 tügen (mhd. tügen, Präs. touc), taugen.
433. 6 Gar genug, es genügt mir völlig, wenn ich ꝛc. — fleißen (mhd. vlizen, ahd. flîzan), befleißigen.

434.
Thätiger Glaube.

Ob seinen Glauben gleich ein jeder schätzt und preist,
Glaubt doch am besten der, am besten der es weist.

435.
Menschliche Weisheit.

Sie sei gleich wie sie wil, die Weisheit in der Zeit,
So steckt sie doch zu tief im Wust der Eitelkeit.

436.
Zweierlei Nacht und zweierlei Tag.

Zwei Nächte hat der Mensch, der Mensch hat zwene Tage,
Drauf er sich freue theils, theils drüber sich beklage.
Der Mutter Leib ist Nacht; das Grab ist wieder Nacht.
Geburt gibt einen Tag, wie Tod den andren macht.
Die erste Nacht und Tag ist voller Noth und Leiden; 5
Der Tag nach letzter Nacht bleibt voller Heil und Freuden.

437.
Faulheit.

Ein Ballon fleugt ungeschlagen nimmer, ob er gleich voll Wind.
Manche sind zu faul zu Ehren, ob sie gleich begabet sind.

---

434. 2 weist, zeigt, sc. durch die That.
436. 1 zwene (mhd. zwêne), zwei.

438.
Menschlicher Wandel.

Unsers Lebens ganzer Wandel steht im Lernen und Vergeßen;
Das Vergeßen nur und Lernen wird gar selten recht gemeßen.
Was vergeßen solte bleiben, wollen wir am liebsten wißen;
Was gelernet solte werden, wollen wir am liebsten missen.

439.
Die deutsche Sprache.

Deutsche mühen sich jetzt hoch, deutsch zu reden fein und rein;
Wer von Herzen redet deutsch, wird der beste Deutsche sein.

440.
Priesterliche Gebete.

Gebet! sprechen manche Priester, soll Gebet für euch man sprechen.
Scheint es doch, daß ihre Seufzer nach dem Thaler sind zu rechen.

441.
Göttliche Verordnung.

Wer die Uhr gleich nicht versteht,
Merket dennoch, wie sie geht:
Gottes Rath, den wir nicht kennen,
Müßen dennoch gut wir nennen.

---

438. 1 steht, besteht (II, 3, 39).

442.

Eifrige Geistliche.

Wie ein ottomanisch Kaiser, wollen Geistliche regieren,
Der, den Scepter zu versichern, läßt die Brüder strangulieren:
Also sie in Glaubens=Sachen wollen herrschen und die Brüder
Lieber räumen von dem Brote, wann sie ihrem Wahn zuwider.

443.

Wehr-, Lehr-, Nähr-, Heer-Stand.

Wehr=, Lehr=, Nähr=Stand — jeder Stand hat sein eigen Ehr in sich;
Nimm W, L und N weg, lehrt der Name solches dich;
Nur der Heer=Stand, der bisher andrer Stände Henker war,
Hat bei Ständen keinen Stand, ist an Ehr und Namen baar.

444.

Das Gesichte.

Gott sei Dank für mein Gesichte!
Der verleih, daß ich es richte
Mehr aufs blaue Himmelzelt,
Als den Schmutz der schwarzen Welt.

445.

Verleumder.

Wer Verleumdung hört, ist ein Feuereisen;
Wer Verleumdung bringt, ist ein Feuerstein.
Dieser würde nichts können thun und sein,
Wollte jener nicht hilflich ihm sich weisen.

---

442. 1 Vgl. Nr. 8, Anm. 5. — 4 räumen, entfernen.
445. 1 hören, anhören. — Feuereisen, der Stahl, dem man durch An=
schlagen mit dem Feuerstein Funken entlockt. — 4 hilflich, behülflich.

446.
Freien oder Heirathen.

Kümmt von Freuen freien her? Wie daß manchem armen Tropfe
Nicht das Freuen kümmt von Freien her, sondern Krimmen in
   dem Kopfe?
Kümmt von Freien freien her? Wie daß manchem armen Freier
Frei zu walten, frei zu schalten, Freiheit bleibt für keinen Dreier?
Freien ist nur einzurechen in den Zebel derer Dinge, 5
Die zu kennen, die zu handeln, man auf Treu und Glauben ginge.

447.
Die Liebe Gottes und der Welt.

Wer ins Herze Gott wil faßen,
Muß die Welt heraußen laßen;
Gott muß der heraußen laßen
Wer ins Herze Welt wil faßen.

448.
Poeterei.

Wer durch Dichten Ruhm wil haben; kan ihn nießen;
Wer durch Dichten Lust wil haben, kan sie büßen;
Wer da denket, reich zu werden durch das Dichten,
Dichtet ihme, was ihm kümmet gar mit nichten.

449.
Die deutsche Sprache.

Ist die deutsche Sprache rauh? Wie daß so kein Volk sonst nicht
Von dem liebsten Thun der Welt, von der Liebe, lieblich spricht?

---

446. 1 Vgl. Nr. 384, Anm. 1. — 5 rechen (mhd. rechen aus rechenen), rechnen. — Zebel (lat. schedula), Zettel, Verzeichniß.
448. 1 nießen, genießen. Auch Wieland braucht noch das Wort. — 2 die Lust büßen, der Lust genügen. — 4 Dichten, hier in der Bedeutung von „einbilden".
449. 1 Vgl. Nr. 384, Anm. 1.

450.
Undank gegen Gott.

Gott hat seinen Sohn gesandt, uns zu retten aus der Noth.
Noth hat seinen Sohn erbarmt, drum zu leiden bittren Tod;
Tod wird schlecht von uns bedankt, mehrentheils mit Fluch und Spott;
Spott darf leichte rechnen so ewig mit Spott, Tod, Noth, Gott.

451.
Alles auf Gott.

Mir nicht, wann ich bin geboren, bin ich, sondern meinem Gott.
Mir nicht, wann ich wieder sterbe, sterb ich, sondern meinem Gott.
Mir nicht, wann ich etwas habe, hab ich, sondern meinem Gott.
Mir nicht, wann ich etwas werde, werd ich, sondern meinem Gott.

452.
Leib und Seele.

Ist die Seele Wirth und der Leib ihr Haus,
Wie daß dieses dann jenen oft jagt aus?

453.
Frankreich.

Frankreich hat es weit gebracht; Frankreich kan es schaffen,
Daß so manches Land und Volk wird zu seinen Affen.

---

452. 2 Vgl. Nr. 384, Anm. 1.

454.
Grabschrift eines lieben Ehgenoßens.

Leser, steh, erbarme dich dieses bittren Falles!
Außer Gott war in der Welt, was hier liegt, mir Alles.

455.
Freund und Feind.

Ein Freund, der nie mir hilft, ein Feind, der nichts mir thut,
Sind beid' in einer Zunft, sind beide gleiche gut.

456.
Leichtgläubigkeit.

Wer nichts nicht glaubt, glaubt gar zu wenig; wer Alles glaubt,
                    glaubt gar zu viel.
Behutsamkeit hilft allen Dingen; im Mittel ist das beste Ziel.

457.
Von meinen Reimen.

Daß immerdar mein Reim, das sag ich nicht, recht laufe;
Ich schließe mich nicht ganz in Schranken, die der Haufe
Der Reimenkünstler baut: — daß lang für kurz, für lang
Das kurz, das glaubt ich wol, zu Zeiten schlich und sprang;
Zu Zeiten satzt ich was im Kummer, was in Eile,   5
Zu Zeiten hat ich kurz, zu Zeiten lange Weile.
Wann nur der Sinn recht fällt, wo nur die Meinung recht,
So sei der Sinn der Herr, so sei der Reim der Knecht.

---

    456. 2 Mittel, Mittelweg.
    457. 5 was, etwas.

458.

Werke des Christenthums.

Den Höchsten zu loben, den Nächsten zu lieben,
Sind Stücke, drauf Christen sich eignet zu üben,
Sind Stücke, die Christen hier unten anheben
Und völlig dann wirken im oberen Leben.

459.

Von meinen Reimen.

So ich meinem Reim erlaube hin zu springen in die Welt,
Thu ich solches, weil sein Wesen auf die Prob' ist vorgestellt.
Dann zwei Hundert derer sind außen schone bei viel Jahren,
Und ich seh in fremder Schrift, daß sie wol gastieret waren.

460.

Alte Sitten.

Wie es scheint, kummt altes Wesen fortmehr wieder was zu rechte;
Die im Kriege waren Herren, werden jetzt im Friede Knechte.

---

458. 2 Es eignet sich, es paßt, es schickt sich. (Schiller braucht eignen für angehören: „nur der Körper eignet jenen Mächten", Ideal und Leben; vgl. Logau: „was euch nicht eignet", 2. Zug., 100, V. 10.)

459. 2 vor, vorher, früher. — 3 Der Dichter meint die erste Sammlung seiner Sinnsprüche aus dem Jahre 1638, deren Inhalt von andern vielfach ausgebeutet worden ist. — 4 gastieren, Aufnahme gefunden haben. Neuerdings ist eine Anzahl Logau'scher Sinngedichte von Longfellow ins Englische übersetzt worden. („Poetical Works of Longfellow", London, Warne, 1868, S. 576—578; 12 Nummern.)

460. 1 fortmehr, fortan, von nun an. — was, etwas, ein wenig.

461.
Gebete.

Wann du denkst zu beten, denke fleißig dran,
Was du denkst zu reden, wen du redest an,
Wer du bist, der redet: sonsten ist gewiß,
Daß es Lippen=Rede, nicht des Herzens hieß.

462.
Zweierlei Kindheit.

Der Mensch wird erstlich jung und nachmals alt ein Kind;
Sark, Grab ist hier, was dort ihm Bette, Windeln sind.

463.
Das gewandelte Deutschland.

Die Deutschen wußten wenig für Zeiten von dem Golde;
Sie trugen Treu und Glauben für allem alle Hulde.
Jetzt wißen Deutschen wenig vom Glauben und von Treue,
Sie dienen mehr dem Golde, dann Gott, ohn alle Scheue.

464.
Güter.

Daß man ohne Sorgen lebe, sorgt man stets um Gut und Geld,
Das doch den, der es erhält, immerdar in Sorgen hält.

---

463. 2 D. h. sie liebten vor allem Treue und Glauben. — 4 dann, denn, als.

465.
Ein Räthsel und seine Lösung.

Die Mutter frißt das Kind;
Daß dieser Stamm vergeh,
Frißt ihn die Erd und Wind:
„Es regnet in den Schnee."

466.
Von meinen Lesern.

So mirs gehet, wie ich wil,
Wünsch ich Leser nicht zu viel.
Denn viel Leser sind viel Richter;
Vielen aber taug kein Tichter.

467.
Ein Richter.

Nach Personen muß mit nichten,
Nach der Sache muß man richten,
Wer die Sachen recht wil schlichten.

468.

Anne Sofie, Herzogin, versetzt: **Sonne zog in eine Fahrt.**

Oder:

Anne Sofieh, Herzoginne, versetzt: **Geh, o feine Sonnen-Zierrath.**

Sonne, die das Land vergoldte, wo das fromme Strelitz steht,
Zog in eine Fahrt von neuem, wo den Oberrand erhöht

---

467. 3 schlichten, glätten, ausgleichen.
468. 1 Anna Sophie, die Gemahlin Herzog Ludwig's IV. von Brieg, war aus Mecklenburg-Strelitz gebürtig.

Brieg, das Piasteer Haus; allda steht sie lieblich stille,
Streuet lauter Güt' und Gaben, fünkelt, strahlet in der Völle.
Geh, o Sonne, feine Sonne, geh uns nun und nie zur Ruh. 5
Sonnen=Zierrath, selbsten Sonne, wirf uns immer
     Strahlen zu!
Sonne, die am Himmel lacht, lachet dieser Sonne wegen,
Gibt der Schwester halben uns klärern Blick und reichern Segen.
Sonne, die die Zeiten theilet, theilet Amt und Regiment
Mit der Sonne, die von Strelitz gütig sich zu uns gewendt. 10

469.
Seele und Leib.

Seel' ist ein Gefangner, Leib ist ein Gefängniß;
Wer den Leib verzärtelt, gibt der Seele Drängniß!

470.
Ein Freund.

Weistu, wer ein guter Freund wirklich ist und billich heißt?
Der sich, wann du ihn nicht siehst, deinem Namen Freund erweist.

471.
Hofebrauch.

Also ists bei Hofe Brauch:
Der hat Wärmde, jener Rauch.

---

468. 8 klärer, ähnlich wie Goethe sagt: zärter.
469. 2 Drängniß, Bedrängniß.
470. 1 billich, mit Recht.

472.
Diebstahl.

Daß man einen Dieb beschenkt,
Daß man einen andern henkt.
Ist gelegen an der Art,
Drinnen einer Meister ward.

473.
Ansehn.

Klug an Hirne,
Schön an Stirne
Bringt den Mann
Hoch hinan.

474.
Kenne dich.

Kanst du dem, der für dir geht, seine Mängel bald erblicken,
Wird dir deine sehen auch, wer dir nachsieht auf den Rücken.

475.
Der deutsche Krieg.

Was hat doch bracht das deutsche Kriegen?
Daß wir nun ruhn, weil wir ja liegen.

---

474. 1 für, vor.
475. 1 bracht, gebracht. — 2 liegen, danieberliegen.

476.
Liebe und Haß.

Der der Gunst und Ungunst Zimmer bei den Höfen sucht' und funde,
Funde murrend die im Herzen, jene spielend in dem Munde.

477.
Gegenwärtiges.

Wiewol mirs lieber wär, es ginge mehr mir wol,
Doch liebt mir, was Gott gab; wer weiß, was mehr mir sol?

478.
Das Hofejahr.

Einen Monat nur hat das Hofejahr,
Weil nur der April da im Brauche war.

479.
Böses.

Böses sol man bald vergeßen; doch vergißt sichs schwerlich bald.
Gutes stirbet in der Jugend; Böses wird gemeinlich alt.

480.
Ungeschickte Diener.

Bauren, wann die Meßer weg, stecken Holz in Scheiden ein;
Herren setzen in ein Amt selten, die es würdig sein!

---

476. 1 funde, alterthümliche Form für fand.
477. 2 liebt, beliebt, gefällt.
480. 2 sein, volksthümlich für: sind.

481.
Scheinheiligkeit.

Mancher trägt ein Ehrenkleid, hüllet drunter einen Tropf;
Mancher trägt auf altem Rumpf dennoch einen Kinderkopf.

482.
Christliche Liebe.

Liebe kaufte neulich Tuch, ihren Mantel zu erstrecken,
Weil sie, was durch dreißig Jahr Krieg verübt, sol Alles decken.

483.
Ein geschminkter Freund.

Ptochus rufte seinen Freund in der Noth um Beischub an;
Dieser schickt ihm Hilfe zu, spannet aber Krebse dran.

484.
Auf Honoratum.

Honoratus steiget hoch ohne Grund, nur wie ein Rauch,
Der, je höher er gleich steigt, mehr und mehr verschwindet auch.

---

482. 1 erstrecken, verlängern.

483. 1 Der Name bedeutet Bettler. — rufte, nach der schwachen Conj. gebildet, wie schon mhd. rüefen, ruofen, ahd. hruofan neben starken auch schwache Formen aufweisen. — Beischub, Beistand (II, 10, 56).

484. 1 Grund, hier: sichere Grundlage.

485.
Die Geduld.

Die für uns, die klagten schone, daß die Welt sei arg.
Mich bedünkt, daß nur die Menschen an Geduld sind karg.

486.
Das Glücke.

Glücke läßt sich nimmer zwingen.
Wem sein Thun nicht wil gelingen,
Muß so lange müßig gehn,
Bis sein Stern wil beßer stehn.

487.
Wißenschaft der Rechte.

Ob der rechte Rechts=Verstand
Je sei worden wem bekannt,
Ist zu zweifeln; allem Meinen
Wil stets was zuwider scheinen;
Ist also, was zweifelhaft,   5
Schwerlich eine Wißenschaft.

488.
Versuchen.

Eine Schwachheit gibt an Tag,
Wer versucht und nicht vermag.
Eh man was versuchen sol,
Muß man vor sich prüfen wol.

---

485. 1 für, vor.
487. 2 wem, irgendjemand. — 4 D. h.: jeder Ansicht steht eine andere gegenüber.

489.
Sparsamkeit.

Wer nichts verspielen wil, der setze nur nichts zu.
Wer spart, darf sorgen nicht, daß er zu viel verthu.

490.
Das Recht.

Das, was die Meisten meinen,
Das wil am rechtsten scheinen;
Pflegt also Recht nur Schein
Und Meinung nur zu sein.

491.
Abgedankte Soldaten.

Würmer im Gewißen,
Kleider wol zerrißen,
Wolbenarbte Leiber,
Wolgebrauchte Weiber,
Ungewiße Kinder,   5
Weder Pferd noch Rinder,
Nimmer Brot im Sacke,
Nimmer Geld im Packe
Haben mit genummen,
Die vom Kriege kummen.   10
Wer dann hat die Beute? —
Eitel fremde Leute.

---

489. 1 zusetzen, einsetzen, sc. in das Spiel.
490. 4 Vgl. Nr. 487.
491. 5 Kinder, deren Vater ungewiß ist; Zweifelkind, Nr. 354. — 12 eitel, nichts als.

492.
Ein Geiziger.

Wenn ein Geizhals ist gestorben, hebt sein Schatz erst an zu leben;
Jeder wil bei diesem Kinde willig einen Pathen geben.

493.
Lustfreunde.

Den beweinen wir am meisten, wann er fort sich macht,
Der am meisten, weil er lebte, mit uns hat gelacht.

494.
Von meinen Reimen.

Würden Adler, ob mein Buch an den Tag taug, etwa richten,
Ists gar gut; was Eulen sind, denen steht es zu mit nichten.

495.
Die Wahrheit.

Weil die Wahrheit harte klingt und zu reden schwer kümmt an,
Schont sich mancher, der sich fürcht, sie verletz' ihm einen Zahn.

---

492. 2 geben, abgeben, vorstellen.
493. 1 sich fortmachen, von hinnen gehen, euphemistisch für sterben.
494. 1 Vgl. Nr. 292, Anm. 8.

496.
Vorzug.

In die Welt wer vor sol gehn, muß der Höchste heißen;
In der Welt wer vor sol gehn, pflegt man sich zu beißen;
Aus der Welt wer vor sol gehn, wil sich niemand reißen.

497.
Jungfrauen.

Venus war gefährlich krank, schickte hin den kleinen Schützen,
Daß er solle Jungfernfleisch mit dem göldnen Pfeile ritzen,
Weil sie Jungfernblut bedurfte. Zwar der Knabe schoß gewiß,
Gleichwol merkt er, wo er trafe, daß kein Blut sich sehen ließ,
Flog betrübt zur Mutter zu, wollte drüber sich beschweren, 5
Biß er hörte, daß durch Krieg auch die Jungfern feste wären.

498.
Traurigkeit.

Der empfindet nimmer, daß ihm was gebricht,
Der um das, was mangelt, nimmer trauret nicht.

499.
Auf Crispum.

Crispus meint, wer in der Jugend ausgenarrt, sei klug bei Jahren.
Crispus, mein' ich, sei noch immer jung an Witz und alt an Haaren.

---

496. 1 vor, vorher, früher. — 2 vor ist hier mit gehn zu verbinden, den Vorzug haben. — beißen, zanken, streiten.
497. 2 Logau schreibt stets gölden, umgelautet aus Gold (mhd. güldîn, weil ursprünglich ein u zu Grunde lag). — 3 gewiß, sicher. — 6 fest, gefeit, gesichert gegen Hieb und Schuß.
499. 1 ausnarren, den Narren zu Ende spielen, austoben.

500.
Tugend und Gebrauch.

Da Sitten waren alber, war Tugend witzig mehr.
Nun Sitten witzig worden, ist Tugend alber sehr.

501.
Betrügliche Thränen.

Aus Betrübniß kummen Thränen, die doch sind so hell und klar;
Ob sie klar, so sieht doch keiner, was ihr eigner Anlaß war.

502.
Simson.

Vor dem sich nicht ein Löw kunnt erwehren,
Der läßt sich durch ein Weib kahl bescheeren.

503.
Die Welt.

Die Welt ist ein gemeiner Tisch, drauf alle Menschen eßen;
Wol dem, der deßen, der ihn deckt, pflegt nimmer zu vergeßen!

504.
Lust und Unlust.

Ihrer zwei sind, die sich haßen
Und einander doch nicht laßen:

---

500. 1 alber (mhd. alwære, ahd. alawâr), einfältig in gutem Sinne; einfach (II, 8, 92).
501. 2 ob, obgleich. — eigen, eigenthümlich, besonder.
503. 1 gemein, allgemein.

Wo die Wolluſt kehret ein,
Wird nicht weit die Unluſt ſein.

505.
Frankreich.

Daß es her von Deutſchland ſtamme, achtet Frankreich einen Ruhm.
Wie denn, daß auf unſre Sitten dieſem bleibt das Meiſterthum?

506.
Zeitwandel.

Wenn jetzt Heraklitus lebte, würd' er für das Weinen lachen,
Und Demokritus naß' Augen für gewohntes Lachen machen,
Weil die Welt ſo gar gewandelt Sinnen, Sitten, Arten, Sachen.

507.
Von dem ſchneeichten Winter Anno 1651.

So viel Schnee deckt unſer Land, als ich kaum geſehn ein Jahr;
Ehſtes aber wird es ſein, daß es lauter Waßer war.
Hoffnung, die uns ganz erhöht mit des Friedens Freud und Gut,
O daß dieſe nimmer nicht mehr gedeih zu Flucht und Flut!

508.
Luſtdiener.

Schlafen, eßen, trinken, ſpielen, tanzen und ſpazieren,
Sonſt um nichts, als nur um dieſes, Fleiß und Sorge führen,

---

505. 1 einen Ruhm, für einen Ruhm. — 2 Vgl. Nr. 384, Anm. 1. — D. h. wie kommt es nun, daß wir uns in unſern Sitten nach denen Frankreichs richten?
506. 1 Heraklit, ein griechiſcher Philoſoph aus Epheſus (c. 550 v. Chr.), bekannt durch ſeine trübe Anſicht vom Leben; von ihm ſagte man, er weine immer, während man von — 2 Demokritus aus Abdera (c. 430 v. Chr.) behauptete, er lache immer.
507. 2 Ehſtes, nächſtens.

Die bei Hofe dies verrichten, rühmen Dienst und Treue;
Geben nicht, sie nehmen Dienste, sag' ich ohne Scheue.

509.
Zeit ändert Recht.

Die Zeit macht diesmal recht, was vormals strafbar war;
Was strafbar dieses ist, wird recht ein andres Jahr.

510.
Der Glaube.

Weiland ward geschätzt der Glaube nach vergoßnem Blute;
Nunmehr wird geschätzt der Glaube nach besessnem Gute.

511.
Montag.

Weltlich Glück ist wie der Monden, wandelt immer für und für.
Wo ohn' End uns Heil bereitet, ist dort oben, ist nicht hier.

512.
Dienstag.

Welt und ihren Lüsten dienen, ist die größte Sclaverei;
Deinem Willen, Gott, gehorchen, ist das allersüßste Frei.

---

509. 1 D. h. stellt hin für recht. Vgl. Nr. 487 und Nr. 490.
512. Dienstag. Logau leitet das Wort natürlich noch von dienen ab; richtig: ahd. Ziestac, b. i. Ziwestac, Tag des Zio oder Tyr, des nordischen Kriegsgottes, lat. dies Martis. — 2 das Frei, die Freiheit, vgl. Nr. 257, Anm. 33.

513.

Freitag.

Tag, der von dem Erdeklumpen und der Laster Last uns löst,
Ist der beste Tag der Tage, der uns freit, erfreut und tröst!

514.

Sonnabend.

Unsre Noth hält Sabbath nimmer. Laßt dem Ort uns eilen zu,
Wo die Noth muß Abend machen, wo der Tag der steten Ruh.

515.

Christliche Liebe.

Ptochus lag in tausend Nöthen,
Die ihn drängten bis aufs Tödten,
Sollte Christenliebe haben,
Sich zu retten, sich zu laben;
Ließ sie hin und wieder suchen,   5
Weil sie sich jetzt sehr verkrochen;
Ließ sie suchen bei Gerichten,
Fand sie aber da mit nichten,
Muste hören, daß man sagte,
Was das wär, wonach er fragte.   10

---

513. Freitag, nicht Tag der Freiheit, wie Logau annimmt, sondern der der Fria (Frigg), Woban's Gemahlin, geheiligte Tag (ahd. friatac, frîjetac, mhd. vrîtac). — 2 freit, befreit.

515. Vgl. Nr. 483, Anm. 1.

516.
Der Hornung.

Voller Faſtnacht iſt die Welt; Thorheit klebet jedem an:
Dort wird bloß ſtehn jeder Sinn, der ſich hier vermummen kan.

517.
Der Mai.

Einmal nur iſt Mai im Jahr; immer lacht das Glücke nicht.
Wer, wann Glücke blühet, trotzt, zaget auch, wann Glücke bricht.

518.
Heumonat.

Gras und Blume fällt dahin durch der Senſe ſcharfen Streich;
Auch der Tod haut munter zu, der und jener gilt ihm gleich.

519.
Augſtmonat.

Was man hat geſäet aus, erntet man auch wieder ein.
Wie die Arbeit hier geweſt, wird die Zahlung dorte ſein.

520.
Herbſtmonat.

Wenn man Vogel fangen wil, ſtreut man auf die beſte Koſt;
Wen die Welt berücken wil, dieſen lockt ſie durch die Luſt.

---

518. Heumonat, der Juli.
519. Augſt, der Auguſt, Erntemonat. — 2 Neben geweſen ſchon mhd. gewëſt.
520. Herbſtmonat, der September.

521.
Wintermonat.

Was uns Gottes Segen gab, sol man rathsam brauchen so,
Daß man auf den Winter nicht, wann man alt ist, darbe wo.

522.
Unverschämt.

Aller Laster Laster ist: sich für keinem Laster scheuen,
Mit den Lastern rühmen sich und die Laster nicht bereuen.

523.
Gemeine Werke.

Kluge Leute thun zwar auch, was die albern sonst beginnen,
Brauchen aber ander' Art, andren Zweck und andre Sinnen.

524.
Beßere Zeit.

An wird gehen alle Lust, auf wird hören alles Klagen,
Wann die Uhren in der Welt alle werden gleiche schlagen.

525.
Dienstag und Freitag.

Eh als der Freitag kümmt, kümmt Dienstag immer vor.
Welt spannt zuvor ins Joch, eh Himmel hebt empor.

---

521. Wintermonat, der November. — 1 rathsam, mit Bedacht, sparsam, vgl. Nr. 308, Anm. 4.
523. Gemein, gemeinsam.
525. Vgl. Nr. 512 und 513. — 2 Vgl. Nr. 219, Anm. 2.

526.
Die Augen.

Wie viel Augen hat der Himmel, da er mit die Erd' anblickt!
Was für Augen hat die Erde, die sie auf gen Himmel schickt?

527.
Erde und Waßer.

Waßers ist als Landes mehr, wie die Künstler abgemeßen.
An den Deutschen merkt mans auch, die mehr trinken als sie eßen.

528.
Vergebene Sorgen.

Sorgen und doch nichts ersorgen,
Heißt, was nicht zu zahlen, borgen.

529.
Gold.

Gold, gegraben aus der Erde, macht, daß mancher in die Erde,
Da ihm Gold nicht weiter nützet, für der Zeit vergraben werde.

530.
Bleichheit.

Der ist nicht alleine bleich,
Der nicht satt ist und nicht reich.

---

527. 1 Ueber die Wortstellung vgl. Nr. 230, Anm. 1.
528. Vergeben, vergeblich.
529. 2 Da, relat., wo.

Großes Gut und stetes Prassen
Macht vielmehr die Leute blassen.

531.
Geänderte Gunst.

Bäume, die im Sommer Schatten, geben auf den Winter Kohlen;
Freunde, die in Noth man liebet, haßt im Glück man unverhohlen.

532.
Zustand.

Wer hoch gestiegen ist, wil immer höher steigen;
Wer niedrig stehet an, wil tiefer sich nicht neigen.
Ein jeder wil hinauf und hasset seinen Stand,
Begehret immer das, was ihm doch nicht bekannt.

533.
Unschuld.

Wer fälschlich wird verklagt, darf keinen Advocaten;
Die Unschuld wird ihm selbst, was er sol reden, rathen.

534.
Von meiner Zugabe.

War meine Waare nicht recht gut, so geb ich etwas zu,
Damit, was nicht die Güte thät, vielleicht die Menge thu.

---

530. 4 blassen, blaß werden (III, 7, 31); transf., blaß machen (III, 6, 13, B. 37).
531. 1 auf, für (nicht in dem Winter).
533. 1 darf, bedarf.
534. Dem zweiten und dritten Tausend seiner Sinngedichte hat Logau noch eine Anzahl als „Zugabe" beigefügt.

535.
An den Leser.

Leser, wie gefall ich dir?
Leser, wie gefällst du mir?

536.
Weltliche Flüchtigkeit.

Unsers Lebens ganzes Thun ist wie eine Schlittenfahrt,
Eilet immer mit uns fort, bis es gar zu Waßer ward.

537.
Hofeleben.

Bei Hof ist herrlich Leben, ist ruhm= und ehrenwerth,
Weil alles man kan haben, nur nicht, was man begehrt.

538.
Weltgötter.

Obrigkeiten in der Welt pflegt zu Göttern Gott zu setzen;
Obrigkeiten in der Welt werden gern aus Göttern Götzen.

539.
Auf Scotum, den Arzt.

Scotus ist ein guter Arzt; wer sich sehnt hinauf zu ziehn
Und der Noth zu kummen ab, dieser schickt und rufet ihn.

---

536. 2 eilet, das Subject es fehlt. Logau läßt oft die persönlichen Fürwörter weg, wo sie leicht ergänzt werden können.
539. 2 abkommen, c. dat., entgehen einer Sache.

540.
Auf Phanum.

Phanus wil mit Christus ärmlich in der Kripp' im Stalle liegen,
Wann ein Stern nur wollte kummen, der es also künnte fügen,
Daß die Weisen kämen her und die Schätze legten aus,
Und von Ochsen immer voll und von Eseln sei sein Haus.

541.
An eine fürstliche Person.

Frühling ist des Jahres Rose; Rosen sind des Frühlings Zier,
Und der Rosen Rosefürstin seid und heißet billich Ihr.

542.
Feinde der Schönheit.

Schöne Weiber, ihr seid Blumen; eure Spinnen sind die Tage,
Die euch eurer Blumen Blätter stechen zu der Niederlage.

543.
Begierden.

Menschen sind wie Pferde, die zu allen Zeiten
Mit dem schärfsten Sporne die Begierden reiten.

544.
Herrendiener.

Fürsten werden unverhohlen
Als die Niedren mehr bestohlen.

---

541. Anna Sophie, Gemahlin Ludwig's IV. von Brieg. — 2 billich, mit Recht, geziemend.
544. 2 Ueber die Wortstellung vgl. Nr. 230, Anm. 1.

Großes Brot gibt große Bißen,
Und von viel ist viel zu nießen;
Großes Holz gibt große Spähne; 5
Ochs als Schaf wetzt mehr die Zähne.

545.
Dienstfertigkeit.

Ob jedem ich nicht das kan thun, was er von mir begehret,
So ist mir selbst nicht allemal, was ich gleich wil, gewähret.

546.
Ein engelländischer Gebrauch.

Niemand darf aus Engelland was von Reichthum mite nehmen;
Niemand darf aus Deutschland sich, was er wil, zu rauben schämen.

547.
Fleiß.

Wer immer angelt,
Dem nimmer mangelt.

548.
Der Neid.

Der Neid ist gar ein Wundergast; denn wo er kehret ein,
Da ist das allerbeste Ding sein' allerärgste Pein.

---

544. 1 nießen, genießen, vgl. Nr. 418, Anm. 1.
545. 1 Ob, gesetzt, daß.
547. 1 angeln, nach etwas streben (noch jetzt volksthümlich in Schlesien).

549.
Gerechtigkeit.
Das Recht schleußt für die Armen sich in ein eisern Thor;
Schlag an mit goldnem Hammer, so kümmst du balde vor.

550.
Zustand.
Beßres Glücke künnt' ich leiden; kümmt es nicht, ich bin vergnügt,
Wann sichs, als jetzund ichs habe, nur nicht ärger mit mir fügt.

551.
Steuer.
Wann wir unsre wüsten Güter wieder bauen also theuer,
Was denn werden sie uns bringen? Steuer, Steuer, Steuer, Steuer.

552.
Verdachte Dienste.
Wann Freundschaft und Gevatterschaft geht ein ins Amtmanns Haus,
So geht gewiß des Herren Nutz zur Hinterthüre naus.

553.
Hofetreu.
Treu, die auf der Zunge wohnet, Treu, die in dem Herzen wohnt:
Diese wird bei Hofe selten, meistens jene wird belohnt.

---

549. 2 Vgl. Nr. 497, Anm. 2. — vorkommen, vorgelassen werden.
550. 2 Auch den von einem Comparativ abhängigen Satz stellt Logan vor erstern.
552. Verdacht, verdächtig.

554.
Die Gelegenheit.

Der Will' ist zwar ein Reisemann, der da und dorthin wil;
Spannt ihm nicht für Gelegenheit, so langt er nicht ans Ziel.

555.
Aenderung der Kleider.

Die Mode ging spazieren und kam zu einem Alten;
Da war ihr gar zuwider, bei ihm sich aufzuhalten.
Der Alte, der dies merkte, sprach: Liebe Freundin, denke,
Man legt dich nach sechs Monden gleichwol schon unter Bänke.

556.
Auf Vanum.

Vanus ward gar schön gestraft, ders doch gröblich hat verschuldet;
Seine Straf' ist eine Frau, zwar voll Runzeln, doch vergoldet.

557.
Wie die Arbeit, so der Lohn.

Wer einem dient mit Sang und Klang,
Hat seinen Lohn an Lob und Dank.

---

554. 1 Reisemann, Wandersmann. — 2 fürspannen, Vorspann gewähren, bildlich: beistehen.

555. 4 unter Bänke legen, beiseite werfen, vernachläßigen.

558.
Sache, nicht Worte.

Wo die Hand von Nöthen ist, schafft man wenig mit der Zunge;
Wo das Herze hin gehört, da verrichtet nichts die Lunge.

———

559.
Auf Ignavum.

Ignavus ist ein wirthlich Mann; er sieht der Arbeit fleißig zu,
Und wann er sodann müde wird, so braucht er gerne seine Ruh.

———

560.
Verdacht.

Argwohn ist ein scheußlich Kind; wenn es in die Welt nur blickt,
Sols nicht schaden, ist es werth, daß man es so bald erstickt.

———

561.
Jugend und Alter.

Jugend liebt und wird geliebt; Alter liebt und wird verlacht;
Liebe nimmt so leicht nicht Liebe, die nicht Liebe macht.

———

562.
Feinde der Keuschheit.

Tiefer Dienste Demut, göldner Gaben Glanz,
Süßer Worte Zucker laßen Keusch nicht ganz.

———

559. 1 Der Name bedeutet Faulpelz. — Das Adjectivum nach dem unbestimmten Artikel wird bei Logau gewöhnlich nicht flectirt.
560. 2 so bald, alsbald.
562. 2 Das Keusch, Keuschheit, vgl. Nr. 257, Anm. 33. — ganz, unversehrt.

563.
Der Soldaten gutes Werk.

Buße zeucht dem Kriege nach; wo das Heer nur hingetreten,
Thun die Leut' als weinen nichts, nichts als fasten, feiern, beten.

564.
Betrug.

Betrug und Weiberschminke hat keines nie Bestand;
Die Wahrheit und das Waßer macht beides bald bekannt.

565.
Von der schönen, aber armen Asteria.

Asteria hat Tag in Augen, im Beutel aber hat sie Nacht,
Und diese Nacht hat jenem Tage bisher noch immer Nacht gemacht.

566.
Ein unbescheiden Weib.

In des Unglücks Rock hat sich der gekleidet,
Der ihm nahm ein Weib, das Vernunft nicht leidet.

567.
Hinterlist.

Falschheit streicht sich zierlich an, ist auf Mäntel gar beflißen;
Wer nur wil, der kennt sie bald, denn sie hinkt auf beiden Füßen.

---

563. ² Vgl. Nr. 230, Anm. 1.

568.
Eine reiche Heirath.

Wer in Ehstand treten wil, nimmt ihm meistens vor
Drein zu treten, ob er kan, durch das goldne Thor.

569.
Jungfrauen.

Gute Bißlein bleiben selten in der Schüßel liegen;
Jungfern bleiben selten sitzen, wann sie nur was tügen.

570.
Jetzige Gottesfurcht.

Hat das alte Gottverehren Schul' und Kirchen aufgerichtet,
Hat das neue Gottvergeßen Schul' und Kirchen ganz vernichtet.

571.
Vom Opitio.

Im Latein sind viel Poeten, immer aber ein Virgil.
Deutsche haben einen Opitz, Tichter sonsten eben viel.

572.
Das Glücke.

Unglück herrschet so die Welt, daß man auch sein Toben,
Daß es noch nicht ärger ist, muß mit Danke loben.

---

568. 2 ob, wofern nur.
569. 2 tügen, taugen, nützen.
572. 1 herrschet, beherrscht.

573.
Glauben und Werke.

Hastu einen Engelsglauben, treibstu aber Teufelswerke,
Glaub' ich gar nicht, daß dein Glauben, die du vorgibst, hat die Stärke.

574.
Ein Verleumder.

Falsus ist ein guter Redner; jedes Wort ist eine Blume
Von Verleumdung andrer Leute und von stolzem Eigenruhme.

575.
Des Landes Schlesien Art.

Unser Land hat dieses Glücke: der, wann er zu uns ist kummen,
Hatte lauter Staub im Beutel, hat voll Geld ihn weggenummen.

576.
Verleumder.

Wer mit Weiberschwertern haut, schadet nicht des Leibes Leben,
Kan hingegen schnöden Tod unsrer Ehr und Leumut geben.

577.
Gerechtigkeit zum Saufen.

Stände sol man unterscheiden. Saufen sol nicht jedermann;
Bauren strafe man ums Saufen; saufen steht den Edlen an.

---

573. 2 Auch Relativsätze stellt Logau nicht selten vor das regierende Substantiv.
575. 1 der, hier in relativem Sinne: wer nur immer.
576. 2 Leumut, gewöhnlich Leumund, (guter) Ruf.

578.
Zornurtel.

Wo der Zorn der Richter ist, hat Gerechter schon verspielt,
Weil der Zorn nicht auf das Recht, sondern auf die Rache zielt.

579.
Schmeichler.

Wer wil einer fetten Kuchel alle Mücken abetreiben?
Heuchler werden nie vergehen, weil die Höfe werden bleiben.

580.
Grabschrift eines Geizhalses.

Der nur einstrich, nie gab aus,
Hat allhier sein enges Haus.
Hast du Geld, so sih dich für,
Nicht gar sicher stehst du hier;
Denn jetzt schneidet Beutel ab,   5
Der vor einen Geldwolf gab.

581.
Wunsch.

Wann mich Gott für Schanden dort und für Schaden hier bewahrt,
Wann er an mir Seelenbrot, wann er Mundbrot nur nicht spart,
Geht mein Glücke, wie ich wil, in der allerbesten Fahrt.

---

579. 1 Kuchel, Küche.
580. 6 vor, vorher, früher. — gab, abgab, vorstellte.

582.
Ein verdächtiger Richter.

Ist ein Esel zu erstreiten, ei, so suche dir zur Hand
Einen Richter, der nicht selbsten ist dem Esel anverwandt.

583.
Fremde Tracht.

Alamode-Kleider, Alamode-Sinnen;
Wie sichs wandelt außen, wandelt sichs auch innen.

584.
Aerzte und Kranken.

Kranken führen über Aerzte leichtlich nicht Beschwerden;
Jenen können diese stopfen sein das Maul mit Erden.

585.
Verschwiegenheit.

Wenig reden, viel verschweigen
Ist den Weibern selten eigen.

586.
Von der Aristea.

Aristea, du bist schön; allen Leuten macht dich hold
Zier am Leibe, Zucht im Sinn und im Beutel eignes Gold.

---

583. 1 Alamode (frz. à la mode), nach der Mode.
584. 1 Vgl. Nr. 220, Anm. 1.

587.

Der Christen Sterndeutung.

Christen dörfen nicht Planeten;
Ihre Werke sind Propheten
Jetzt zu Segen, jetzt zu Nöthen.

588.

Hausfriede.

Halt dich friedlich mit den Deinen;
Trau nicht leichtlich frembem Meinen.

589.

Glückwunsch an eine fürstliche Person über geschloßenem Friede.

An von der Zeit, da das Heil
Uns durch Christum ward zu Theil,
Hatte gleich den Bilderbogen
Und der zwölfer Thiere Zahl
Titan rüstig durchgezogen   5
Sechzehnhundert sechzehn Mal,
Herr und Fürst, da unsrer Welt,
Euch der Herren Herr gestellt.

---

587. 1 börfen (mhd. dürfen), bedürfen. — 3 jetzt — jetzt, bald — bald.

588. 2 Meinen (ahd. meinan, mhd. meinen), herzlich geneigt sein, lieben. (So noch bei M. Schenkendorf: „Freiheit, die ich meine.")

589. An Herzog Ludwig IV. von Brieg. — Auch bei Logau noch die ursprüngliche starke Biegung: Gen. Friedes, Dat. und Acc. Friede. Bei Goethe starke und schwache, im Acc. Friede und Frieden („Torquato Tasso"). — 3 gleich, eben, soeben. — Bilderbogen, die Bilder des Thierkreises, Zodiacus. — 5 Titan, die Sonne. — 8 gestellt, zugestellt.

Zweimal drüber war die Sonne
Durchgereiset diese Bahn, 10
Als Alecto Zunder sponne,
Draus der lange Krieg entbran.
Herr, Ihr denket nicht ein Jahr,
Drinnen freier Friede war!
Weil Ihr dieses Liecht genußen, 15
Weil Ihr diesen Hut besitzt,
Hat die Oder roth geflußen;
Denn das Land hat Blut geschwitzt.
Eurer Einkunft Bestes war
Treu bei untergebner Schaar. 20
Liebe habt Ihr ausgegeben,
Liebe nahmt Ihr wieder ein;
Eure Sorge half uns leben,
Würden sonsten wenig sein;
Denn was jetzund noch sind wir, 25
Euch habt billich dieses Ihr.
Was wol sonst für viel Ermüden
Steht Regenten zum Genieß,
Dieses fraß der Widerfrieden,
Daß er wenig übrig ließ. 30
Frevel, Bosheit, Tölpelei,
Hoffart, Neid, Trug, Schinderei
Hat sich oft an Euch gerieben.
Den die Säu vor hörten nicht,
Wann er sie stallein getrieben, 35
Der hat Fürsten jetzt vernicht;
Denn es ging ein loser Mann
Öfters einen beßren an.
Welcher unsrer Väter Hunden
Fürzustehen nichtig war, 40

---

589. 11 Alecto, eine der Furien. — 12 entbran, Prät., von dem veralteten brinnen (mhd. brinnen, ahd. prinnan, Prät. pran), jetzt verdrängt durch brennen mit schwacher Biegung. — 16 Den Fürstenhut, d. h. so lange Ihr lebt und regiert. — 17 Hat, nicht: ist. In Verbindung mit haben nähert sich die intransitive Bedeutung der transitiven, sie hat Blut mit sich geführt. — 24 Subj.: wir. — 26 Sinn: Das verdanken wir mit Recht Euch. — 28 Vgl. Nr. 220, Anm. 2. — 29 Widerfrieden, der Krieg. — 35 stallein, Adv., in den Stall, ähnlich gebildet wie bergauf. — 38 angehn, angreifen (III, 8, 98). — 40 nichtig, untauglich.

Dieser hat sich unterwunden
Thron zu meistern und Altar. —
Gott in Euch und Ihr in Gott
Waret mehr als Drang und Spott.
Eure Brust voll Himmelssinnen   45
Lachte, wann ein kothig Wurm
Eures Geistes hohen Zinnen
Bote spöttisch einen Sturm.
Weil an Gott rechtschaffen war
Euer Herz nur immerdar,   50
Hat es künnen frei gebieten,
Von dem Himmel stets gestärkt,
Dieser Zeiten wildem Wüthen,
Daß es immer Ruh gemerkt.
Felsen, die mit Meer und Wind   55
Täglich gleich zu Felde sind,
Künnen täglich dennoch siegen:
Zuversicht, auf Gott gesetzt,
Ward von keinem Untenliegen
Je bestritten, je verletzt.   60

Gott sei Dank! Ihr seid durch hin.
Seht nun traurig abeziehn
Das verruchte Raubgeschmeiße,
Welches unsrer Wolfahrt Gras,
Und was wuchs von unsrem Schweiße,   65
Geizig immer abefraß.
Gott sei Dank! Des Friedens Thau
Feuchtet wieder unser Au,
Die des Krieges Brunst besenget,
Daß sich wieder frischer Saft   70
In die dürre Wurzel menget
Und zum Wachsen gibet Kraft.
Gott sei Dank! sein Feuerherd
Ward, wie vor, nicht umgekehrt;

---

589. 42 meistern, gebieten. — 46 Vgl. Nr. 8, Anm. 5. — 56 gleich, mit
bem Relativ zu verbinden, obgleich sie. — 59 Untenliegen, Unterliegen. —
60 bestreiten, bekämpfen, angreifen. — 61 durch hin, hindurch. — 63 Die räube=
rischen Kriegsheere, namentlich die Schweden. — 68 feuchten, trans., befeuchten. —
69 Brunst, Brand. — besengen, abbrennen (nicht unser jetziges versengen). —
74 D. h. der Krieg entbrannte nicht wieder, wie so oft vorher, von neuem.

Seine Diener, seine Lieben, 75
Die für Drang, Zwang, Pein und Schmach
Endlich mehr kaum kunnten gieben,
Hoffen Luft und mehr Gemach.
Fürsten werden Fürsten sein;
Prahler müßen legen ein; 80
Ehre darf nicht mehr der Schande,
Wie bisher, zu Hofe gehn.
Haupt wird in des Hauptes Stande,
Fuß wird zu den Füßen gehn.
Satzung, Ordnung, Gleich und Recht 85
Bleibt nicht mehr der Bosheit Knecht.
Diebe werden wieder hangen
Fest an Hanf und hoch an Holz,
Nicht in göldnen Ketten prangen,
Arg im Sinn und frech an Stolz. 90
Der dem Pfluge vor entlief,
Bauren in den Beutel griff
Und bei frembem Tische schmauste,
Wird nun wieder mußen hin,
Wo die Kräh dem Schweine lauste, 95
Ochsen her für Flegeln ziehn.
Unser ungesparter Fleiß,
Unser ungescheuter Schweiß
Wird uns ja was wieder nützen,
Daß wir nicht für raubrisch Maul, 100
Wie bisher, so bitter schwitzen
Und ernähren frembes Faul.
Gott sei Dank! Der Zornes Brunst
Hat gekehrt in Güt' und Gunst,
Der verleih uns wahres Büßen, 105
Daß wir Argen Gutes thun,
Lange diesen Schatz genießen
Und beständig mögen ruhn!

---

589. 77 gieben, den Mund aufthun (göuwen, geuwen, gewen). — 78 Gemach, Ruhe, Behaglichkeit. — 80 einlegen, aufhören zu prahlen (volksthümlich einpacken), vgl. 2. Zug. 2—10. — 82 zu Hofe gehn, Hofedienste verrichten, dienen. — 85 Gleich, Gleichheit. — 88 Holz, Galgen. — 89 Vgl. Nr. 497, Anm. 2. — 95 D. h. er wird wieder Schweine hüten müssen. — 99 was, etwas. — 102 Faul, Faulheit, vgl. Nr. 257, Anm. 33. — 106 wir Argen, als Nominativ zu nehmen. — 107 diesen Schatz, nämlich den Frieden.

Herr, das jüngst verfloßne Jahr
Zeigte das, was noch nicht war, 110
Da sich Friede, Ruh, Vergnügen
In der Armen warmes Band,
Wie Ihrs nimmer wünschen mügen,
Euch von Strelitz her sich fand.
Da empfinget Ihr voran 115
Alles, was der Friede kan.
Diesen Ausbund aller Gaben,
Diese werthe, kleine Welt,
Schaut Ihr reichlich in sich haben
Mehr noch, als die große hält. 120
Weil Ihr Friede nie gehabt,
Seid Ihr desto mehr begabt.
Euer Herz ist voll Vergnügen,
Innen ist und außen Ruh;
Kümmt nur bald dazu das Wiegen, 125
Ist des Glückes Cirkel zu.
Auch für dieses Friedens Zier
Sei dir Dank, Gott, für und für!
Gib, daß dieser dupple Friede
- Mög' in steter Güte stehn, 130
Bis die Welt und Ihr seid müde
Und wollt selbst zu Bette gehn!

590.

Die jetzige Weltkunst.

Die Weltkunst ist ein Herr, das Christenthum ihr Knecht;
Der Nutz sitzt auf dem Thron; im Kerker steckt das Recht.

---

589. 109 1649. Das Gedicht ist im Anfang 1650 geschrieben und von Logau gegen die sonst beobachtete chronologische Ordnung an das Ende des zweiten Tausend gesetzt. — 113 mögen bedeutet (wie das mhd. mügen) bei Logau oft noch: im Stande sein, vermögen. — 114 Der Dichter meint des Herzogs junge Gemahlin Anna Sophie von Mecklenburg-Strelitz. — 117 Ausbund, (erst seit dem Ende des 15. Jahrhunderts) Muster. — 126 D. h. der Kreis eures Glückes ist vollendet. — 129 buppel (lat. duplus, frz. double), doppelt.

591.
Hilfe.

Eigner Fleiß und fremde Hilfe födern einen guten Mann;
Ob man einem für sol spannen, muß er selbsten spannen an.

592.
Auf Thrasonem.

Thraso wagt sich in den Krieg.
Seine Mutter wil nicht weinen;
Denn mit seinen schnellen Beinen
Stund ihm zu manch schöner Sieg.

593.
Wein.

Kümmt Wein vom Weinen nicht, so kümmt vom Weine weinen.
Das Saufen bringet Weh, das kan mir Niemand neinen.

594.
Geschenke.

Wer das Recht denkt recht zu führen,
Muß die Räder reichlich schmieren.

---

591. 1 födern, veraltet: fördern. Noch Lessing braucht das Wort ("Nathan", I, 1). — 2 Vgl. Nr. 554, Anm. 2.

593. 2 neinen, verneinen.

594. 2 schmieren, d. h. die Richter gut bestechen.

595.
Ein Hofemann.

Bei Hofe wird kein Greis,
Wer nicht zu heucheln weiß.

596.
Anders.

Wer bei Hof ist worden alt, gibt zu merken an den Tag,
Daß er zwar mit Schmecken viel, doch mit Lecken mehr vermag.

597.
Die Saate der Wahrheit.

Wer bei Hofe Wahrheit sät, erntet meistens Mißgunst ein.
Wächst ihm etwas zu von Gnade, wirft der Schmeichler Feuer drein.

598.
Auf die bekreidete Lucidam.

Lucida, du schöner Schwan, dran zu tadeln keine Feder,
Wenn du nur nicht, wie der Schwan, drunter decktest schwarzes Leder!

599.
Auf einen Aesopum.

Es glänzet dein Verstand, Aesopus, weit und ferne.
Wie Schade, daß ihn faßt so schmutzige Laterne!

---

596. 2 lecken, schmeicheln.
598. bekreidet, weiß geschminkt.

600.
Das fromme Alter.

Wann die Wolluſt uns verläßt, kümmt uns dann die Andacht an.
Himmel hat den alten erſt, Welt hat vor den jungen Mann.

601.
Weltgunſt.

Manchen treibet große Brunſt,
Durch geübte Liſt und Kunſt,
Welt, zu werben deine Gunſt,
Die zu haben faſt umſonſt
Und für ſich doch nichts als Dunſt. 5

602.
Ein Hofemann.

Wer redlich iſt im Herzen und mit dem Munde frei,
Der wiße, daß bei Hofe behäglich er nicht ſei.
Wie man ihm vorgeſaget, ſo ſagt der Papagei,
Drum wer daſelbſt wil gelten, der trete dieſem bei.

603.
Schminke.

Wolt ihr euch, ihr Jungfern, ſchminken, nehmet dieſes zum Bericht:
Nehmet Oele zu den Farben; Waßerfarben halten nicht.

---

600. 2 vor, vorher.
601. Dieſes Sinngedicht iſt von Logau am 19. März 1653 zu Brieg in das Stammbuch eines gewiſſen Johann Niclas, das ſich noch jetzt in der von Rabowitz'ſchen Autographenſammlung befindet, geſchrieben worden. — 3 werben, erwerben. — 5 In dem Stammbuch: „Und für ſich nur iſt ein Dunſt."
602. 4 beitreten, ſich hinzugeſellen (III, 5, 48).

604.
Armut und Reichthum.
(Proverb., C. 30, v. 8.)

Gib mir, wilstu mir was geben, Armut nicht, Herr, Reich=
    thum nicht.
Dieses möcht' aus deinen Furchten reißen mich in seine Pflicht;
Jenes dürfte zwingen mich, mich durch Unrecht zu ernähren;
Dorte dürft' ich leugnen Gott, hier den Nächsten arg beschweren.
Gib mir, was mir ist von nöthen. Wann dein Wort und Brot
    ich hab,   5
Hab' ich, was mich zeitlich stärke, hab' ich, was mich ewig lab.

605.
Gewalt für Recht.

Gewohnheit wird Gebot durch Brauch und lange Zeit.
Krieg hat durch dreißig Jahr Gewalt in Recht gefreit.

606.
Nachdrückliche Worte.

Daß der Sinn es redlich meine, haben wir nur ein Gemerke:
Wann nicht Worte bleiben Worte, sondern Worte werden Werke.

607.
Lebenssatz.

Viel gedenken, wenig reden und nicht leichtlich schreiben,
Kan viel Händel, viel Beschwerden, viel Gefahr vertreiben.

---

604. 2 Furchten, der Plural ist jetzt nicht mehr gebräuchlich. — 2 Logau sagt das Reichthum, das Armut. — Pflicht (wie das mhd. phliht), Gewalt.
605. 2 gefreit, eigentlich der Gewalt das Privilegium ertheilt, als Recht zu gelten.
606. 1 Gemerke, Merkmal.

608.
Auf Polyglottum.

Polyglottus kan viel Sprachen; wo viel Sprachen, da viel Worte;
Wo viel Worte, da viel Sinnen, und das Herz an keinem Orte.

609.
Der Buchstabe G.

Meistens alles auf der Erden, drauf die Leut' am meisten streben,
Stehet unter denen Dingen, die sich auf ein G anheben:
Gold, Geld, Gut, Geschenke, Gaben, Gunst, Gewinn, Ge=
walt, Geschicke,
Glaube, Glimpf, Gesund, Gewißen und mit einem Worte:
Glücke,
Wil sich alles drunter stellen. Wann zu diesem zu sich zählet 5
Gott mit seiner Gnad und Güte, weiß ich nicht, was Gutes
fehlet.

610.
Klugheit und Thorheit.

Jedermann hat zu hausinnen zwei gar ungegleichte Gäste;
Einen Doctor, einen Narren, die mit seinem Brot er mäste.
Wil er nun nicht vor sich sehn und den Narren halten ein,
Wird er als der Doctor mehr an der Thür und Fenster sein.

611.
Der beste Glaube.

Man hält jetzt diesen Glauben hoch, der hohen Stand gebieret.
Drum halt' ich diesen Glauben hoch, der biß in Himmel führet.

---

608. Die Erklärung des Wortes liegt im Anfang des Sinngebichts.
609. 4 Glimpf (mhd. gelimpf), schonende Nachsicht. — Gesund, Gesund=
heit, vgl. Nr. 257, Anm. 33.
610. 1 zu hausinnen haben, bei sich beherbergen. (Im Glazischen: er
wohnt zu hausinnen: zur Miethe.) — ungegleicht, ungleich. — 4 er, der
Narr. — Ueber die Wortstellung vgl. Nr. 230, Anm. 1.

612.
Christentod.

Unser Tod, der ist ein Tod
Nicht des Lebens, nur der Noth.

613.
Großer Hunger.

Da ist, da ist erst zu sagen von den rechten Hungersnöthen,
Wann die Müller und die Bäcker pflegt der Hunger auch zu tödten.

614.
Schlesier.

Wer sagt, daß Schlesier nicht allzu höflich sein?
O, Schmeich= und Heuchelei wil ihnen nur nicht ein.

615.
Das Glück ein gemein Weib.

Das Glück ist wie ein Weib, die keinen völlig liebet,
Indem sie sich jetzt dem, jetzt jenem untergibet.

616.
Grabschrift einer tugendhaften Frauen.

Schaut diesen schlechten Stein!
Ein Demant sollt' es sein;

---

614. 2 wil nicht ein, will nicht in den Sinn.
615. 2 untergeben, preisgeben.

Denn das, was er beschwert,
Ist mehr als dieses werth.
Hier liegt die Frömmigkeit
Und harrt auf jene Zeit.

617.
Die Freiheit.

Wo dieses Freiheit ist, frei thun nach aller Lust,
So sind ein freies Volk die Säu in ihrem Wust.

618.
Der Welt Thorheit.

Eine Ranstadt ist die Welt, drinnen fast ein jedes Haus
Heimlich doch, wo wißlich nicht, hat und heget einen Claus.

619.
Redlichkeit.

Schlecht und recht, wo sind ich dich? Unter keinem hohen Giebel,
Manchmal unter Leim und Stroh; zum gewissten in der Bibel.

620.
Undankbarkeit.

Der uns gibt die ganze Welt, der uns wil den Himmel geben,
Fodert nichts dafür als Dank, kan ihn aber nicht erheben.

---

617. 2 Wust, Schmuz.
618. 2 wißlich, wissentlich. — Claus aus Ranstett (Markranstett) war Hofnarr des Kurfürsten Friedrich III. von Sachsen.
619. 1 Schlecht (mhd. ahd. slëht), schlicht, einfach. — 2 Leim, Lehm, welches ursprünglich niederdeutsch ist.

621.
Gottes Güte.

Wann uns Gott, was wir verdienen, sonsten nichts nicht sollte geben,
Würden wir von unsren Diensten ärmer als kein Bettler leben.

622.
Die Furcht.

Der Tod, für dem der Mensch so fleucht und so erschrickt,
Währt an ihm selbst so lang, als lang ein Auge blickt.
Des Todes Furcht ist Tod mehr als der Tod: der Tod
Verkürzt, was ihn vergällt, der Furchte bittre Noth.

623.
Auf Pontiam.

Du Scheusal, Pontia, du Unding aller Frauen,
Wie daß man dich so ehrt? ei, hör mich im Vertrauen,
Man hält dich für ein Bild, mit Golde stark beschmieret,
Dem einig und nicht dir solch Ehr und Dienst gebühret.

624.
Der sondere Stand.

Wer ruhig sitzen wil, der sitze nicht beim Giebel;
Wo Schwindel folgt und Fall, daselbsten sitzt sichs übel.

---

622. 2 D. h. währt an und für sich nicht länger als einen Augenblick. 4 Furchte, vgl. Nr. 604, Anm. 2.
623. 2 Wie daß, vgl. Nr. 384, Anm. 1. — 4 einig, einzig.
624. sonder, besonder, gesondert.

625.
Eitelkeit.

Nim weg die Eitelkeit von allen unsren Werken,
Was wird dir übrig sein und gültig zu vermerken?

626.
Gold.

Weil unter dem, was schwer, das Gold am schwersten wiegt,
Drum kümmt es, daß dem Gold ein jedes untenliegt.

627.
Die Zeit.

Was die Zeit für Urtel spricht,
Draus wird alles Thun gericht.

628.
Vergnüglichkeit.

Ein Leben bei vergnügtem Mut
Ist immer gut, hat immer Gut.

629.
Ein alter Soldat.

Junge Krieger, alte Kriecher; Stärk' und Muth ist auch ein Ding,
Das, wie sehr es vor geprachtet, endlich doch auf Krücken ging.

---

625. 2 gültig (mhd. gültic), werth.
626. 2 untenliegen, unterliegen (vgl. das Substantivum, Nr. 589, Anm. 59).
627. 2 gericht (gerichtet), beurtheilt.
628. Vergnüglichkeit, Genügsamkeit.
629. 2 prachten (ahd. prahtan), prangen, Aufsehen erregen.

630.
Die Begierden.

Stündlich kämpft man mit den Lüften; selten pflegt man ob zu siegen;
Wenig derer, die bestehen, viel sind derer, die erliegen.

631.
Lust und Leid.

Was die Jugend hat erfreut,
Hat das Alter oft bereut.
Lust und Leid die sind getreut.

632.
Weiber.

Schöne Weiber sind der Himmel, gräuliche die sind die Hölle,
Dort für Augen, hier für Sinnen. Wie man sich gleich nun geselle,
Halten beide für den Beutel dennoch Fegefeuers Stelle.

633.
Häuslichkeit.

Wer ein großes Haus wil bauen, bau die Kuchel erstlich klein,
Sonsten muß des Beutels Fette nur der Kuchel zinsbar sein.

---

631. 3 treuen (noch jetzt mundartlich), trauen.
632. 2 Sinn, ein bei Logau sehr vieldeutiges Wort, hier Geist und Herz. — Wie man sich gleich nun geselle, mit welcher von beiden man sich auch verbinde. — 3 D. h. sie reinigen (entleeren) ihn.
633. 1 Vgl. Nr. 579, Anm. 1.

Logau.

634.
Wißenschaft.

Wen Vernunft gelehrt gemacht,
Wird viel höher oft geacht,
Als den oft des Buches Blatt
An Vernunft verwirret hat.

635.
Abwechselung.

Andren gehet auf die Sonne, wann sie uns geht nieder;
Wann sie Andren niedergeht, kümmt sie zu uns wieder.
Was uns Gott nicht heute schenkte, kan er morgen schicken,
Kan uns, was er heute schickte, morgen auch entzücken.

636.
Verschwendung.

Für altes Geld ist junge Hand
Gemeiniglich kein festes Band.

637.
Aerzte und Juristen.

Ihr Aerzt' und ihr Juristen habt euer bestes Wesen
Bei andrer Leute Schaden, Verlust und Ungenesen.

---

635. 4 entzücken, entziehen.
637. 1 Wesen, Sein, Dasein. — 2 Ungenesen, Unheil.

638.
Göttliche Rache.

Gottes Mühlen mahlen langsam, mahlen aber trefflich klein;
Ob aus Langmut er sich säumet, bringt mit Schärf' er alles ein.

639.
Guter Anfang.

Selten ist wol abgegangen,
Was nicht wol ist angefangen.

640.
Die Hoffnung.

Ist ein Bettler mancher gleich,
Dennoch macht ihn Hoffnung reich.

641.
Hunger und Durst.

Durst und Hunger die sind Mahner, die man nimmer kan bestillen
Morgen kummen sie doch wieder, kan man sie gleich heute völlen

---

642.
Unglücke.

Bei einer guten Zeit denk an die böse Stunde,
Die sich der guten Zeit gern auf dem Rücken funde.

---

638. 2 Ob, wenn auch.
639. 1 abgehn, ablaufen, von statten gehen (I, 9, 90; 10, 66).
641. 1 bestillen, stillen, befriedigen. Z. w. d. Dr. 243. — 2 völlen (bei Logau sehr häufig), von dem Adjectivum voll gebildet, vollmachen, zufriedenstellen (I, 3, 33; III, 2, 100).
642. 2 funde, vgl. Nr. 476, Anm. 1.

643.
Die gewandelten Deutschen.

Wir werden nicht mehr stark und wie die Alten alt;
O wenn nur Glaub' und Treu nicht auch wär schwach und kalt!

644.
Wolthätigkeit.

Wer Wolthat gibt, sols bald vergeßen; wer Wolthat nimmt,
 sols nie vergeßen,
Sonst ist um Undank der zu strafen und Hoffart jenem zuzumeßen.

645.
Heuchler.

Schmeichler sind wie Sonnenblumen, blicken nach dem Himmel hin,
Wurzeln aber in der Erde, suchen Vortheil und Gewinn.

646.
Menschliche Thorheit.

Jedem klebet Thorheit an;
Dieser ist am besten dran,
Der fein kurz sie faßen kan.

647.
Räuber.

Aus dem großen Satzungsbuche plündert mancher mehr die Leute,
Als vielleicht ein armer Schlucker aus dem Pusche fischet Beute.

---

647. 1 Satzungsbuch, Gesetzbuch. Der Dichter meint Juristen, Advocaten. — 2 Pusch, Busch.

648.
Verstand und Zustand.

Verstand, den jeder hat, hält jeder lieb und werth;
Der Zustand, den er hat, wird anders stets begehrt,
Da jener, wie mich dünkt, doch mehr als der verkehrt.

649.
Lohn für Dienst.

Treuer Dienst heischt seinen Lohn,
Ob er gleich nicht sagt davon.

650.
Asche und Kohle.

Kohl' und Asche sind Geschwister; Holz ist Mutter, Vater Feuer;
Kohl' ist Bruder, Asche Schwester, beide sind ein Ungeheuer;
Denn der Vater wie die Mutter ist sobald durchaus verloren,
Wann der Sohn und seine Schwester werden zu der Welt geboren.
Doch zur Rache kümmt der Wirbel, treibt die Tochter in die Flüchte, 5
Und des Vaters Bruder kümmet, macht den Sohn noch auch zu nichte.

651.
Schmeichler.

Schmeichler haben keine Strafe, weil sie niemand je verklagt.
Schmeicheln ist fast wie natürlich, weil es keinem mißbehagt.

---

648. **Zustand**, die Lage, in der er sich befindet. — 3 **Da**, während.
649. 1 **heischen** (mhd. eischen, ahd. eiscôn), fordern.
650. 5 **Flüchte**, veralteter Plural von Flucht.

652.
Die Reichen.

Die mit Säcken voller Geldes sind behenket überall,
Kummen schwerlich in den Himmel; denn der Steig ist gar zu schmal.

653.
Des Glückes Maul.

Glücke hat ein weites Maul; was der gute Tag gesagt,
Hat manchmal der böse Tag kurz hernach mit Reu beklagt.

654.
Lügen.

Wer sein Kleid mit Lügen flickt, der befindt dennoch,
Ob er immer flickt und flickt, da und dort ein Loch.

655.
Auf Nepotem.

Nepos geht in großem Kummer, aber nur bis an die Knie;
Weiter läßt er ihn nicht dringen; bis zum Herzen kümmt er nie.

656.
Der babylonische Thurm.

Da die Sprache ward verwandelt, ward der Thurm nicht ausgebaut.
Weil die Kleidung sich so wandelt, wird kein deutscher Sinn geschaut.

---

652. 1 behenket, behängt.

657.
Tugend und Laster.

Tugend läßt sich nicht begraben, Laster sterben auch mit nichte;
Diese leben durch die Schande, jene durch ein gut Gerüchte.

658.
Himmel- und Hofeleben.

Hofegunst und ewig Leben
Wird nicht aus Verdienst gegeben.

659.
An einen Freund.

Du bittest mich auf morgen, ich sollte sein dein Gast.
Gut! wann du mich zu Gaste nur nicht im Herzen hast.

660.
Fürstenliebe.

Große Herren lieben die, denen sie viel Wolthat gaben,
Lieben selten, die um sie sich gleichwol verdienet haben,
Wollen, daß man ihre Güte solle stets mit Pflicht entfinden,
Wollen sich für fremdes Gute selbst hingegen nicht verbinden.

---

657. 1 mit nichte (mit nichten, abgekürzt aus mitnichtennicht), ganz und gar nicht.
660. 4 verbinden, d. h. verpflichtet fühlen.

661.
Der Köhlerglaube.

Was die Kirche glauben heißt, sol man glauben ohne Wanken;
Also darf man weder Geist, weder Sinnen noch Gedanken.

662.
Gewaltsame Bekehrung.

Wann durch Tödten, durch Verjagen Christus reformiren wollen,
Hätt' ans Kreuz er alle Juden, nicht sie ihn erhöhen sollen.

663.
Beschenkungen.

Wer durch Gaben bei dem Richter denkt zu helfen seinen Sachen,
Suche lieber durch das Schenken aus dem Feinde Freund zu machen.

664.
Die Hoffnung.

Hoffnung ist der Menschen Gaukler, der uns immer Kurzweil macht;
Denn wir hoffen stündlich Beßers, bis wir geben gute Nacht.

665.
Die Alten.

Die Welt ist alten Leuten gram und ehrt sie kaum mit einem Blicke;
Das macht, die Alten kummen drauf und weisen andern ihre Tücke.

---

661. Köhlerglaube, blinder Glaube (Glaube eines Einfältigen). — darf, bedarf.

665. weisen, beweisen, nachweisen.

666.
Alter, versetzt: Taler.

Ein Alter liebt die Taler, ein Junger liebt sie auch;
Nur jener zum Verstecken und dieser zum Gebrauch.

667.
Auf Siccum.

Siccus ist ein Todtengräber, der das Geld mit Erde deckt,
Und sein Sohn, der ist ein Künstler, der die Todten auferweckt.

668.
Einbildung.

Wer alle Witz zu haben denkt, hat eben so nicht Witz;
Denn die hat nicht in einen Kopf verleget ihren Sitz.

669.
An einen verstorbenen Alten.

Werther Freund, du lieber Alter! alt von alten Biedersinnen,
Alt von Jahren, Witz und Ehren, wir sind hier, du bist von hinnen,
Einzunehmen Ehr und Gut, das durch Altsein nicht vergeht,
Sondern mit der Ewigkeit immer in die Wette steht.
Alt von Jahren, frisch von Lastern ist die Welt bei unsern Tagen, 5
Pflegt das Alter zu begehren, Alten aber Hohn zu sagen.
Aber wann der reine Schnee alter Häupter so zerfleußt,
Sieht man, daß in ganze Länder trübes Waßer sich ergeußt.

---

668. 1 Die Witz (mhd. diu witze, ahd. wizî), Weisheit, Einsicht.
669. 1 Biedersinnen, vgl. Nr. 257, Anm. 46.

670.
An eine verlobte Wittfrau.

Wittwen können noch wol dulden, wann die Männer gehn
zun Todten;
Dann die Lücke zu ervöllen, hat Gott nirgendwo verboten.
Drum des Todes bittres Nehmen kan durch süßes Wiedernehmen
Eine Wittfrau ihr besüßen und den Tod also beschämen.
Ihr, Frau Braut, habt auch genummen; gäbe Gott, was ihr
genummen, 5
Daß damit das Glücke selbsten euch sei in die Arme kummen.

671.
Auf Lucam.

Lucas ist ein Liecht des Landes; aber den er hat, der Schein
Kümmt ihm nicht von eignem Feuer, kümmt von seinen Vätern ein.

672.
Ein Weltverständiger.

Tapfre Männer sollen haben was vom Fuchse, was vom Leuen,
Daß Betrüger sie nicht fangen, daß sie Frevler etwas scheuen.

673.
Geld.

Der Beutel ist ein Leib; die Seel' in ihm ist Geld.
Was Seelensorger sind für sie in aller Welt!

---

670. 2 ervöllen, ausfüllen. — 4 ihr, statt des reflexiven sich.
671. 1 Vgl. Nr. 573, Anm. 2.
672. 1 was, etwas. — 2 etwas, ein wenig.
673. 2 Was, wie viele.

674.
Die Arbeit.

Arbeit ist der Sünde Fluch. Sollte Piger viel sich mühen,
Würd' er auf sich viel Verdacht eines großen Sünders ziehen.

675.
Herrengewißen.

Ochsen spannt man nicht an Faden; denn er würde straks zerrißen,
So auch läßt sich schwerlich binden, wer Gewalt hat, an Gewißen.

676.
Das Gewißen.

Apollo schrieb nächst aus, daß jeder sollte müßen
Bei ihm sich stellen ein, zu mustern das Gewißen.
Als dies Gebot erging, wie rein hat manche Hand
Gewißen vor geputzt mit Lauge, Stroh und Sand!

677.
Lob.

Ein sondres Lob ist dies, daß einer lobenswerth
Auf bloßes Lob nicht siht und Lobens nicht begehrt.

678.
Lebenslauf.

Des Lebens Schiff lauft stets; kurz lauf es oder lang,
So lauft es nirgend hin als gegen Niedergang.

---

677. 1 sonder, besonder. — 2 Lobens, nicht Substantiv, sondern Genitiv
des Infinitivs (mhd. lobenes).

679.
Fromm und unfromm.

Heuchler wächst in einer Erde leichtlich nicht und Biedermann;
Denn wo jener hebt zu grünen, hebet der zu dorren an.

680.
Hofe-Werth.

Bei Hof ist mehr ein Pferd,
Als oft ein Diener werth:
Manch Diener kümmt gelaufen,
Die Pferde muß man kaufen.

681.
Von Cano.

Canus baut ein Haus, baut ihm auch ein Grab zugleiche;
Scheint, daß er ans Weichen denkt, aber doch nicht gerne weiche.

682.
Sachenwalter.

Man muß mit Schmieren,
Wie dürren Thüren
So Advocaten
Zum meisten rathen,
Sollen schweigen Thüren,
Sie Reden führen.

---

680. 3 Logau flectirt manch auch vor Substantiven nicht; jetzt nur vor Adjectiven unflectirt: „manch schöner Mann".
681. Canus, bedeutet Graukopf.
682. Sachenwalter, Sachwalter, Advocat. — 1 schmieren, hier zugleich in übertragener Bedeutung: bestechen.

683.
Auf Fungum.

Fungus' Maul ist eine Mühle, die gar gäng an ihrem Lauf.
Mählt ein Hand voll Witz kaum abe, schüttet Wort ein Malder auf.

684.
Das Alte und das Neue.

Immer fragten wir nach Neuem, weil sich Krieg bei uns enthalten.
Nun der Krieg von uns entwichen, fragen wir stets nach dem Alten.

685.
Auf Glaucam.

Es stritten ihrer zwei, ob schön, ob Glauca häßlich?
Gemalet ist sie schön; natürlich ist sie gräßlich.

686.
Poeten und Maler.

Man pfleget mehr, was Maler malen,
Als was Poeten zu bezahlen;
Da doch die Farben werden blind,
Reim' aber ohne Sterben sind.

---

683. 1 gäng, von gehen, leicht im Gang. — 2 Malber (auch mhd. neben malter, malder wegen der Liquida l), jetzt nur noch Malter.
684. 1 sich enthalten, sich aufhalten.
685. 2 gemalt, hier wie Nr. 713 geschminkt (bekreibet Nr. 598).
686. 4 ohne Sterben, unsterblich.

687.
Ein Weiser unter Narren.

Wer unter Narren wohnt, wie viel auch derer sein,
Ist unter ihnen doch, als wär' er gar allein.

688.
Der Spiegel.

Der Spiegel ist ein Maler, im Malen ganz vollkummen,
Hat aber sein Gemälde stets mit sich weg genummen.

689.
An das Frauen-Volk.

Lieben Weiber, laßt mir zu, daß ich sag, ihr seid wie Nüße,
Diesen ist in zarte Haut eingehüllt des Kernes Süße;
Drauf folgt gar ein harter Schild; letzlich dann die bittre Schale:
So seid ihr, ihr Weiber, auch meistens (doch nicht allzumale);
Weil ihr Jungfern seid und bleibt, seid ihr gar von linden
                Sitten;   5
Wann ihr Weiber worden seid, muß man schlagen oder bitten,
Daß die Herrschaft Männern bleibt; wann ihr alt und schmutzig
                heißet,
O wie bitter wird es dem, der mit euch sich schwärzt und beißet.

690.
Hofe-Falschheit.

Falschheit ist die Hofe-Gicht;
Arzt und Arznei heilt sie nicht.

---

687. 2 gar, völlig, gänzlich.
689. 1 zulaßen, gestatten. — 4 allzumale (pariter omnes), alle zusammen. — 8 beißen, zanken.

691.
Der Friede.

Solcher Fried' ist schwerlich gut,
Der nicht Bauern sanfte thut.

692.
Gesetzlinge.

Juristen sind wie Schuster; die zerren mit den Zähnen
Das Leder — sie die Rechte, daß sie sich müßen dehnen.

693.
Freundschaft.

Freundschaft ist ein theurer Schatz; immer hört man davon sagen.
Selten rühmt sich einer recht, daß er ihn davon getragen.

694.
Klugheit.

Nicht alle mal hat Stand Verstand;
Ein Niedrer hat oft mehr erkannt.

695.
Knechte und Herren.

Manches sind geborne Knechte, die nur folgen fremden Sinnen.
Manches sind geborne Herren, die sich selbsten leiten können.

---

691. 2 sanfte (mit der mittelhochdeutschen Adverbialendung e), wohl.
692. Gesetzling (gebildet wie Dichterling u. ähnl.), der das Gesetz schlecht handhabt.
694. 1 Stand, hoher Stand.

696.
Die Nothwendigkeit.

Noth ist unser sechster Sinn: hat im Augenblick erfunden,
Wo zuvor die andern fünf in Gedanken stille stunden.

697.
Gesundheit und Faulheit.

Gesund und Müßiggang, soviel man täglich schaut,
Wohnt und verträgt sich nie gar gern in einer Haut.

698.
Wein.

Guter Wein verderbt den Beutel, böser schadet sehr dem Magen.
Beßer aber ist den Beutel, als den guten Magen plagen.

699.
Betrug.

Ist Betrug gleich noch so klug,
Gibt sich letzlich doch ein Fug,
Daß er nicht ist klug genug.

---

697. 1 Gesund, Gesundheit, vgl. Nr. 257, Anm. 33.

698. 1 verderbt und verbirbt, sterbt und stirbt braucht Logau, wobei die Formen mit e transitiv, die auf i intransitiv sind (III, 4, 61).

699. 2 Fug, Fügung, Gelegenheit. (Berechtigung II, 7, 53; III, 9, 31, 2. Z. 69.)

700.
Die Liebe des Nächsten.

Der, den Christus lieb gehabt, daß er ihn mit Blut erworben,
Wie daß er durch unsern Haß vielmal schändlich ist verdorben?
Wenn man seinen Nächsten haßet, wirft man Christo gleichsam für,
Daß er den so werth geschätzet, den so wenig achten wir.

701.
Vergnüglichkeit.

Gott gibt alles, was wir dürfen; daß sichs uns nu nimmer füget,
Macht die Wolluft und Begierde, derer Stand sich nie vergnüget.

702.
Beten.

Wer mit dem Munde, nicht mit Herzen zum Gebete sich wil
schicken,
Der kehrt dem, zu dem er betet, nicht Gesichte, sondern Rücken.

703.
Der Glaube.

Mancher wil in Glaubenssachen reiner sich als Andre schließen.
Gut! Obs wahr, da laße reden seinen Wandel und Gewißen.
Denn aus Wandel und Gewißen
Kan man erst den Glauben schließen.

---

700. Vgl. Nr. 384, Anm. 1.
701. Vergnüglichkeit (häufig), Genügsamkeit. — 1 dürfen, bedürfen. — nu, bis ins 17. und 18. Jahrhundert (jetzt nur noch mundartlich), nun. — 2 vergnüget, begnügt.
703. 1 sich schließen, sich halten.

704.
Eitelkeit.

Eitelkeiten dieser Welt sind der falschen Münze gleich,
Gelten endlich auch nicht hier, weniger im Himmelreich.

705.
Das Ende.

Unsrer Strafen Ende wolln wir gern erleben,
Wolln den Sünden Ende dennoch nimmer geben,
Laßen letztes Ende drüber einher schweben.

706.
Auf Pseudonem.

Pseudo leugt so trefflich sehr, daß ich ihm nicht glauben kan,
Wann er da gleich, wann er leugt, daß er lüge, saget an.

707.
Die gastfreien Schlesier.

Weiland waren wir geacht, daß wir rühmlich gastfrei waren.
Daß wir diesen Ruhm und Art nunmehr etwas schimpflich sparen?
Gäste haben Haus und Wirth ganz vertilgt bei diesen Jahren.

708.
Das Gelüste.

Der Lüste beste Kost
Ist wiederholte Lust.

709.
Die Zeiten.

Zeiten fodern wieder, was die Zeiten gaben;
Drum ists nur gelehnet, was wir Menschen haben.

710.
Erbschaften.

Wann Eltern Kinder wol erziehn und ihnen gute Namen laßen,
So ists genug, so ist es mehr, als Geld und Gold in Kasten faßen.

711.
Ein Glaube und kein Glaube.

Deutschland sol von dreien Glauben nunmehr nur behalten einen;
Christus meint, wann er wird kummen, dürft er alsdann finden
  keinen.

712.
Die Liebe des Nächsten.

Wilstu für der Welt erweisen deines Glaubens Meisterstücke?
Ei so sih, daß deine Liebe für den Nächsten deutlich blicke.

713.
Von der Pictinna.

Pictinna ist gemalt und ist doch nicht ein Bild.
Wie geht denn solches zu? Gedenke, was du wilt.

---

709. 2 gelehnet, entlehnet, geliehen.
712. 2 blicken, sich zeigen, erscheinen.
713. 1 gemalt, geschminkt. — 2 du wilt (mhd. wilt), willst.

714.
Mächtige Diener.

Den großen Elephant führt oft ein kleiner Mohr,
Und großen Herren auch schreibt oft ein Bauer vor.

715.
Sich selbst besiegen.

Sich selbselbsten überwinden, ist der allerschwerste Krieg;
Sich selbselbsten überwinden, ist der allerschönste Sieg.

716.
Fürwitz.

Du, der du um mich dich kümmerst, säumst zu kümmern dich um dich;
Kümmre dich um dich zum ersten, bleibt dir Zeit, alsdann um mich.

717.
Das Alte.

Altes Geld und alter Wein
Pflegen noch beliebt zu sein.
Sonsten acht man alte Dinge
Wo nicht nichts, doch gar geringe.

---

715. 1 selbselbsten, „bedeutet die Person, von welcher die Rede ist, ganz allein, ohne die Gesellschaft einer andern." Lessing.

718.
Bücher.

Die Werke kluger Sinnen
Hat nie vertilgen können
Der Zeiten starke Flucht,
Wie viel sie sonst vermocht.
Auf Stahl und Stein zu bauen, 5
Darf keiner sicher trauen;
Sie nehmen eher Bruch,
Als ein gelehrtes Buch.

719.
Das Gerüchte der Frommen.

Der Tod, der alles sterbt, den sterbt ein gut Gerüchte,
Das stirbt, wann gleich die Welt muß sterben, doch mit nichte,
Besteht und hat den Ruhm für Gottes Angesichte.

720.
Auf Parcipromum.

Alle Künste sind zu viel; eine Kunst recht fassen können,
Ist genug zu rechtem Ruhm, ist genug für Menschen=Sinnen.
Parcipromus machets so; pflegt zum Geben sich zu schämen,
Weil er solches nie gelernt, ist nur bloß gelehrt zum Nehmen.

721.
Die Welt.

Sündlich zu, geplaget in, kläglich gehn wir aus der Welt.
Was ist der nur für ein Narr, der die Welt fürs Beste hält!

---

718. 4 Vgl. Nr. 556, Anm. 2. — 7 Bruch nehmen (Engelhard 5558), jetzt veraltet, Schaden erleiden.

719. 1 sterbt, sterben macht, töbtet; vgl. Nr. 698, Anm. 1. — 2 Vgl. Nr. 657, Anm. 1.

720. Parcipromus bedeutet einen Knicker, Geizhals (Plaut. Truc., I, 2, 81). — 1 fassen, erfassen.

722.
Dreierlei schädliche Leute.

Wo viel Fremde kummen hin, ist viel Neues mite kummen;
Wo viel Aerzte kummen hin, gehn die Menschen weg mit Summen;
Wo viel Advocaten sind, geht Gerades nach dem Krummen.

723.
Beitkleider.

Werke zeugen von dem Glauben; drum wird nach den Werken
  sprechen,
Wann den Stab bei letztem Tage Christus wird gerichtlich brechen.
Wird es, die als einen Nackten ihn zu kleiden fürgenummen,
So es nicht war nach der Mode, denen auch zu statten kummen?

724.
Auf den trunkenen Vitum.

Man warf dich, Veit, die Stiegen ab; du aber achtst es klein,
Sprichst: hätt' es nicht ein Mensch gethan, so hätts gethan der
  Wein.

725.
Einfalt und List.

Da Lamm und Fuchs nach Hofe kam,
Geschah es, daß man beide nahm:
Den Fuchs, der nachmals oben saß,
Das Lamm, davon ein jeder fraß.

---

722. 1 Vgl. Nr. 427, Anm. 2. — 2 mit Summen, d. h. in großer Anzahl.
723. 2 gerichtlich, Gericht haltend.

726.
Das Weihnachtsfest.

Kümmt vom Weinen, kümmt vom Weihen, kümmt vom Wein
       Weihnachten her?
So wie jeder sie ihm brauchte, kamen sie ihm ohngefähr.
Weil der Welterlöser drinnen in die Welt ist kummen ein,
Sollten sie Freinachten heißen, sollten sie Freunachten sein.

727.
Armut.

Ob die Armut gleich nichts hat, hat sie dennoch reiche Gaben;
Denn sie kan stets Sicherheit und ein gut Gewißen haben.

728.
Flüchtigkeit aller Dinge.

Wie mühsam wird erworben Geld, Witz, Genade, Titel!
Doch hüllt man sie zum letzten in einen schlechten Kittel.

729.
Auf eines Freundes Geburtstag.

Es öffnet deinen Tag der Sonne göldne Kerze.
Mein Reim ist, Freund, das Band; die Gabe sei das Herze.
Gibst du mir Herz um Herz und um die Reime Wein,
So sols gebunden so und so gelöset sein.

---

726. 2 ohngefähr (mhd. ân gevaere), in Wahrheit. Sinn: Nach der Art, wie jeder das Fest feiert, leitet er das Wort ab.
728. 2 schlecht, schlicht, einfach.
729. 1 göldne, vgl. Nr. 497, Anm. 2.

730.
Beliebliche Sachen.

Wo in der Schale springt der Wein,
Wo kluge Saiten spielen rein,
Wo süße Küsse fallen drein:
Da kan man herzlich lustig sein.

731.
Auf Peponem.

Pepo fürchtet alle Leichen außer einer; denn er spricht:
Seines lieben Weibes Leiche woll' er wahrlich fürchten nicht;
Denn er hatte, weil sie lebte, sie zu fürchten schon verricht'.

732.
Hofsglieder.

Was dient bei Hof am meisten? Der Kopf? nicht gar! — die Zunge.
Was dient bei Hof am treusten? Das Herz? o nein! die Lunge.

733.
Das Gold.

Ist der Erdkreis, wie man meint, ablangsrund als wie ein Ei,
Ist kein Wunder, daß in ihr gelbes Gold der Totter sei.

---

730. Beliebli ch, beliebt, angenehm (vgl. Nr. 194, 6). — 2 spielen, intr., erklingen. — 4 Das Gedicht erinnert an Luther's bekannten Ausspruch:
    Wer nicht liebt Wein, Weiber und Gesang,
    Der bleibt ein Narr sein Leben lang.
732. 1 nicht gar! abweisender Ausruf, entsprechend dem jetzt üblichen: warum nicht gar!
733. 1 ablangs (lat. oblonge), länglich. — 2 Totter, Dotter.

734.
Gold.

Der gelbe Kern der Erde, das Gold, hat alle Macht,
Daß Alles sonst für ihme wie Schalen wird geacht.

735.
Der Tod.

Der sich nicht zu sterben fürchtet, der sich nicht zu leben schämet,
Dieser sorgt nicht, wie und wanne sich sein Sterben ihm bequemet.

736.
Französische Geberde.

Wir kleiden jetzund, ihr Franzosen,
Der Deutschen Ruhm in eure Hosen.
Ihr künnt es schwerlich anders machen,
Ihr müßt zu unsrer Thorheit lachen.

737.
Das Vaterland.

Jeder ist dem Vaterlande schuldig alles Gut und Blut.
Mancher nahm dem Vaterlande lieber alles Blut und Gut.

---

735. 2 sich bequemen, sich in etwas schicken (II, 5, 15; 8, 40; III, 8, 81).

738.
Die Falschheit.

Höflichkeit verlor den Rock; Falschheit hat ihn angezogen,
Hat darinnen viel geäfft, hat manch Biederherz betrogen.

739.
Frommsein ums Lohn.

Umsonst ist keiner gerne fromm; wann Tugend nur was trägt,
So wird sie, weil sie Früchte bringt, geachtet und gepflegt.

740.
Zweifaltigkeit.

Wer es so meint, wie er redet, redet, wie es Gott gefällt;
Wer es nicht meint, wie er redet, hält es, wies der Teufel hält.

741.
Kleider.

Kleider machen Leute; trifft es richtig ein,
Werdet ihr, ihr Schneider, Gottes Pfuscher sein.

742.
Die Mode.

Unter so viel tausend Menschen schuf Gott schwerlich derer zwei,
Drunter einer wie der ander durch und durch gar gleiche sei.

---

738. 2 äffen, zum besten haben. — Vgl. Nr. 257, Anm. 46.
739. 1 trägt, einträgt, einbringt.
742. 2 gar, völlig, gänzlich.

Nur die Mode wil es haben, daß die Leute gar in ein
Sich solln kleiden und geberden oder gar nicht Menschen sein.

743.
Der Welt Comödienspiel.

Die Welt spielt manches Spiel.
Sie spiele, was sie wil,
Sind Narren immer viel.

744.
Schönheit.

Trau der Farbe nicht zu viel! Was Natur so schön gebildt,
Drunter hat sich Geilheit, Pracht, Thorheit, Faulheit oft verhüllt.

745.
Vom Crispo.

Crispus hat gereist, ist hurtig, ist gelehrt und wird veracht?
Ei, der neue Musterschneider hat ihm noch kein Kleid gemacht.

746.
Große Einfalt.

Wer sich gar zu alber hält, wer sich gar zum Lamme macht,
Dieser wird als wie ein Lamm von den Wölfen abgeschlacht.

---

742. 3 in ein, in einerlei Weise, überein.
746. 1 alber, hier in üblem Sinne, einfältig. Vgl. Nr. 500, Anm. 1.

747.
Der Poeten Brunnen.

Poeten sagen viel von ihrem Brunngewäßer;
Das Waßer ist der Wein; der Brunnen sind die Fäßer.

748.
Auf Matthäum.

Matz wil mehr nichts Gutes thun, weil er nie nicht wird bedankt.
Dankens ist sein Thun nicht werth, weil er bloß damite prangt.

749.
Die Mode.

Was ist die Mode für ein Ding? Wer kennt sie von Gesicht?
Ich weiß nicht, wer sie kennen kan; sie ist ja angericht
Nie morgen, wie sie heute war; sie kennt sich selbsten nicht.

750.
Das französische Deutschland.

Daß Deutschland deutsche Kinder zeugt? Sie haben so nur mehr
    Beschwerden;
Sie müßen, solln sie gelten was, Franzosen dennoch alle werden.

---

747. Der Poeten Brunnen, d. i. Hippokrene, eine Quelle am Helikon, welche durch den Hufschlag des Dichterrosses Pegasus hervorsprudelte.

748. 1 bedankt, belohnt (II, 8, 52).

749. 2 angericht, eingerichtet.

750. 1 Daß, elliptische Frage = ist es denn wahr, daß u. s. w. — 2 Nämlich in Sprache, Sitte und Kleidung.

751.
Einbildung.

Ein Bild, das was bildt ab, kan nicht daſſelbte Weſen ſelbſten ſein.
Noch lange nicht wird werden der das, was er ihm gleich bildet ein..

752.
Auf Hermetem.

Hermes iſt der beſte Redner weit und breit und um und um;
Ein Gebrechen iſt bedenklich: manchmal iſt er ſilberſtumm.

753.
Die deutſche Sprache.

Kan die deutſche Sprache ſchnauben, ſchnarchen, poltern, donnern, krachen,
Kan ſie doch auch ſpielen, ſcherzen, liebeln, gütteln, kürmeln, lachen.

754.
Der deutſche Krieg.

Du biſt, Cypreſſenbaum, ein Baum gerader Höhe,
Dran aber Niemand ſah, daß ſondre Frucht viel ſtehe.
Dein Brauch war ſonſt nicht groß, als daß man dich gebraucht,
Wann weiland eine Leich' im Feuer hat geraucht.

---

751. 1 daſſelbte, daſſelbe.

752. 2 ſilberſtumm, durch Silber ſtumm gemacht, durch Geld beſtochen.

753. 2 gütteln, in freundlichem Tone ſprechen. — kürmeln, lallen, ſtammeln.

754. 3 Brauch, Gebrauch, Anwendung. — 4 D. h. wenn bei der Todtenfeier eine Leiche verbrannt wurde.

Was hat der deutsche Krieg, der sich so lang erstrecket, 5
Von Früchten und von Nutz doch immer ausgehecket?
Er wuchs und wuchs für sich, hat aber den Entgelt,
Daß er dem deutschen Preis den Leichendienst bestellt.

755.
Davids Lebensfrist.

Unser Leben währet siebzig, wann es hoch kümmt, achtzig Jahr.
Müh und Arbeit wäre köstlich, wo das Leben köstlich war.

756.
Ein Sperling.

Der Sperling der ist unter Vogeln, was unter Menschen ist der
Bauer:
Ist ungeschickt, ist schlecht gezieret, hat Weizen lieb, ist gar ein
Lauer.

757.
An die Kunstgöttinnen.

Ihr, ihr süßen Zuckermägdchen, Ihr, ihr zärtsten Pindus=
Töchter,
Seid nicht wie die andern Jungfern, die da treiben ein Gelächter,
Wann ein haarbereifter Buhler, wann ein gichtgekränkter Freier
Ihnen anzeigt seine Flammen, ihnen anstimmt seine Leier.
Ihr, ihr Schönen, Ihr, ihr Lieben, habet Lust an reifen Sinnen, 5
Wollt am ehsten die begunsten, wollt am liebsten lieb gewinnen,

---

754. 7 Entgelt, Lohn.
756. 1 Vogeln, ohne Umlaut im Plural wie mhd. vogele. — 2 Lauer
(mhd. der lûr von lûren, lauern), hinterlistiger Mensch (I, 5, 97; 6, 64), vgl.
Nr. 201.
757. 1 Pindus=Töchter nennt Logau die Musen, weil sie den Pindus, ein
Gebirge in Nordgriechenland, bewohnten. — 3 haarbereift, mit grauen Haaren. —
6 begunsten, begünstigen.

Die durch vieler Jahre Wißen, die durch vieler Jahr Erfahren
Innerlich sich schön und hurtig, voller Geist und Witz gebaren.

758.
Auf eines verstorbenen Prinzen Sarg.
(Zur Rechten:)
Allhier war ich ein Fürst; dort hab' ich eine Kron,
Bin dort ein Himmelskind, war hier ein Erdensohn.

759.
(Zur Linken:)
Wie wol ich nicht ward alt, doch war ich bald vollkummen;
Dem Himmel sollt ich nur, der hat mich auch genummen.

760.
Das Mittel zur Gesundheit.
Hunger haben, müde sein
Würzt die Speise, schläft wol ein.

761.
Ein Kuß.
Dein Mund ist etwas blaß, das bringt dir, Doris, Spott.
Ich weiß wol, was hier hilft: von Küssen wird er roth.

---

757. 8 hurtig (mhd. hurtec), gewandt.
758. Christian Albert, der Sohn des Herzogs Ludwig, der', am 5. November 1651 geboren, schon nach wenig Monaten, im Januar 1652, starb.
759. 2 sollen, hier: verpflichtet sein. (Grimm, Geschichte der deutschen Sprache, 903.)
760. 2 schläft ein, trans., schläfert ein.

762.

Von meinen Reimen.

Ich weiß wol, daß man glaubt, daß einer gerne thu
Das, was er gerne sagt; allein es trifft nicht zu;
Die Welt ist umgewandt. Ich kenne manchen Mann,
An Worten ist er Mönch, an Thaten ist er Hahn.
Mein Reim ist manchmal frech, die Sinnen sind es nicht;
Der eine Zeug' ist Gott, der andre das Gerücht.
Ich höhne Laster aus, ich schimpfe böse Zeit;
Denn die macht großes Werk von großer Ueppigkeit.

763.

Der Friede.

Wenn wir immer wider uns, nimmer stritten wider Gott,
Wäre Friede stets bei uns, wäre keines Streites Noth.

764.

Die unbehutsame Jugend.

Die Jugend ist wol gut,
Ist voller Geist und Mut,
Ist voller Glanz und Zier,
Nur dieses mangelt ihr:
Sie liebt nur ihr Gemach,
Denkt Künftigem nicht nach.

---

762. 3 umgewandt, verwandelt. — 6 Gerücht, unbescholtener Ruf.
764. 5 Gemach, Bequemlichkeit (I, 5, 83. Z. w. b. Dr. 35.)

765.

Das Leben.

Man klagt, daß unser Leben pflegt gar zu kurz zu sein.
Die Ewigkeit (schweig stille!) bringt alles wieder ein.

766.

Englische Schärfe.

Daß ihr, Angler, Blut mit Blute gänzlich zu verwaschen denkt!
Durch Geblüte wird die Rache nur ernähret, nicht ertränkt.

767.

Auf Florindam.

Sind, Florinda, deine Wangen ein beblümtes Lustgehege,
Gibt mein Mund sich an zum Gärtner, daß er dieser Blumen pflege.

768.

Recht und Gewalt.

Luntenrecht hält rechtes Recht nur für Lumpenrecht;
Wo Gewalt zum Herren wird, ist Gerecht ein Knecht.

---

766. 1 Angler, Engländer. — Bezieht sich auf die nach der Enthauptung
Karl's I. unternommene blutige Verfolgung der Royalisten in Irland und Schottland.

767. 1 beblümt, mit Blumen geschmückt. — 2 sich angeben, sich anbieten.

768. 1 Luntenrecht (Büchsenrecht), das durch Gewalt dictirte Gesetz. —
2 Gerecht, Gerechtigkeit, vgl. Nr. 257, Anm. 33.

769.
Von Fürst Ludwigen von Anhalt,
Stiftern der fruchtbringenden Gesellschaft.

Deutschland hat fürlängst geherrscht als ein Haupt der Christenheit,
Aber deutscher Sprache Werth lag in tiefster Dienstbarkeit.
Daß nun auch die Sprache herrscht, höchlich gilt und lieblich schilt,
Dieses macht der theure Held, welchen altes Anhalt hielt,
Ludewig, der weise Fürst. Deutschland, Deutschland, wie mich
         dünkt,   5
Ist dein Mund gar viel zu schwach, daß sein Ruhm durch dich
         erklingt.
Singe, was du weist und kanst, sage, was du kanst und weist,
Du wirst nimmer recht geschickt: er wird nie genug gepreist.

770.
Französische Bräuche.

Ich kan es wol gestehen, daß zierliche Geberden
Und höfliches Verhalten in Frankreich kündig werden.
Dies aber kümmt zu wichtig, daß gar nichts sonst sol tügen,
Was Deutsche für sich selbsten an eigner Art vermügen.
Thu dies in Deutschland, thu, was man in Frankreich thut,   5
Ich wett', es fällt so schön, ich wett', es ist so gut.
Die Uebung fehlt uns nur, die Sinnen fehlen nicht;
Genug, wann jedes Volk sein eignes Thun verricht.

771.
Freundschaft und Gold.

Gold und Freunde gelten gleiche. Jederlei von dieser Waar
Sucht man mühsam, findt man sparsam, hat man immer mit Gefahr.

---

769. 1 fürlängst, vor langer Zeit, ehemals. — 3 höchlich gelten, nicht blos hoch geachtet werden, sondern: bei Hohen (Vornehmen) etwas gelten. — 5 Er starb 1649.
770. 2 kündig, bekannt. — 4 vermügen, leisten können. — 7 Sinnen, Verstand.
771. 1 Jederlei, Logau fügt die Silbe lei an alle Arten von Fürwörter. — 2 sparsam, erst im Nhd. spärlich.

772.
Gewohnheit.

Gewohnheit ist die größte Frau, beherrschet alle Welt.
Gar wenig gilt, gar wenig taug, was sie nicht echte hält.

773.
Freunde.

Freunde, die das Glücke macht, sind kein rechtes Meisterstücke,
Wann sie nicht zuvor beschaut und bewährt das Ungelücke.

774.
Verdächtige Sachen.

Ein versöhnter Feind,
Ein erkaufter Freund
Sind zu einer Brücke
Ungeschickte Stücke.

775.
Wortgeschwätze.

Wo so viel Centner Worte sind, da glaub' es nur gar frei,
Daß da nicht wol (ich sage viel) ein Pfund vom Herzen sei.

776.
Türkische Herrschaft.

Man sagt, des Türken Reich werd' ehstes untergehen;
Was hilfts? Weil türkisch' Art bei Christen wil entstehen.

---

772. 2 taug, vgl. Nr. 292, Anm. 8.
776. 1 ehstes, ehestens, nächstens.

777.
Glauben und Vernunft.

Je mehr der Athem weicht vom Munde, je minder wird er warm
verbleiben;
Je mehr Vernunft weicht von dem Worte, je minder wird der
Glaube gläuben.

778.
Franzosenfolge.

Narrenkappen sam den Schellen, wenn ich ein Franzose wär,
Wollt' ich tragen; denn die Deutschen gingen stracks wie ich so her.

779.
Das Verhängniß.

Willstu dein Verhängniß trotzen? Ei, so wil nur, was es wil.
Ungeduld, Schrein, Heulen, Schelten ändert doch nicht dessen Ziel,
Macht vielmehr, was arg ist, ärger; macht aus vielen noch so viel.

780.
Menschliche Zuversicht.

Der Mensch, der nichts kan für sich selbst, wil immer doch auf
Menschen bauen,
Wil Gott, der aber alles kan, noch dennoch selten viel vertrauen.
So stark zeucht unser Ursprung uns herab auf Erde nur zu
schauen.

---

778. 1 **sam**, sammt, mit.
779. 3 **noch so viel**, noch einmal so viel.

781.
Die verachte Armut.

Armut ist wie Aussatz arg; niemand greift sie an zu heilen;
Jeder wil sich nur seitab, wo die Armen stehen, theilen.

782.
Das Glück ein Weib.

Man malt das Glücke wie ein Weib schon her von vieler Zeit,
Weil sie beständig, wie ein Weib, in Unbeständigkeit!

783.
Die Wahrheit.

Die Wahrheit taug nur auf das Dorf, die grobe Bäuerin.
Wo man französisch höflich spricht, da taug sie gar nicht hin.

784.
Die Gelegenheit.

Es mangelt nie Gelegenheit, was Gutes zu verrichten;
Es mangelt nie Gelegenheit, was Gutes zu vernichten.

785.
Beginnen.

Fang alles an nur mit Bedacht; führ' alles mit Bestand.
Was drüber dir begegnen mag, da nim Geduld zur Hand.

---

781. 2 sich seitab theilen, sich abseits stellen, sich absondern.
782. 1 von vieler Zeit, seit alten Zeiten.
785. 1 Bestand, Beständigkeit, Ausdauer.

786.
Unschuld.

Wer nicht selbsten kan betrügen,
Wird gemein betrogen;
Wer nicht andre kan belügen,
Wird gemein belogen.

787.
Gold aus der neuen Welt.

Daß soviel des göldnen Staubes hat die neue Welt gestreuet,
Drüber ist noch nichts erschienen, daß die alte Welt sich freuet;
Denn das Gold der neuen Welt macht, daß alte Welt sehr narrt;
Jene macht wol gar, daß sie ganz in ihrem Blute starrt.
Dann auf Prachten, dann auf Kriegen pflegt man allen Schatz
      zu wagen;   5
Arme Christen zu versorgen, wil die ganze Welt nichts tragen.

788.
Himmel und Hölle.

Der Himmel liegt gar weit, ist leichte nicht zu finden,
Die Höll' ist aber nah; es treffen sie die Blinden.

789.
Von meinen Sinngedichten.

Ob meine Sinngedichte mit tausenden gleich gehen,
So denke, wie viel tausend der Augen gegenstehen.

---

786. 2 gemein, vgl. Nr. 242, Anm. 2.
787. 3 narren, sich wie ein Narr betragen, närrisch sein. — 5 prachten, Aufsehen erregen, prunken (III, 1, 90).
789. 2 D. h. wie viel tausend Beurtheiler sie finden werden.

Ich laße mir genügen, ob ihrer viel gleich fallen,
Wo nur noch Platz behalten die tüchtigsten von allen.

790.
Würde.

Der centnerschweren Bürde
Von Hoheit und von Würde
Wird emsig nach getrachtet,
Die Last wird nicht geachtet.
O, drunter nicht zu schwitzen, 5
Nur weich darauf zu sitzen,
Zu sorgen nicht, zu prangen
Ist alles angefangen.

791.
Zeiten und Gebräuche.

Man hat gehört bei aller Zeit von bösen Zeiten sagen;
Die Sitten mag, die Zeiten nicht, wer witzig ist, beklagen.

792.
Auf Gniscum.

Gniscus thut niemanden nichts; dennoch ist ihm niemand gut,
Eben darum weil er nie keinem etwas Gutes thut.

---

791. 2 witzig, klug, verständig.

793.
Verleumdung.

Daß ein Frommer dich geschmähet, trau nicht leichtlich auf Bericht;
Daß ein Böser dich geschmähet, wundre dich darüber nicht.

794.
Ein babylonischer Gebrauch.

Zu Babel wurden schöne Töchter auf freiem Markte feil gestellt;
Die ungestalten aber nahmen zur Mitgift so gelöstes Geld.
Wann dieses heute noch bei Tage solt' ebenmäßig auch geschehn,
So wär' es gut für solche Freier, die nur auf schnöde Münze sehn.
Ich aber, wann ich diesem Brauche nach Willen solte pflichten bei, 5
So meint' ich, daß allhier das Geben viel seliger als Nehmen sei.

795.
Lachen und Weinen.

Das Auge lacht die Wollust an, den Schmerz beweint es drauf;
Durch Lachen jetzt, durch Weinen jetzt geht unser ganzer Lauf.

796.
Ein böse Weib.

Ein böses Weib ist eine Waar, die deutlich sagen kan,
Was für ein Narr der Käufer war, der die genommen an.

---

794. 2 so, auf diese Weise. — 3 heute bei Tage, heutzutage, gegen=
wärtig. — ebenmäßig, in gleicher Weise.

796. Logau flectirt zuweilen ein Abjectivum mit dem unbestimmten Artikel
so, wie wenn der bestimmte Artikel davorstände.

797.

Dreierlei Glauben.

Der Papst der wil durch Thun, Calvin wil durch Verstehn,
In Himmel aber wil durch Glauben Luther gehn.

798.

Gewinn.

Wer dieser Welt wil recht genießen,
Der brauche Tück' und kein Gewißen.

799.

Menschliche Unwißenheit.

Wie sehr der Mensch nach Wißenschaft verborgner Dinge ringt,
So bleibt ihm doch unzählig viel, davon er sagt: „mich dünkt".

800.

Göttliche und christliche Liebe.

Wo es Gottes Liebe meint, wie es Christenliebe meint,
Wundert mich, daß einen Blick über uns die Sonne scheint.

801.

Der Spiegel.

Der Spiegel kan zwar weisen, doch kan er reden nicht;
Sonst hätt' er manche Stolze im Irrthum unterricht.

---

800. 1 Wo, wenn.

802.
Stundenglocke.

Die Glock' ist unser Wächter und saget uns die Stunden,
Nicht die, die kummen sollen, nur die, die weg sich funden.

803.
Von Nummoso und Biboso.

Da Nummosus sterben sollte, lief er auf den Obersöller,
Da Bibosus sterben sollte, lief er nunter in den Keller;
Doch den schwarzen Knochenmann hielt nicht auf noch hoch noch tief,
Daß er beiden nicht hinnach, bis er sie erhaschte, lief.

804.
An den Leser.

Solln mein Leben meine Reime, wie zu wünschen, überleben,
Wollstu, Leser, ihrem Geiste deine Gunst zum Geiste geben!

805.
Das Reich der Tugend.

Durch das Reich der Tugend
Gilt noch Geld, noch Jugend,
Schönheit oder Würde,
Freiheit oder Bürde.
Wer viel Tugend übet,   5
Der wird viel geliebet.

---

803. Nummosus und Bibosus, Geizhals und Trunkenbold. — 1 Obersöller, auch Söller allein, der Raum unter dem Dach, Boden. — 3 noch, vgl. Nr. 79, Anm. 1. — 4 hinnach, hintennach.

806.
Gespräche eines Pfarrers und eines Küsters.

Ein Küster sprach: Herr Pfarr, sie bringen eine Leiche.
Der Priester sprach: Wol gut! ists aber eine reiche?
Der Küster sprach: O nein! Der Priester sprach: Des Armen,
Des hätte sich der Tod noch mögen wol erbarmen.
Der Küster sprach: O ja! Der Priester sprach: Zu legen   5
Dem Tode seinen Zoll, ist jeder unterwegen.

807.
Gewandelte Freundschaft.

Der die Freundschaft auf kan heben,
Hat sie nie recht angegeben.
Der ward falsch ein Freund genennt,
Der sich von dem Freunde trennt.

808.
Auf Vitum.

Einem andren abgeliebet,
Einem andren abgediebet,
Einem andren abgelogen,
Einem andren abgetrogen,
Einem andren abgeeidet,   5
Einem andren abgefreidet
Weib, Geld, Gut, Vieh, Hülle, Völle,
Und was sonst erwarb sein Wille:
Diese seine schöne Habe
Nennet Veit des Herren Gabe,   10
Wil von solchem Gottbescheren
Sich mit Gott und Ehren nähren.

---

806. 6 unterwegen, auf dem Wege, nahe daran.
807. 2 angeben, zeigen, beweisen (prodere).
808. 2 abbieben, heimlich entwenden. — 6 abfreiben, durch betrügerische Rechnung gewinnen. — 7 Die aufgezählten Dinge beziehen sich der Reihe nach einzeln auf die vorangehenden Verba.

809.
Rechtsverständige.

Es ist daselbst nicht gut, wo viel Juristen leben;
Es muß daselbst viel Zank und wenig Rechtens geben.

810.
Staupengeschlagener.

Einem ward ein Tanz mit Ruthen zu der Stadt hinaus gemacht,
Dieser dankte, daß man seiner gleichwol hätte da gedacht.

811.
Ein Untreuer.

Der, der keinem treu wil sein,
Bild' ihm Treu von keinem ein.

812.
Auf Thrasonem.

Thraso wil, daß seine Thaten sollen weit und breit erschallen,
Da sie hier doch keinem kündig. Dieses ist mir beigefallen:
Wann er ginge zu der Oder, schriebe drein sein Thun und Wesen,
Würde man in wenig Tagen solches in der Ostsee lesen.

---

810. Staupengeschlagener, ein mit dem Staupbesen Geschlagener.
812. Thraso, Bramarbas, Name eines prahlerischen Soldaten bei Terenz. — 2 kündig, bekannt.

813.
Gesundheit.

Wer am Leibe nicht Gebrechen, im Gemüthe Lüste fund,
Dieser kan sich billich rühmen, daß er völlig sei gesund.

814.
Gefangene.

Schwerlich thäten so viel Schaden, die in Feßeln sind gefangen,
Als die oft auf Stühlen sitzen und mit göldnen Ketten prangen.

815.
Auf Bovinum.

Bovin ist hochgelahrt; er hat auch alle Winkel
Der Weisheit wol durchsucht. Wer sagt es? O, der Dünkel.

816.
Bekenntniß der Sünde.

Daß mancher ofte beicht, geschicht es Andachts wegen?
Zu geben Neuem Raum, ist Altes abzulegen.

817.
Lebenswandel.

Wiewol wir haben Fried' im Lande,
Zankt jeder doch mit seinem Stande.

818.
Fremdes Gut.

Es ist nur so bewant:
Was in der fremden Hand,
Das wil uns mehr vergnügen,
Und unsres wil nicht tügen;
Was uns das Glücke gibt,
Hat andren auch beliebt.

819.
Regieren.

Der kan andre nicht regieren,
Der sich selbst nicht recht kan führen.

820.
Der Beruf.

Wer dem, was ihm steht zu, wil rechte Folge geben,
Der muß zum mindsten ihm, zu meisten andren leben.

821.
Lob und Schande.

Wen nicht zum Guten zeucht das Preisen,
Treibt nicht vom Bösen das Verweisen.

---

818. 4 tügen, taugen.

822.
Die Poeten.

Ueber seinen Schatten springen,
Kan dem Leichtsten nicht gelingen.
Dichtern aber kans gelingen,
Ueber ihren Tod zu springen.

823.
An einen Heuchler.

An dir ist löblich nichts inn, außen, unten, oben;
Bist dennoch lieb und werth? Du kanst gewaltig loben.

824.
Von meinen Sinngedichten.

Choerilus hat sich verbunden, auszustehen einen Streich
Immer und von jedem Verse, der der Kunst nicht fiele gleich.
Ich, was werd' ich Streiche leiden? Von der Faust gestünd' ich's nicht,
Aber von der Zung' am Rücken, schwerlich gleich wol ins Gesicht.

825.
Die eiserne und die goldene Zeit.

Die eisne Zeit ist unter Leuten, die goldne Zeit ist bei Gerichten.
Das, was der schwere Pflug erpflüget, geht alles auf Gehor=
samspflichten.

---

823. 1 inn, innen. Logau verbindet auf diese Weise Wörter mit gleichen Endungen.
824. 1 Choerilus von Jassos, ein Begleiter Alexander's des Großen, der ihm für jeden guten Vers ein Goldstück bot. (Curt., 8, 5, 8.) — 2 fallen, aus=
fallen, gelingen. — gleich, entsprechend, angemessen (mit Kunst zu verbinden). — 3 gestehn, zugestehen, einräumen.
825. 1 Logau braucht die Form eisern und eisen (ahd. isarnîn und isanîn, mhd. iserîn, iseru und isenin). — 2 Gehorsamspflichten, Abgaben und Steuern.

826.
Obrigkeit-Schutz.

Die Vormundschaft der Untren verwalten Obrigkeiten,
Die müßen sie dort oben zu seiner Zeit verreiten.

827.
Krieg.

Aus Deutschland zeucht der Krieg jetzund in Frankreich hin;
Er wil das deutsche Volk dort auf die Mode ziehn.
Doch sollen nicht die Deutschen, wie sonst, dafür spenbieren;
Die Deutschen solln von ihnen den Sack gevöllet führen.

828.
Ein Buch.

Buch kümmet her vom Bug und Bogen von dem Biegen,
Wann sie man in ein Buch zusammen pflegt zu fügen.
Bei Klugen, du mein Buch, thu willig einen Bug
Und bitte sie um Gunst für das, was nicht hat Fug.
Für denen beug dich nicht, die von den stolzen Winden   5
Der groben Dunkelei sich strotz- und trotzig finden.

829.
Väter, Patres.

Es hat jetzund viel Patres;
Vermuthlich auch viel Matres.

---

826. 2 verreiten (mhd. reiten), verrechnen.
827. 3 spenbieren, freigebig sein, schenken.
828. 1 Bug, Biegung, Verbeugung. Die Ableitung ist unrichtig. — 4 Fug,
Geschick, Recht. — 6 Dunkelei, Dünkelhaftigkeit (?). — strotz, vgl. Nr. 823,
Anm. 1.

830.
Die Welt ein Buch.

Die Welt, die ist ein Buch, ein jeder eine Letter;
Die Länder sind der Bund; die Zeiten sind die Blätter.
In diesem findt man mehr bethört' als kluge Sachen;
In diesem findt man mehr zum Klagen als zum Lachen;
In diesem findt man mehr zu meiden als zu üben, 5
In diesem findt man mehr zu hassen als zu lieben.

831.
Von meinem Buche.

Sind in meinem Buche Possen,
Die dich, Leser, wo verdrossen?
Ei, vergünne mir zu schreiben,
Was du dir vergünnst zu treiben.

832.
Gelehrt.

Wann einer meint, er lerne noch, so kömmt sein Witz entpor;
Wann einer meint, er sei gelehrt, so wird er jetzt ein Thor.

833.
Die Gedenkkunst.

Die Kunst, die denken lehrt,
Wird nicht gar hoch geehrt;

---

830. 2 Bund, Einband.
831. 3 vergünne, vergönne.
832. 1 entpor, entstellte Form für empor, wofür Logau auch setzt: in die Por (Nr. 943, 50).
833. 1 denken, an etwas denken, sich erinnern.

Kunst wird vielmehr geehrt,
Die das Vergeßen lehrt.

834.
Drei W.

Würfel, Weiber, Wein
Bringen Lust und Pein.

835.
Auf Priscam.

Deine Schönheit liegt am Laden, gar nicht, Prisca, in der Kiste.
Was man sieht, das ist das Beste, mit dem Innern steht es wüste.

836.
Auf Euclionem.

Euclio fand in der Bibel: gebet, so wird euch gegeben.
Wird gegeben war ihm lieblich; gebet, war ihm gar nicht eben.

837.
Auf Clausum.

Clausus hält, was er verspricht:
Gibt es nun und nimmer nicht.

---

835. 1 liegt am Laden, ist nach außen hin zur Schau gestellt.

838.
Verdiente Diener.
Maler, wann der Pensel alt, werfen ihn zur Seite.
Alte Diener liebt der Hof, wann sie in der Weite.

839.
Titel.
Tabak und Titel=Brauch
Sind beiderlei nur Rauch.

840.
Heirathen.
Wer Weiber kaufen sol,
Der kauft gemeinlich wol,
Wann er kauft nach Gerüchte,
Und nicht nur nach Gesichte.

841.
Steuer.
Erwerb kümmt ein mit Unzen; die Steuer geht mit Pfunden.
Mich wundert, wie die Leute bei solcher Last bestunden.

842.
Auf Parcum.
Parcus hat sonst keine Tugend, aber gast—frei wil er sein;
Läßt, damit er dies erlange, keinen in sein Haus hinein.

---

840. 3 nach Gerüchte, nach dem guten Ruf.

843.
Auf Marcum.

Man hat dir alles Gut genommen, wie daß denn du noch bist
genesen?
Man hätte wol auch dich geraubet, wenn, Marx, an dir was
Guts gewesen.

844.
Reime.

Ich pflege viel zu reimen; doch hab' ich nie getraut
Was Beßers je zu reimen, als Bräutigam und Braut,
Als Leichen in das Grab, als guten Wein in Magen,
Als Gold in meinen Sack, als Leben ohne Plagen,
Als Seligkeit auf Tod. Was darf ich Mehres sagen? 5

845.
Wein und Gicht.

Schick mir aus dem Pferdebrunnen, Fürst Apollo, eine Flasche,
Daß ich mir zu guten Reimen meine Sinnen tüchtig wasche;
Denn ich kan nicht reisig kummen auf dem blanken Dichterpferde;
Gicht, die hat mich ausgestiefelt, daß ich jetzo spornlos werde.

846.
Von meinem Reimen.

Leser, daß du nicht gedenkst, daß ich in der Reimenschmiede
Immer etwa Tag für Tag, sonst in nichts nicht, mich ermüde.

---

843. 1 genesen, mit heiler Haut davonkommen.
845. 1 Pferdebrunnen, Hippokrene, eine Quelle am Helikon. — 3 reisig,
zum Kriegszug gerüstet, beritten. — Dichterpferd, der Pegasus.

Wiße, daß mich mein Beruf eingespannt in andre Schranken;
Was du hier am Tage sihst, sind gemeinlich Nachtgedanken.

847.
Poetenkrone.

Wo nur bloß die Lorberkron
Ist gelehrter Arbeit Lohn,
Ist kein Wunder, daß Poeten
Stecken oft in etwas Nöthen.

848.
Lust und Schmerz.

Freud und Leid sind Reiseleute, ziehen immer aus und ein;
Doch wil dieses immer länger, jenes kürzer bei uns sein.

849.
Von meinen Reimen.

Wer, was Himmel hat, sol schreiben, muß dazu den Himmel fühlen.
Ich muß nahe bei der Erde mich durch Gicht gefeßelt fühlen.

850.
Faulheit.

Wir sterben uns uns selbst vor ab für unserm Sterben,
Wann Gaben, die in uns, unausgeübt verderben.

---

850. 1 vor, vorher. — für, vor.

851.
Auf Schnaubonem.

Von Fauſt iſt Schnaubo faul, doch rüſtig in dem Sinne;
Ein Herze hat er wol, doch wenig Herzens drinne.

852.
Hofeworte.

Wer geſchminkte Worte gibt, iſt nur Freund von Angeſicht;
Denn das Herze liegt verdeckt, darf alſo der Schminke nicht.

853.
Aepfel.

Viel Obſt iſt ungeſund; wir keuen alle dran,
Was eines Apfels Koſt für Leid uns angethan.

854.
Gemüthsgaben.

Der den ledern Beutel höher als das Gold im Beutel ſchätzt,
Der taug hin, wo man nach Wurzeln auf Anticyr überſetzt.
Der des Leibes Zierden putzt, läßt den Sinn im Kothe liegen,
Dieſer kan zum Königreich unter allen Narren tügen.

---

852. 2 darf, bedarf.
853. 1 keu'en, veraltet, doch richtiger als kauen (mhd. kiuwen, ahd. chiuwan).
854. 2 Sinn: der iſt ein Narr. In der Nähe von Anticyra, einer Stadt in Phocis (Hellas), wuchs in großer Menge Nieswurz, welche man im Alterthum für ein vortreffl. ches Heilmittel bei Geiſtesſtörungen hielt. Der Ausdruck überſetzt beruht auf der irrthümlichen Annahme, daß Anticyra auf einer Inſel liege, was nicht der Fall iſt; vielleicht dachte der Dichter auch an die in Rom ſprichwörtliche Redensart: navigare Anticyram. (Vgl. Hor. Sat., II, 3, 166.)

855.

Bücherzimmer.

Hier ist ein' Apotheke, darinnen rechte Sinnen
Sich an Gesundheit beßern, für Krankheit fristen können.

856.

Vom Frühling Anno 1652.

Dieser Frühling ist gar kalt;
Welt wird nun zum Buhlen alt.

857.

Die Zunge.

Eine Brück' ist aufgebauet; drüber bringt man in die Stadt
Thiere, Fische, Vögel, Früchte, was man kaum zu nennen hat.
Dieses nicht, sonst aber manches, komt zurücke durch das Thor,
Doch nicht, was das Auge sihet, sondern nur vernimt das Ohr.
Für die Brücke, für die Waaren wil der Bauherr keinen Zoll, 5
Außer daß man seiner Güte herzlich immer danken sol.
Einer thut es kaum von Zehnen, fluchen mehr und lästern eh;
Er ist gütig, straft nicht balde; endlich doch folgt ewig Weh.

858.

Waffen und Schriften.

Eisen schützet zwar den Mann,
Wann Gewalt ihn sprenget an;
Aber weder Schild noch Degen
Kan der Zeit sich widerlegen.

---

856. 2 Welt, vgl. Nr. 219, Anm. 2.
857. 7 eh (mhd. ê), eher.
858. 2 ansprengen, angreifen. — 4 sich widerlegen, sich widersetzen.

Wann der Zeiten scharfer Zahn
Kluge Schriften faßet an,
Dörfen sie sich ihm mit Lachen
Sonst mit nichts entgegen machen.

859.
Arzt-Waßer.

Aerzte bauen ihre Mühlen an die Menschen-Flüße;
Selten sind sonst Waßermühlen, die man so genieße.

860.
Wolluſt.

Wer der Wolluſt ſich lehnt aus, wird er nicht ums Hauptgut
kummen,
Wird er Krankheit haben doch ſtatt der Zinſen eingenommen.

861.
Arbeit und Fleiß.

Die Welt ist wie ein Kram, hat Waaren ganze Haufen;
Um Arbeit ſtehn ſie feil und ſind durch Fleiß zu kaufen.

862.
Ein redlicher Mann.

Sein Ruhm, der kan beſtehn, und ſein Gerücht iſt echt,
Wer dieſes ſagt, was wahr, und dieſes thut, was recht.

---

860. 1 Hauptgut, gelungene Ueberſetzung von Kapital.

863.

Der Nisa Ehestand.

Nisa nahm ihr einen Mann. Nein, man sagt, sie melde,
Daß sie habe keinen Mann: einen Sack mit Gelde.

864.

Von Mopso.

Mopsus war ein guter Wirth, baute wol sein gutes Feld;
Aber nimmer trug es was, nimmer hatt' er etwas Geld.
Endlich ward die Sache kündig, (keine Deube bleibt verhohlen),
Daß der Pflug, damit er pflügte, sam den Pferden war gestohlen.

865.

Feuersbrunst.

Daß mein Haus zu Asche worden, bringt mir darum nicht Verdruß,
Weil auch ich, der Wirth zum Hause, kürzlich Asche werden muß.

866.

Eine Haube.

Alsbald die Haube deckt das Haupt, entdecken sich die Sinnen,
Die nicht, wie wann sie Jungfern sind, die Weiber bergen können.

---

864. 3 Deube (mhd. diube), Diebstahl.
865. 2 kürzlich, in kurzem.
866. 1 Alsbald, hier Conjunction, sobald als.

867.
Reiche Weiber.

Weiber, reich von Hirne,
Weiber, schön von Stirne,
Ueberwägen Lasten
Aller vollen Kasten.

868.
Ein langsamer Tod.

Der ärgste Tod ist der, der gar zu langsam tödtet;
Die ärgste Noth ist die, die gar zu lange nöthet.

869.
An eine Fürstin.

Fürstin, Euer Lob zu schreiben, werd' ich mich vergebens üben;
Euer Thun wird, wie man merket, von der Ewigkeit beschrieben.

870.
Gelehrte Schriften.

Wer verlachet dich, Papier?
Paart sich kluge Hand mit dir,
Wird der Marmor nicht bestehn,
Werden Cedern eh zergehn,

---

867. 3 Ueberwägen, wiegen (gelten) mehr als —.

868. 2 nöthen (ahd. niotan), heftig drängen.

869. Anna Sophie von Brieg. — 2 beschrieben, d. h. wird in der Geschichte fortleben.

870. 4 eh, vgl. Nr. 857, Anm. 7.

Hat das Eisen nicht Bestand, 5
Dauert nicht der Diamant.
Eher wirst du nicht gefällt,
Biß mit dir verbrennt die Welt.

871.
Von Fabio.

Fabius spricht: Mein Gelücke thut mir nichts von diesem allen,
Was ich ihm mit gutem Fuge zugemuthet, zu Gefallen.
Glücke spricht: Wann du begehrst, was nicht größer ist dann du,
Was in dir nur findet Raum, weis' ich dir es gerne zu.

872.
Ungelegenheit des Krieges.

Der Drang, den Krieg uns thät, der war also gethan,
Daß die Vergeßenheit ihn nicht vergeßen kan.

873.
Der Adel.

Wer seinen Adel adelt, ist adelich geadelt.
Den nur sein Adel adelt, wird adelich getadelt.

---

871. 2 Fuge, vgl. Nr. 699, Anm. 2.
872. 1 gethan, angethan, beschaffen.
873. 1 adelich, Adv., über das Gemeine hinaus, ungewöhnlich, ungemein.

874.
Der Lorbeerbaum.

Zeus trifft nie den Lorbeerbaum mit den dreigeeckten Keilen;
Aber die, die dieser krönt, trifft er oft mit Armuts=Pfeilen.

875.
Auf Clajam.

Gott nahm, sagt Claja, meinen Mann.
Der Herr hat alles wolgethan,
Der einen frischen geben kan!

876.
Ehe-Wunsch.

Spanne meinen schwachen Mann, spann' ihn aus, o Himmel, doch!
Seufzet Moeris; und ihr Mann: Himmel, ach zerbrich mein Joch!

877.
Judaskuß.

Wer mich grüßt mit Judasküssen,
Mag nach seinem Willen grüßen;
Wird, wie Judas, ehstes büßen.

---

874. 1 dreigeeckt, dreizackig.
877. 3 ehstes, nächstens.

878.
Ein neugeborner und bald verstorbner Prinz.

Unser Prinz starb, kaum geboren; weil an ihm war so viel Himmel,
So gehört er nicht herunter in das freche Weltgetümmel.

879.
Tadler.

Wer mich tadelt, gibt zu kennen, daß was Gutes an mir sei.
Sonst wär' nichts ihm dran gelegen, dürfte keiner Tadelei.

880.
Zunder der Hoffart.

Was reizet uns zur Hoffart an? Der Leute Heuchelei,
Die alles preisen, was wir thun, es sei gleich, wie es sei.

881.
Ueberfluß.

Der Ueberfluß hat keinen Feind, der ärger sei als er;
Er läßt nicht nach, biß über sich den Mangel er führt her.

882.
An einen Freund.

Indem ich, Freund, dich liebe, so zahl' ich etwas wol;
Ich zahle, was ich zahle, doch nimmer, was ich sol.

---

878. Vgl. Nr. 758.
879. 1 kennen, erkennen. — 2 dürfte, bedürfte. — Das Subject: er fehlt, wie Logau häufig die persönlichen Pronomina beim Verbum ausläßt, sobald sie selbstverständlich ergänzt werden können.
882. 2 sol, schuldig bin.

883.
Venus in der Muschel.

Venus ward aus einer Muschel, wie man schreibt, geboren;
Für den Schmuck hat Frauenzimmer Perlen darum auserkoren.

884.
Buchdrucker Kunst.

Weil das nütze Bücherprägen unser Deutschland uns geschenkt,
Ist es billich, daß für andrem Deutsches man zum Druck erdenkt.

885.
Gasterei.

Dieses Mahl gefällt mir wol, drauf sich frischt und speist
Nicht nur unser Aug' und Leib, sondern auch der Geist.

886.
Christentod.

Das Leben nicht, die Sterblichkeit
Legt ab, wer wol stirbt vorbereit.

887.
Vater.

Man gibt den Geistlichen gemein der Väter Namen,
Nur daß nicht leichtlichen an Tag die Kinder kamen.

---

883. 2 Frauenzimmer, vgl. Nr. 219, Anm. 2.
884. 1 nütze, nützlich.
885. 1 frischt, erfrischt.

888.
Freundes Hülfe.

Danke Gott, wer Hände hat, daß er sich kan selbst versorgen;
Der, der selbst nicht Hände hat, kriegt sie nirgend wo zu borgen.

889.
Hofeleute.

Mancher ist bei Hof ein Herr, tüchte Bauern nicht zum Scholzen;
Wer daselbst die Pferde putzt, ist der Stölzste von den Stolzen.

890.
Feile Aemter.

Wer die Aemter kauft um Geld, diesem ist ja nicht benummen,
Daß er Recht zu Markte führt, seinem Schaden fürzukummen.

891.
Besoldungen.

Man laße den Beamten begnügten Sold auszählen,
So mußen sie sein redlich, so dürfen sie nicht stehlen.

892.
Fremde Hülfe.

Man solt' uns Hülfe thun. Da nahm man ein Gebiß,
Das man in unser Maul, uns zu beschreiten, stieß.

---

889. 1 tüchte (tügte), conj. praet., taugte.
890. 2 Recht, vgl. Nr. 219, Anm. 2. — fürzukummen, zuvorzukommen.
891. 1 begnügt, hinreichend, erst im 17. Jahrhundert in allgemeinerm Gebrauch.
892. 2 beschreiten, besteigen (I, 9, 26; II, 1, 11).

Man ritt uns hin und her, man ließ uns keine Ruh
Und sagte, daß man uns ritt unsrer Wolfart zu.
Die Wolfart, die es war, die war also bewant, 5
Daß, eh man sie gefühlt, man uns zu Lager rannt.

893.
Ueppigkeiten.

Wir kämen auf den Krieg wol wieder was zu rechte,
Wenn nur nicht Aug' und Mund, Pracht, Schwelgerei uns schwächte.

894.
Religions-Haß.

Wer sonst bei Hofe treulich dient, und dem man nicht kan bei,
Trägt lauter Schuld, daß er nicht auch ein Glaubens-Heuchler sei.
Nim manchem nur die Gunst hinweg, nim ihm die Kost und Lust,
So wirst du sehn, was Glaub' und Treu steck' unter seiner Brust.

895.
Betrug.

Ein Versprecher und kein Leister,
Ist nunmehr der beste Meister.

896.
Heutige Trachten.

Wie daß so manche Moden an Kleidern jetzt sich finden?
Drum daß so manche Moden sich finden an den Sünden.

---

892. 5 bewant, beschaffen (I, 8, 36; III, 4, 86; 7, 78. 2. 3., 4.)
893. 1 auf, nach. — was, etwas, ein wenig.
894. 4 was, wie viel.
896. 1 Wie daß, vgl. Nr. 384, Anm. 1. — 2 Drum daß, deshalb weil.

Wir machens, wie wirs machen, so können unsre Jäcken
Und Unart keine Moden-verkleiden noch verstecken.

897.
Gunst.

Für Körben bei den Jungfern, für Ungunst bei den Herren,
Weil sie sich vielmals ändern, sol niemand sehr sich sperren.

898.
Gutes.

Was ist es, das die Welt nennt mit dem Namen Gut?
Gemeinlich ist es das, was jeder wil und thut.

899.
Begierden.

Begierden sind ein hartes Pferd, das seinen Reiter reitet,
Wann nicht Vernunft sein Maul versteht und recht den Zügel leitet.

900.
Bewegung der Erdkugel.

Die Welt ist rund und lauft herum,
Drum sind die Leute schwindeldumm.

---

896. 3 Jäcken (nb. jegke), Plural von Jacke.
897. 2 sich sperren, sich widersetzen.
900. 2 schwindeldumm, dumm, ohne Besinnung, vgl. Lessing, Wörterbuch zu Logau s. h. v.

901.
Steuer-Schätzung.

In unsrem Land ist alles, ja auch das Nichts geschätzt;
Wir sind als Alchymisten in höhern Ruhm gesetzt.
Sie machen Gold aus Kupfer; wir aber geben Geld
Von dem, was gar kein Wesen, kaum einen Namen hält.

902.
Von meinen Reimen.

Ich schreibe Sinngedichte, die dürfen nicht viel Weile,
(Mein andres Thun ist pflichtig), sind Töchter freier Eile.

903.
Engel.

Ach! wann wir sollten sehen,
Was uns künt oft geschehen,
Wann nicht des Himmels Wächter
Uns stünden für Verfechter,
Wir würden uns entsetzen   5
Und für gar blöde schätzen.
Hingegen wann von jenen
Wir hörten auch erwähnen,
Mit was für Thurst und Ränken
Wir Gott und sie so kränken,   10
Wie würden wir erzittern
Und für der Straf' uns schüttern!

---

902. 1 dürfen, bedürfen. — 2 pflichtig, veraltet: verpflichtet, verbunden.

903. 4 für, als. — 9 Thurst (fem.), veraltet: Kühnheit, Vermessenheit. — 12 sich schüttern (erst nhd.), beben.

Wer keines wil bewegen,
Der wird sich letzlich legen
Ins Bette, wo die Flammen　　　　15
Gehn über ihn zusammen.

904.
Auf Gulanum.

Weil Gulanus von dem Tode fort und fort Gedanken hat,
Ißt und trinkt er jeden Abend sich sehr satt und übersatt;
Dann er meint, daß solche Mahlzeit werde sein Valete sein,
Wil in sein sonst leeres Schiffchen den Ballast vor schaffen ein.

905.
Kinder-Zucht.

Es liebet nicht sein Kind,
Der keine Ruthe bindt.
Das Herzeleid belohnet
Den, der der Kinder schonet.

906.
Widergeld.

Gemeinlich geht es so: was einer vor veracht,
Das thut er nachmals selbst, wird billich drob verlacht.

---

903. 13 bewegen, erwägen, bedenken.
904. Gulanus bedeutet Schlemmer. — 3 Valete, Lebewohl, Abschied. — 4 Wil, vgl. Nr. 536, Anm. 2.
906. Widergeld, veraltet: Ersatz, Vergeltung. (Entgelt, III, 5, 69.)

907.
Wißenschaft.

Nicht das viele Wißen thuts,
Sondern wißen etwas Guts.

908.
Geizige Geistlichen.

Viel dienen dem Altar;
Ich laß es bleiben wahr;
Doch dünkt mich gleichwol auch:
Altar sei manchmal Bauch.

909.
Treu und Glauben.

Weil Nein und Ja noch redlich war,
Da hatte Glauben nicht Gefahr.

910.
Der Neid.

Die Menschen sind wol Narren, die Neid so heftig treibt,
Daß sie sich selbst verfolgen um das, was keinem bleibt.

911.
Hofefreunde.

Wer Schänke, Bäcker, Koch bei Hofe hat zur Gunst,
Ißt mehr, als der sich nährt von einem Sack voll Kunst.

---

910. 1 Neid, vgl. Nr. 219, Anm. 2.
911. 1 Schänke, m., Schenke, Weinschenk.

912.

Ehestand.

Wer im Sommer ihm wil Blumen, sonsten nichts nicht sammlen ein,
Ei, von was wil der im Winter nachmals satt und mutig sein?
Wer beim Freien bloß auf Zierden, Prangen, Stolz und Groß-
    thun denkt,
Was wird der für Tröstung finden, wann ihn großer Unfall
    kränkt?

913.

Lust-Schmerzen.

Feuer glänzet mehr als Gold,
Doch verbrennt es sehr;
Ob die Wollust uns thut hold,
Doch verletzt sie mehr.

914.

Böses und Gutes.

Kümmt uns Heil, so schenkt es Gott;
Wir verdienens, kümmt uns Noth.

915.

Hofespiel.

Daß man führt bei Hof ein Spiel: „wie gefällt dir dein Geselle?"
Schickt sich recht; man hebt daselbst einen gern aus seiner Stelle.

---

912. 1 ihm statt des reflexiven: sich.
913. 3 Ob, obgleich.

916.
Ehrwürdiges Alter.

Junge solln die Alten ehren, weil auch sie bald alten müßen,
Daß sie auch in ihrem Alter von den Jungen Ehre nießen.

917.
Feinde der Traurigkeit.

Jugend ist des Traurens Feind, schicket wider das ins Feld
Musik, Buhlschaft, Wein und Spiel und den General: das Geld.

918.
Glücke.

Glücke läßt sich nicht beherrschen von dem Alter oder Zeit;
Manchem bringt es schone Früchte, wann er noch auf Stecken reit;
Manchem hebt es an zu blühen, wann er schon an Krücken schleicht;
Manchem ist es immer kummen; manchen hat es nie erreicht.
Wer nur so viel an sich findet, daß er weiter nichts begehrt, 5
Als von oben ihm geordnet, den hat Glücke nie gefährt.

919.
Ruhm.

Es ist kein größer Ruhm, als Schmach und Tadel leiden,
Aus seiner Bosheit nicht, aus böser Leute Neiden.

---

916. 1 alten, jetzt ungebräuchlich, altern. — 2 nießen, genießen.
918. 2 schone, bereits. — 6 gefährt, gefährdet, in Gefahr gebracht.
919. 2 Aus, infolge.

920.
Die Welt.

Junge lieben nicht die Alten, lieben aber doch die Welt,
Die für Alter vom Verstande hin in Schmach und Thorheit fällt.

921.
Zweierlei Natur.

Deutschen haben zwo Naturen; dann die Mode schäffet an,
Daß man, was man gleich nicht wäre, durch die Mode werden kan.

922.
Von dem schneeichten Mai Anno 1652.

Es fällt ein Schnee im halben Mai; der Zorn des Herren blühet,
Dieweil des Friedens Gnaden-Frucht zum Fluch ihr, Leute, ziehet.

923.
Gekaufte Freunde.

Fürsten, die euch die Geschenke, nicht die Treu pflegt zu verbinden,
Diese habt ihr nur so lange, weil sie sich beschenkt befinden.

---

920. 2 für, vor, infolge.
921. 1 anschaffen, bewirken.
922. 2 ihr ist Subject des Satzes.

924.
Neider.

Die mich wißlich neiden,
Kan ich noch wol leiden.
Uebel kan ich meiden,
Die mich heimlich neiden.

925.
Der Mensch, ein gesellicht Thier.

Weil die Menschen sind geschaffen zum Vertraun und zum Gesellen:
Wie denn, daß mehr als die Thiere sie sich falsch und hämisch
stellen?

926.
Das begrabne Deutschland.

Wir musten alle Völker zu Todtengräbern haben,
Eh Deutschland in sich selbsten sie kunten recht vergraben.
Noch sind sie mehr jetzt mühsam, den Körper zu verwahren,
Daß in ihn neue Geister nicht etwa wieder fahren,
Daß seine Todtengräber es nicht sei wieder willig   5
Ingleichen zu bestatten, vielleicht auch mehr noch völlig.

927.
Menschen-Sinnen.

Köpfe haben Dünkel;
Herzen haben Winkel.

---

924. 1 wißlich, wissentlich, nämlich so, daß ich es weiß.
925. 2 Wie denn, vgl. Nr. 384, Anm. 1.
926. 3 Wortstellung: jetzt sind sie noch mehr mühsam (bemüht). — 5 wieder, andererseits. — 6 Ingleichen, in gleicher Weise.

Prüfe, was du sihest;
Merke, was du fliehest.

928.
Eine Rede.

Gute Reden sind wie Jungfern, die man nach der Größe nicht,
Die nach Schönheit, nach Geschicke, nach Verstand man gerne richt.

929.
Sterben.

Ob sterben grausam ist, so bild' ich mir doch ein,
Daß Lieblichers nicht ist, als nun gestorben sein.

930.
Preußen.

Preußen kan mit Jammer tränken und mit Elend einen speisen.
O, wir dürfen nicht in Preußen, können's einem hier erweisen.

931.
Vergeßen.

Schweigen ist nicht jedem leichte; doch ist leichter noch verschweigen,
Als vergeßen solche Dinge, die uns zu Gemüthe steigen.

---

930. 1 Jammer, eine Art des Bieres. — Elend, ein Thier. (Anmerkung von Logau.)

932.
An den Leſer.

O Leſer, dir ſteht frei, zu urteln über mich,
Und andern ſtehet frei zu urteln über dich.
Wie du dein Urtel nun von andern dir begehreſt,
So ſihe, daß du mir mein Urtel auch gewähreſt.

933.
Grabſchrift eines Reichen.

Hier liegt ein Reicher; meineſt du,
Daß er nun mehr lieg' in der Ruh?
Mich dünkt, er ſorgt, wie er noch Geld
Zuſammenkratz' in jener Welt.

934.
Der Tod.

Wann wir aus dieſer Welt durch Sterben uns begeben,
So laßen wir den Ort, wir laßen nicht das Leben.

935.
Vergnüglichkeit.

Seines Lebens und der Welt kan am beſten der genießen,
Der das Große dieſer Welt ihm begehret nicht zu wißen.

---

934. 2 laßen, verlaßen.
935. 2 ihm, für ſich.

936.
Religion.

Was geht es Menschen an, was mein Gewißen gläubet?
Wann sonst nur chriſtlich Ding mein Lauf mit ihnen treibet.
Gott gläub' ich, was ich gläub', ich gläub' es Menschen nicht;
Was richtet dann der Mensch, was Gott alleine richt?

937.
Die bekehrte Welt.

Was ſchreien dann die Pfaffen viel,
Daß Welt ſich nicht bekehren wil?
Der Falſchheit iſt gelegt der Lauf,
Seither politiſch ſein kam auf.

938.
Menſchliche Geſchäfte.

Beklagen, was genummen,
Befürchten, was ſol kummen,
Dies läßt der Menſchen Thun
Nie oder wenig ruhn.

939.
Verachtung der Welt.

Hin über das Gewölke ſteiget der Reiger, daß er nicht beregne.
Wer Dunſt der Eitelkeit nicht achtet, macht, daß kein Unfall ihm
begegne.

---

937. 3 legen, hemmen (ähnlich: einem das Handwerk legen). — 4 Seither, seitdem. — politiſch, weltklug. — Sinn: was man früher Falſchheit nannte, heißt jetzt weltklug ſein.
939. Reiger (mhd. reiger), Reiher.

940.
Die Wahrheit.

Wann die Frösch' im Finstern quaxen, zünde nur ein Windlicht an,
Ei, wie werden sie bald schweigen: Wahrheit stillt den Lügenmann.

941.
Worte.

Man gibt den Weibern Schuld, daß ihre Worte leichter
Als leichte Blätter sind, daß ihre Sinnen seichter,
Als Regenbäche sind. O, Männer künnens auch;
Viel Worte, wenig Herz ist ein gerühmter Brauch.

942.
Verzeihung.

Wie du gibst, gibt man dir. Gib mir geneigten Blick,
Vielleicht versiht man dir auch ein versehnes Stück.

943.
Vom Hofeleben.

Wer ihm selbst kan frei befehlen,
Wer ihm selbst gehorchen kan,
Mag sich unter diese zählen,
Die der Himmel lachet an:
Wer sein selbst kan füglich sein, 5
Geh kein' andre Pflichten ein.

Der, der andren denkt zu leben,
Dem bleibt von ihm selbst nicht viel,

---

940. 2 stillen, zum Schweigen bringen.
942. 2 versiht, sieht nach,
943. 5 füglich, mit Recht.

Muß ihm selbsten Urlaub geben,
Darf nicht wollen, was er wil: 10
Wer sein selbst kan füglich sein,
Geh kein' andre Pflichten ein.

Großen Herren sich verbinden,
Heißt für seine Müh und Treu
Ungunst ernten, Unruh finden 15
Und verdienen nichts als Reu:
Wer sein selbst kan füglich sein,
Geh kein' andre Pflichten ein.

Hohen Ohren recht zu singen,
Muß der Ton gar linde gehn; 20
Kein Gesang wil lieblich klingen,
Wo der Wahrheit Noten stehn:
Wer sein selbst kan füglich sein,
Geh kein' andre Pflichten ein.

Hohen Augen wil behagen 25
Nichts, was nicht von Farben ist;
Der wird weg viel Flecken tragen,
Der das reine Weiß erkiest:
Wer sein selbst kan füglich sein,
Geh kein' andre Pflichten ein. 30

Reiche Worte, breite Titel
Sind des Hofes süßer Brei,
Und die Wiege, die man schüttel,
Bis das Kind entschlafen sei:
Wer sein selbst kan füglich sein, 35
Geh kein' andre Pflichten ein.

Wer sich nicht wil stillen laßen,
Der ist mehr kein liebes Kind,
Der muß mehr, wer Gunst wil faßen,
Kindisch sein, als Kinder sind: 40

---

943. 9 Muß ihm selbsten Urlaub geben, muß sich selbst aufgeben. — 28 das Weiß der Unschuld. — 37 stillen, d. h. durch süße Worte, Schmeicheleien beruhigen laßen.

Wer sein selbst kan füglich sein,
Geh kein' andre Pflichten ein.

Ob er viel hat ausgerichtet,
Hat er doch nur dies verricht:
Daß, je mehr man ihm verpflichtet, 45
Sich je mehr von ihm entbricht:
Wer sein selbst kan füglich sein,
Geh kein' andre Pflichten ein.

Wer bei Hof am minsten wäget,
Steigt am meisten in die Por; 50
Dem wird Gnade beigeleget,
Der sonst leichte wie ein Rohr:
Wer sein selbst kan füglich sein,
Geh kein' andre Pflichten ein.

Hier steht stets der Glückstopf offen, 55
Draus man meistens leer Papier,
Wie es nur wird angetroffen,
Langt heraus und legt herfür:
Wer sein selbst kan füglich sein,
Geh kein' andre Pflichten ein. 60

Wer durch Ehr um Ehre wirbet,
Suchet, was er hier nicht findt;
Der verleuret, der verdirbet,
Der sich an die Tugend bindt:
Wer sein selbst kan füglich sein, 65
Geh kein' andre Pflichten ein.

Endlich, wann man viel gewunnen,
Wird man grau und wird man krank,
Und die Zeit ist hing runnen
Ohne Namen, ohne Dank: 70
Wer sein selbst kan füglich sein,
Geh kein' andre Pflichten ein.

---

943. 46 sich entbrechen, sich losmachen. — 49 wäget, intr., wieget, schwer ist, d. h. gilt. — 50 Por. vgl. Nr. 832, Anm. 1. 56 D. h. aus dem man meist Nieten, aber keinen Treffer zieht. — 63 verleuret, veraltete Form für verliert. — 69 hingerunnen, verronnen.

944.
Gut Gewißen.

Ohne Leben lebt der Welt,
Wer nicht gut Gewißen hält;
Gut Gewißen in der Zeit
Hält schon an die Ewigkeit.

Gut Gewißen traut auf Gott, 5
Tritt für Augen aller Noth,
Ist verschildwacht allezeit
Mit der freien Freudigkeit.

Gut Gewißen wird nicht blaß
Für Verhöhnung, Schmach und Haß, 10
Steht im Bündniß allezeit
Mit der weißen Redlichkeit.

Gut Gewißen achtet nicht,
Was Verleumdung dicht' und richt.
Wahrheit steht ihm an der Hand, 15
Macht sein Unschuld noch bekannt.

Gut Gewißen wanket nie,
Beuget auch kein knechtisch Knie
Für der runden Menschen Gunst,
Die man kauft durch Schmeichelkunst. 20

Gut Gewißen segelt fort
Immer auf den rechten Port,
Ob ihm gleich parteiisch sind
Welle, Klippe, Strudel, Wind.

Drum wer stets vergnügt will sein, 25
Lad' ihm gut Gewißen ein:
Welt hat keine beßre Lust
Als den reinen Wohlbewußt.

---

944. 4 an, bis an. — 7 verschildwacht, hat als Schildwacht die fr. Fr., vgl. Fischart, Gargant., 21ᵇ. — 10 Für, vor. — 12 weiß (candida), rein. — 14 richt, richtet, urtheilt. — 19 rund, leicht beweglich, vgl. Nr. 68. Anm. 3. — 28 der Wohlbewußt, gutes Gewissen.

945.
Verleumdungen.

Wer viel Verleumder hat, bei diesem ist gewiß,
Daß er die Tugend hält und Tugend ihn nicht ließ.

946.
Ehre.

Wann Ehr' und Eigennutz in einer Sache streiten,
So sihe, daß du stehst der Ehr' an ihrer Seiten.

947.
Mittelstand.

Viel Glücke hat viel Neid; viel Gut hat viel Gefahren;
Ein mittelmäßig Stand kan manche Noth ersparen.

948.
Gewissen.

Was niemand wißen sol, sol niemand auch begehen,
Ein jeder sol ihm selbst statt tausend Zeugen stehen.

949.
Auf Angelicam.

Angelica ist wie ein Engel, und englisch sind auch ihre Sünden,
Wie Engel, die zu Teufel worden, voll Hoffart waren zu befinden.

---

945. Die folgenden Sinngedichte sind während des Drucks von Logau noch hinzugefügt worden.
947. 2 mittelmäßig, der die rechte Mitte hält, vgl. Nr. 8, Anm. 5.
949. 2 befinden, finden.

950.
Verleumdung.
Wer mich haßet, wer mich schimpft, dessen Bosheit gibt an Tag,
Daß ihr meine Redlichkeit wo zuwider laufen mag.

951.
Von mir selbst.
Den Besten werden gleich, das bild' ich mir nicht ein,
Hoff' aber beßer doch als böse noch zu sein.

952.
Reichthum.
Reichthum sol man zwar nicht lieben, mag es, wann es kümmt,
doch fassen,
Mag es in sein Haus zwar nehmen, aber nicht ins Herze laßen,
Mag es, wann mans hat, behalten, darf es nicht von sich
verjagen,
Mag es ein in sein Behältniß, sich nur nicht in seines tragen.

953.
Amt einer Ehefrauen.
Nicht herrschen, auch nicht bienen, freund=, hilf= und tröstlich sein,
Dies ziemet sich den Weibern, gibt ihrem Ruhme Schein.

---

952. 2 Logau sagt das Reichthum.
953. 2 Schein, Schimmer, Glanz.

954.
Jüngste Tage.

Der jüngsten Tage zähl' ich zwei; den einen, da die Welt geboren,
Den andren, da sie durch die Glut wird wieder endlich gehn
verloren.

955.
Zeitlich Gut.

Was ist doch Ehre, Macht, Pracht, Schönheit, Lust und Geld?
Ein gläsernes Gepräng, ein Tockenwerk der Welt.

956.
Neidhart.

Wie kümmst denn du dazu, daß Gott dir Gutes thut?
Du günnst ja nun und nie und keinem, was da gut.

957.
Vertriebene.

Wer Tugend hat und Kunst, wird nimmer nie vertrieben,
Ist, wo er immer ist, als wie zu Hause blieben.

---

955. 2 Tockenwerk, Puppenwerk, Spielzeug.

958.
Krippenreiter.

Es ist ein Volk, das seine Pferd' an fremde Krippe bindet,
Das sich bei fremdem Feuer wärmt, zu fremdem Teller findet:
Verhöhn sie nicht! es ist das Volk, das uns im Werke weiset,
Wie daß der Mensch hier nicht daheim und wie durchhin nur reiset.

959.
Steuer.

Andre Länder geben Steuer nach dem Kopf und nach Genieß,
Wir, nach dem sich unbesonnen weiland einer schätzen ließ.
Wer das Leben kaum noch hat, wer sonst alles hat versetzet,
Muß noch dennoch tragen Last, darum daß er ist geschätzet.
Ists dann billich, ists dann christlich? O, es sei gleich, wie
          es wil,   5
Frommts nur einem und dem andern, hats zu deuten sonst
          nicht viel.

960.
Witz.

Weiser Sinn und weißes Haar
Sind ein wol gepaartes Paar.

961.
Lebens-Jahr.

Weil tausend Jahr für Gott sind wie ein gestrig Tag,
So einer hundert Jahr der Welt genießen mag,

---

958. Krippenreiter, heruntergekommene Edelleute, die der Volkswitz Krippenreiter nannte, weil sie von Krippe zu Krippe bei ihren gastfreien Standesgenossen ritten.
959. 1 Genieß, Nutzen, Einkommen. — 6 deuten, bedeuten.
961. 1 gestrig, vgl. Nr. 8, Anm. 5.

So rechne, wie viel Zeit er lebt für seinen Gott,
Lebt aber solche Zeit o in wie vieler Noth!

962.
Freundschaft.

Alten Freund für neuen wandeln,
Heißt für Früchte Blumen handeln.

963.
Beruf.

Die Person, die ich jetzt führe auf dem Spielplatz dieser Welt,
Wil ich nach Vermögen führen, weil sie mir so zugestellt.
Denn ich hab sie nie gesucht. Wird was andres mir gegeben,
Wil ich nach des Schöpfers Ruf, nie nach meinen Lüsten leben.

964.
Lachende Erben.

Die Römer brauchten Weiber, die weinten für das Geld;
Obs nicht mit manchem Erben sich ebenso verhält?

965.
Die Laster.

Alles in der Welt veraltet, nur die Laster jüngen immer;
Wann ein Kranker ab sol drücken, wird die Krankheit immer
schlimmer.

---

963. Die Person u. s. w., die Rolle, die ich spiele. — 3 Vgl. die Einleitung.
965. 1 jüngen, jung sein (vgl. dagegen III, 7, 74). — 2 abdrücken, sich davon machen, sterben.

966.
Ehestand.
Das Weib ist ihres Mannes Herz; der Mann ist seines Weibes
Haupt;
Daß eines einem andren lebt, ist keinem ihrer nicht erlaubt.

967.
Geschwinder Tod.
Schneller Tod ist böse Bösen,
Frommen aber schnell Erlösen.

968.
Rache.
Es ist ein Art der Rache, zur Zeit geduldig sein;
Gott, der Verleumdung hasset, bringt alles stattlich ein.

969.
Wein.
Willstu eine Lust dir kaufen? Kauf ein Faß voll guten Wein,
Bitt' ein Anzahl gute Brüder: ach, was werden Narren sein!

970.
Beichten.
Deiner Sünden Menge beichten,
Kan die Sündenlast zwar leichten,

---

966. 2 ihrer, von ihnen.
969. 2 was, mit folgendem Genitiv: wie viele.
970. 2 leichten, leicht machen, erleichtern.

Aber schau, daß Heuchelei
Nicht zu Steinen lege Blei.

971.
Vergebung der Sünden.

Der Herr vergibt die Sünde, der Priester zeigt es an;
Der Sünder muß sich beßern, sonst ist es nicht gethan.

972.
Grabschrift eines Fischers.

Hier fischt ein Fischer jetzt im Sande, der vor im Waßer hat
gefischt;
Der Tod hat ihn, wie er die Fische, nunmehr in seinem Garn
erwischt.

973.
Grabschrift eines Schmiedes.

Der Tod ward Schmied, der Amboß ich,
Drauf schlug er wie das Eisen mich.
Mein Blasebalg gab mehr nicht Wind,
Des Pulses Hammer fiel geschwind,
Die Kohlen löschten gänzlich aus,
Aus Eisen ward mir Erde draus.

---

972. 1 vor, vorher, früher.

974.
Meine Herren.

Zu dienen zweien Herren, ist schwer; ich diene dreien
Und darf mich doch bei keinem der Redlichkeit verzeihen.
Gott dien' ich mit dem Herzen nach meinem besten Künnen,
Dem Fürsten mit dem Kopfe nach meinen besten Sinnen,
Dem Nächsten mit den Händen durch Hilf' aus gutem Willen, 5
Kan hoffentlich bei allen so meine Pflicht ervöllen.

975.
Von mir selbst.

Ich kan es noch nicht thun, daß ich mich solte stellen
Hin zur Poetenreih'; ein Urtel mag vor fällen,
Der selbst ist ein Poet mit Recht und durch die Kunst;
Fällt dieses nun für mich, so ist mirs sondre Gunst,
Wo nicht, so stehts dahin; zu Uebung meiner Sinnen 5
Ist alles angesehn, verfehlet gleich das Künnen;
Zumal mich sonst noch ehrt ein anderes Beginnen.

976.
Falschheit.

Herzlich haßen, mündlich lieben,
Ist der Menschen meistes Ueben.

---

974. 2 sich verzeihen, c. gen., einer Sache, entsagen. — 6 Kan, vgl. Nr. 879, Anm. 2.

975. 4 sondre, besondere. — 7 ein anderes Beginnen, d. h. eine andere Beschäftigung, mein Amt.

976. 1 Herzlich, mündlich, mit dem Herzen, mit dem Munde.

977.
An den Tod.

O Tod, du schwarzer Tod, du Schauer unsrer Sinnen!
O thu ich dir zu viel? Ja, ja; du kanst gewinnen
Ein englisches Gesicht. Dann du bists, der erfreut,
Du bists, der uns entzeucht dem Toben toller Zeit,
Du bists, der uns den Hut der goldnen Freiheit schenket, 5
Du bists, der uns ergötzt und unsre Feinde kränket,
Du bists, der unsren Stuhl hin zu den Sternen trägt,
Der aller Frevler Trotz zu unsren Füßen legt,
Du bists, der unsre Klag' in lauter Jauchzen kehret,
Du bists, der uns für Zeit die Ewigkeit gewähret; 10
Du gibst uns, wann du nimmst; dein so gefürchter Stich
Bereitet uns durch dich ein Leben ohne dich.

978.
Ehre.

Wer Ehre hat erlangt, gäb' Ehre manchmal drum,
Er kunte, wie er kam, auch wieder kehren um.

979.
Freundschaft.

Wo Nutz sich nicht erzeigt, wo kein Gewinn sich weist,
Ist Freundschaft nicht daheim, ist über Land gereist.

---

977. 3 englisch, engelgleich. — 10 für Zeit, anstatt der Zeit.
978. 2 kunte, statt des Conjunctivs könnte; d. h. wenn er könnte.

980.
Die Welt-Freundschaft.

Ich wil nicht Damon sein, die Welt darf auch nicht werden
Mein Pythias; wir sind von zweierlei Geberden;
Mein Sinn steht aufgericht: die Welt geht krumm gebückt;
Mein Sinn ist ungefärbt: die Welt ist glatt geschmückt.
Mein Mund hat eine Zung, ich kan nicht Warmes hauchen 5
Und Kaltes auch zumal: die Welt pflegt Ja zu brauchen
Wie Nein und Nein wie Ja; dann ihre Zunge bricht
Die schöne zwischen Mund und Herz gepflogne Pflicht.

981.
Die Liebe.

Die Liebe siht, sie siht auch nicht; sie sihet meistens nicht
Auf Iugendglanz, der stets besteht, siht auf vergänglich Liecht.

982.
Aerzte.

Aerzte sind den Menschen gut, daß für derer Menge
Endlich nicht die ganze Welt werde gar zu enge.

983.
Ein verlorner Freund.

Mein Freund ward nächst nach Hof in Ehrendienst erkoren;
Die Ehre günn' ich ihm; doch ward der Freund verloren.

---

980. 1 Damon und Pythias (Phintias) gaben ein im Alterthum viel gerühmtes Beispiel treuer Freundesliebe (vgl. Schiller's „Bürgschaft"). — 4 ungefärbt, unverfälscht, rein.
983. 1 nächst, jüngst.

984.
Eine glückliche Ehe.

Wann das Weib ist arm und der Mann ein Narr,
Hilft der Segen kaum, welchen spricht der Pfarr.

985.
Religion.

Daß man mag in Haß und Neid wider seinen Nächsten leben,
Sol uns die Religion einen schönen Mantel geben.
Ehr mir Gott Religion, die gleich rein und heilig gläubet,
Immer aber Haß und Neid wider ihren Nächsten treibet!

986.
Feile Gerechtigkeit.

Sind des Richters Ohren zu? Mache du die Hand nur auf;
Recht hat jetzt, wie alles Ding, einen eben hohen Kauf.

987.
Leben und Tod.

Der Tag hat große Müh, die Nacht hat süße Ruh;
Das Leben bringt uns Müh, der Tod die Ruhe zu.

988.
Wunsch.

Für fremdem Brot,
Für großem Spott,

---

986. 2 Sinn: Recht ist jetzt im Preise hoch gestiegen.

Für Seelen Noth,
Für bösem Tod
Bewahr mich Gott!

989.
Drei Fakultäten.

Juristen, Aerzte, Prediger sind alle drei beflißen,
Die Leute zu purgieren wol am Säckel, Leib, Gewißen.

990.
Die letzte Zeit.

Mein Gott, die letzte Welt, wie kindisch wird sie doch!
Rühmt ihre Lapperei für alle Weisheit hoch.
Wer Sinn und Witz noch hat, ist trefflich übel dran,
Daß er nicht bei der Welt auch mite kindeln kan!

991.
Verwandelung.

Daß aus Menschen werden Wölfe, bringt zu glauben nicht Be=
schwerden;
Sieht man nicht, daß aus den Deutschen dieser Zeit Franzosen
werden?

---

989. 2 purgieren, reinigen.
990. 4 mite, vgl. Nr. 427, Anm. 2. — kindeln, kindisch sein, tändeln (II, 1, 82)
991. 1 Ein auch im Alterthum vielfach auftretender Aberglaube, daß Men=
schen in Wölfe verwandelt werden, von den Griechen λυκανϑρωπία genannt.

992.
Todesfurcht.

Wer Sterben ängstlich fürcht, der höre meinen Rath:
Er lebe wol; was bleibt, wofür er Grausen hat?

993.
Erfahrung.

Wer das Böse vor gekost,
Hat am Guten duple Lust.

994.
An die Deutschen.

Bleibt beim Saufen! bleibt beim Saufen! sauft, ihr Deutschen,
immer hin!
Nur die Mode, nur die Mode, laßt zu allen Teufeln ziehn!

995.
Reisen.

Weiland war fürs Vaterland Gut und Blut gelaßen;
Gut, nicht Blut wird jetzt verthan, aber nur zum Haßen.
Man verreiset großes Geld; was man bringt zurücke,
Braucht man, daß man schimpfen kan reblich deutsch Geschicke.

---

993. 2 dupel, doppelt.
995. 4 Geschicke, Sitte, Art.

996.
Neid.

Der Neid, der macht uns arm; wir hielten uns für reich,
Wann andre neben uns uns wären alle gleich.

———

997.
Die Welt.

Wann der Welt ihr Thun ich schaue, kümmt mirs für, als wie ein Spiel,
Doch darinnen Pickelhäring stets den Vorzug haben wil.

———

998.
Von meinen Reimen.

Ihr Reime, die ihr hinten steht, habt einen guten Mut.
Niemand kümmt zu euch letzten her, wann nicht die ersten gut;
Sind aber nur die ersten gut, so geht ihr euren Schritt,
Im Fall ihr gleich nicht vorder seid, doch unter andren mit.

———

999.
Hofegunst.

Bei Hofe trifft die Gunst
Nicht nach Verdienst und Kunst;
Sie hält kein rechtes Ziel,
Sie fällt nur, wie sie fiel.

———

997. 2 Pickelhäring (eingepökelter Hering), Lustigmacher der niederländischen Bühne, durch die „englischen Komödianten" auch in Deutschland eingeführt.

1000.
An den Leſer.

Alſo wird nunmehr zum Urtel, lieber Leſer, hier geſchloßen;
Mir genügt, wo dir nichts gnüget, wann dich auch nur nichts
verdroßen.

Sachregister.

Abwechselung 635.
Abweisen, gütiges 278.
Adel, alter 45. 46.
—, rechter 141. 873.
—, Trunk liebend 577.
—, unterdrückter 384.
Advokaten 682.
Aepfel 853.
Alte Leute 665.
Alter, das 410.
— des Krieges 121.
— des Menschen 243.
—, ehrwürdiges 916.
—, frommes 600.
—, geiziges 666.
—, krankes 355.
— und Jugend 561.
Alter, gestorbner 669.
Altes 717.
— und Neues 684.
Amt, erkauftes 890.
—, höheres 963.
Anfang, guter 639. 785.
Anna Sophia, Herzogin von Brieg 367. 468. 541. 869.
Ansehn 473.
Arbeit, gesegnete 36.
—, Segen der 22.
— und Lohn 557. 649. 861.
—, vergebliche 135. 197.
Argwohn 560.
Arm auf Erden 38.
Armuth 131. 727.
— und Reichthum 604.

Armuth verachtet 565. 781.
Art, französische 236.
Arznei, die beste 70.
Aerzte 71. 126. 539. 584. 859. 982.
Aerzte und Juristen 637.
Asche und Kohlen 650.
Aufrichtigkeit 174.
Augen 444. 526.
— sind Fenster 169.
Augustmonat 519.

Barmherzigkeit 312.
Bauer und Sperling 756.
Beförderung 398. 963.
— durch Gunst 289.
Begierden 256. 543. 630. 899.
Beichte 816. 970. 971.
Bekehrung, gewaltsame 662.
Belohnung und Strafe 218.
Beredtsamkeit 322.
Bescheidenheit 359.
Besoldung der Beamten 891.
Beste, das, in der Welt 35. 144.
Betrug 699.
— und Schminke 564.
Böses sei vergessen 479.
Brauch, französischer 770.
Briefadel 119.
Brüder 404.
Buch, Urtheil über sein 111. 831.
—, sein, nicht entlehnt 433.
Bücher 718. 828.

Bücherstube 305. 855.
Buchstabe G 609.

Cavaliere, neue 386.
Christenliebe 800.
Christenthum 458.
Christentod 612. 886.
Christi Leiden 311.
Christus, Weg und Wahrheit 77. 146.
Comödienspiel der Welt 743.

Dankbarkeit altert schnell 33.
Demuth vor Gott 164.
— und Hoheit 357. 624.
Deutsche gegen Deutsche 281.
Deutschen, der, doppelte Natur 921.
Deutschen, der, Trunksucht 527. 994.
Deutschen, die veränderten 643.
Deutschland, das begrabne 926.
—, das französische 750.
—, das gebrückte 884.
—, das veränderte 106. 127. 379. 463.
Dichterinnen 251.
Dichtkunst mindert das Ansehn 227.
Dieb 864.
Diebe, mancherlei 133. 269. 472.
Diener, alte 838.
Diener, mächtige 714.
Diener, untreue 552.
Dienst bei verschiedenen Herren 974.
Dienstag 512. 525.
Dienstfertigkeit 545.
Dinge, beliebte 730.
—, schädliche 315.
—, verdächtige 774.
Dünkel 815.

Ehe, unglückliche 313. 863. 876. 984.
Ehegattin, seine gestorbne 161.
Ehestand 912. 953. 966.
Ehescheidung 98.
Ehre und Hoffart 358.
— und Eigennutz 946.

Ehre, unverdiente 484.
—, zweifelhafte 118. 978.
Ehrgeiz 113. 115. 162.
Eigenlob 23.
Einbildung 668. 751.
Einfalt 746.
— und List 725.
Eintracht, brüderliche 173.
Eitelkeit, menschliche 435. 625. 704.
Elend der Zeit 41.
—, menschliches 336.
Ende, letztes 705.
Engel 903. 949.
Entgelt 906.
Erben, lachende 964.
Erbschaft 125.
—, die beste 710.
Erde ein Ei 733.
— ein Nichts 40.
Erde und ihre Bewegung 900.
Erfahrung 993.
— darf urtheilen 117.
Erinnern und vergessen 833.
Esel, zweifüßige 364.

Fakultäten, die drei 989.
Falschheit 567. 738. 976.
Faulheit 437. 559. 674. 850.
Fegefeuer 271.
Feigling 112. 303. 592. 851.
Feinde der Schönheit 542.
Festemacher 74. 75.
Feuersbrunst 865.
Fieber der Fürstin 372.
Finsterniß 104.
Fleiß 547. 591.
Flüchtigkeit des Lebens 536. 728.
Frankreich 453. 505.
Frau, reiche 556.
Frauenlist 408.
Frauenschmuck 883.
Freien 107. 446.
Freiheit, falsche 617.
— zu leben 24.
Freitag 513. 525.
Freund, falscher 483.
—, treuer 199. 326. 416. 470. 882. 962.

Freund und Feind 456.
—, verlorner 983.
Freunde, Anzahl derselben 226. 326.
Freunde in der Noth 531. 773.
—, verstorbne 365. 493.
Freundschaft, falsche 109. 110. 807. 979.
Freundschaft großer Herren 185. 284.
Freundschaft mit Gott 34.
—, seltne 693. 771.
—, Tisch- 151.
—, Wein- 61. 417.
—, Welt- 980.
Friede, der deutsche 264. 291. 340. 342. 343. 691.
Friede mit Gott 763.
Friedenshoffnung 263.
Fromm sein ist schwer 60.
Frömmigkeit, jetzige 570.
— um Lohn 739.
Frühling, kalter 856.
— und Herbst 306.
Furcht vor Leichen 731.
Fürstenamt 259. 266.
Fürstendiener 260. 262. 282. 544.
Fürstenfreundschaft 376.
Fürstengeschenke 238. 923.
Fürstengunst 480. 660.
Fürsten, gute 255.
Fürwitz 716.

Gastfrei 842.
Gastmahl 194. 418. 659. 885.
Gebet 3. 461. 702.
— der Geistlichen 440. 908.
Gebrauch, englischer 546.
Geburtstag 367. 729.
Gedichte, von seinen 789. 824. 844. 846. 849. 902.
Geduld 39. 175. 485.
— und Hoffnung 37.
Geiz 426.
Geizhals 206. 331. 337. 720. 836.
Geizhals, gestorbner 492.
—, reicher 219.
— und Verschwender 667.

Geld 65. 673.
— leihen 130.
— regiert die Welt 63.
Gelegenheit 554. 784.
Gelehrter, eingebildeter 832.
Gemeinschaft, verderbliche 276.
Gemüth, unruhiges 301.
Genügsamkeit 215. 477. 498. 701. 935.
Gerechtigkeit, bestechliche 549.
Gerücht 432.
Gesang 353.
Geschäfte, menschliche 938.
Geschenke 361. 594. 663.
Geschwätz fader Menschen 186. 775.
Gesicht, blasses 530.
Gesundheit 760. 813.
— und Faulheit 697.
Gewalt vor Recht 605. 768.
Gewissen 676. 944. 948.
Gewohnheit stärker als Recht 28. 772.
Gicht 272. 373. 845. 849.
Glaube 56. 510. 611. 777. 797. 936.
Glaube und Werke 167. 413. 434. 573. 703.
Glaubensstreit 295. 703. 711.
Gläubiger 96.
Gleich und Gleich 540.
Glück, selbst geschaffnes 335.
—, unbekanntes 188.
—, unbeständiges 68. 378. 486. 615. 653. 782. 918.
Glück, verlornes 268.
Glückwunsch 367. 589.
Gold 529. 626. 733. 734. 787.
Gottes Güte 621
— Rath 441.
— Wort 387.
Gotteswort ein Hammer 129.
Gottvertrauen 43. 58. 86. 246. 451.
Grabschrift 13.
— der Frömmigkeit 431.
— eines Ehegenossen 454.
— eines Fischers 972.

Logau.

Grabschrift eines Geizhalses 580.
— eines Redlichen 145.
— eines Reichen 933.
— eines Schmiedes 973.
— einer tugendhaften Frau 616.
Geradezu 370.
Großmuth 258.
Gunst und Vortheil 220. 233.
Gut und Böse 223. 363. 898. 914.
Gut, das höchste 8.
—, entwendetes 843.
—, sein verwüstetes Landgut 47.
—, träg zum Guten 748. 792.
Güter, irdische 352. 464. 955.
—, Theilung wüster 239.

Haar, graues 72.
Handlung, Nürembergische 339.
Hausfriede 588.
Häuslichkeit, bescheidne 633.
Heirath 840.
—, reiche 568.
Heldentod 136.
Henker und Gewissen 176.
Herbstmonat 520.
Herr, frommer 261.
Herrendiener 544.
Herrengewissen 675.
Herrschaft der Türken 776.
Herrschsucht der Geistlichen 400. 442.
Herz auf der Zunge 78.
—, ein enges 142.
Herzogin von Brieg 184.
Heuchelei 235.
Heuchler 134. 163. 328. 645. 808.
Heuchler und Biedermann 679.
Heumonat 518.
Hilfe, fremde 179. 892.
Himmel und Hölle 788.
Himmelsthränen 211.
Hochmuth 880.
— fällt 258. 374.
Hochzeitswunsch 4. 5.
Hofediener 150. 189. 375. 508.
Hofefliegen 383.
Hofefreunde 911.
Hofegedächtniß 338.

Hofeglieder 732.
Hofegunst 297. 415. 476. 658. 999.
Hofeheilige 200.
Hofehunde 190. 596.
Hofejahr 478.
Hofekünste 139. 347.
Hofeleben 21. 288. 302. 537. 943.
Hofeleute 889.
Hoferegel 170. 471.
Hofeschminke 389.
Hofespiel 915.
Hofesprache 154. 595. 602.
Hofetreu 553.
Hofeverdienst 351.
Hofewahrheit 155. 597. 690.
Hofewerkzeug 405.
Hofewerth 680.
Hofeworte 214. 329. 595. 852.
Hoffnung 7. 37. 59. 100. 640. 664.
Hoffnung und Furcht 411.
Hoheit gefährlich 9.
Hunger 641. 760.
Hungersnoth 613.

Jahr, das neue 245.
—, das vergangene 244.
—, nasses 507.
Jahreszeiten 308.
Irrthum, menschlicher 348.
Judaskuß 877.
Jugend, ewige 304.
—, Feind der Traurigkeit 917.
— liebt die Welt 920.
—, unbedachtsame 764.
— und Alter 561.
Jungfern 497. 569.
—, geschminkte 598. 713.
Jungfernwangen 292.
Jungfrau und Frau 866.
Juristen 809.
— und Aerzte 637.
—, ungerechte 92. 692. 986.

Kaufmannschaft, verborbne 14.
Kennzeichen der wahren Kirche 88.
Keuschheit, Feinde der 562.

Kindererziehung 905.
Kindheit, zweierlei 462.
Kirche im Herzen 390.
Kleider 741.
—, vergoldete 381.
Kleidung, französische 172. 427. 736. 778. 827.
Kleidung, fremde 427. 583. 656.
Klugheit 694.
— und Thorheit 610.
Knechte und Herren 695.
Koch bei Hofe 157.
Köhlerglaube 661.
Krieg 369.
Krieg, der deutsche 475. 754.
— und Friede 103.
Kriegesbeute 293.
Kriegesschaden, der größte 180.
Kriegeswerke 399. 872.
Krippenreiter 958.
Krone des Jahres 391.
Kummer 203.
—, der häufigste 307.
—, leichter 655.
Kuß, geraubter 341. 761.

Lachen und weinen 795.
Laster 965.
Laster in Ehren 814.
— und Tugend 657.
Leben für Andre 820.
— und Tod 987.
Lebensdiebe 116.
Lebensfrist 755. 765. 961.
Lebensglück 148.
Lebenslauf 678.
Lebensregel 87. 310. 430. 607.
Lebensweg 146.
Leib und Seele 452. 469.
Leichtgläubigkeit 457.
Leib und Freude 187. 631. 848.
Lenz, ewiger 249.
Lernen und vergessen 438.
Leser dieses Buches 18. 466. 535. 804. 932. 1000.
Leute, boshafte 385.
—, schädliche 722.
Liebe 981.
—, bittre 26.

Liebe, christliche 325. 482. 515.
— ein Mantel 314.
— zu Gott und dem Nächsten 80. 166. 413.
Liebe zu Gott und der Welt 447.
Lob 677.
—, Sucht nach 49.
— und Schande 821.
Ludwig, Fürst von Anhalt 769.
Lust 708.
— und Leib 448. 504. 631. 913.
Lügen 204. 317. 654.
Lügner 706.

Maaß halten 114. 430.
Mai 319. 517.
—, schneeiger 922.
Mann, kluger 152.
—, redlicher 196. 862.
Meineid 143. 230.
Mensch 228. 388.
—, geselliger 925.
— und Sonne 44.
Merkmal des Gemüths 368.
Mittelweg 265. 947.
Mode 742. 746. 749. 896.
Modedamen 382.
Modekleider 583. 723.
Mode, veränderlich 555.
Montag 511.
Morgengebet 1.
Musen 757.
Muthig nicht verwegen 79.
Mutterliebe 229.

Nachfolge Christi 102.
Nächstenliebe 80. 166. 413. 700. 712.
Nachtgebet 2.
Nachtigall 137.
Narr, alter 499.
Narren 969.
—, Nutzen des 91.
Narrheit 854.
Nase, lange 330.
—, rothe 423.
Neid 299. 996.
—, Strafe des 11. 548.
Neidische 202. 216. 910. 924. 956.

Neigungen 316.
Noth 696.
— und Tod 868.
Nutznießer des Friedens 178.

Obrigkeit 826.
Opitz, Martin 362. 571.
Orpheus und Eurydice 171.
Ostsee 177.

Pathenzettel 6.
Pfarrer und Küster 806.
Pescennius, römischer Kaiser 122.
Pest und Ehrgeiz 115.
Pöbelurtheil 217.
Poesie 448.
—, seine, getadelt 85. 324. 879.
—, Urtheil über seine 975.
Poeten 822.
—, arme 847. 874.
—, gekrönte 356.
— und Maler 686.
Poetenbrunnen 747.
Prahler 812.
Preußen 930.
Probus, römischer Kaiser 20.
Prüfe mit Vorsicht 12. 927.
Pyrrha und Deucalion 207.

Rache, göttliche 183. 638. 968.
— der Engländer 766.
Rath, der treue 210.
— ohne That 318.
Rathschläge 349.
—, erkaufte 403.
Räthsel 465.
Recht und Gewohnheit 28.
Rechthaber 267.
Rechtsstudium 124.
Redlichkeit 128. 455. 619.
— bringt's nicht weit 279.
Reden und meinen 740. 928.
Redner, bestechlicher 752.
Reiche kommen nicht in den Himmel 652.
Reichthum 54. 952.
— nichtig 31. 108.
—, Mittel zum 27.
— und Wissenschaft 422.

Reime, die letzten 998.
— für die Freunde 421.
—, gezwungene 309.
—, Inhalt seiner 195. 428. 762. 844.
Reime, seine, nicht gekünstelt 457.
—, seine, verschieden an Werth 32.
—, seine, von Andern benutzt 459.
Reisen 995.
Religionshaß 894. 936. 985.
Rhein, ein Ehrenrichter 105.
Richter 467.
— seiner Reime 494. 975.
—, ungerechte 213. 582. 594. 647. 986.
Ruf der Frommen 719.
Ruhm 919.

Sarg, auf den eines Prinzen 758. 759. 878.
Schauspiel der Zeit 19.
Schein 425.
Scheinheiligkeit 163. 481.
Scherz 182.
Schlaf 101.
— und Tod 94. 99.
Schlesien 575. 614. 707.
Schmeichelei 159.
Schmeichler 76. 134. 328. 579. 651. 823.
Schminke 603.
Schnecken 332.
Schönheit, äußerliche 835.
—, gefeierte 767.
—, zweifelhafte 685. 744.
Schriften, unsterbliche 822. 858. 870.
Schwatzhaftigkeit 394.
Schweden 321. 340. 396. 397.
—, Abzug der 290.
Selbsterkenntniß 234. 474. 951.
Selbsthilfe 888.
Selbstliebe 429.
Selbstprüfung 488.
Selbstüberwindung 715. 819.
Siegeszeichen 156.
Simson 502.
Sinn, vergnügter 138.
Sitte, babylonische 794.

Sitten, alte 460.
—, heutige 153. 420. 500.
—, neue 323.
Sittsamkeit 360.
Soldaten 191.
—, abgedankte 491.
—, alte 629.
—, goldne 30.
Soldatenzucht 122.
Sonnabend 514.
Sorgen, vergebliche 528.
Sparsamkeit 15. 64. 205. 489.
Sperling und Bauer 756.
Spiegel 688. 801.
Spötter 409.
Sprache, deutsche 57. 273. 439. 449. 753.
Sprache, französische 401.
Staupbesen, mit dem St. geschlagen 810.
Stände, die vier 443.
Sterben besser als leben 10. 144. 160. 929.
Sterndeutung der Christen 587.
Steuer 93. 123. 132. 551. 825. 841. 901. 959.
Stunden, vergängliche 247. 802.
Sünde 120.

Tabak und Titel 839.
Tadler 29.
Tag, jüngster 954.
— und Nacht des Menschen 436.
Technikus 52.
Thaten nicht Worte 558.
Thorheit der Welt 618.
— haftet Allen an 140. 241. 350. 516. 610. 646.
Thränen, betrügliche 501.
Thun, verschiedenes 523.
Tod besser als Leben 160. 275.
— der Sünde Sold 16.
— nicht gefürchtet 90. 270. 622. 735. 977.
Tod rafft Alles dahin 803.
—, schneller 967.
—, seliger 50.
— und Schlaf 94. 99. 934.

Tod, unser Vater 212.
Todesfurcht 992.
Trauer, kurze 371.
Traum des Pharao 73.
Trauriges in der Welt 193. 201.
Treue, frühere 414. 909.
Trost beim Tode d. Geliebten 257.
Trunkenheit 69. 724.
—, erlaubte 252.
Trunksucht d. Deutschen 527. 994.
Tugend, beneidete 300.
—, geschwundne 500.
Tugendhüter 412.
Tugend, mühevolle 248.
—, Reich der 805. 957.
—, unsterblich 657.
Tyrann 277.

Uebel, vergangnes 246.
Ueberfluß 881.
Ueppigkeit 893.
Unbesonnenheit, glückliche 149.
Unbeständigkeit der Menschen 250.
Undankbarkeit 242. 253.
— gegen Gott 165. 450. 620.
Unglück 572. 642.
Ungunst der Herren 897.
Unrecht der Zeit 42. 224.
Unschuld 533. 786.
Untreue 811.
Unverschämt 327. 522.
Unwissenheit, menschliche 799.
Unzufriedenheit mit seinem Stande 532. 648. 817. 818.

Vaterland 737.
Väter, Patres 829. 887.
Verarmung, allmähliche 147.
Verdienst, fremdes 671.
Vergessen 931.
— des Krieges 209.
Vergnügungssucht 402.
Verhängniß und Geduld 779.
Verläumder 445. 574. 576.
Verläumdung 333. 793. 945. 950.
Vermessenheit 51.
Vernunft 283. 634.
Verschwendung 636.
Verschwiegenheit der Frauen 585.

Versprechen der Frauen 158.
— und halten 837. 895.
Verstand 406. 599. 648.
Verstellung in der Welt 168.
Vertraue nicht Jedem 62.
Verwandlung der Menschen in
 Wölfe 991.
Verzeihen 942.
Vorzug 496.

W, dreifach 834.
Waare, gute 294.
Waffen und Schriften 858.
Wahl der Räthe 287.
Wahrheit bei Niedren 231. 783.
— und Lüge 317. 940.
—, ungeschminkte 419. 495.
Wasser trinken 373.
Weib, altes 286.
—, böses 566. 7 96.
—, redliches 198.˙ 285.
—, reiches 623. 867.
Weiber 632.
—, geschminkte 82. 564.
Weibergezänk 240.
Weiberherrschaft 346.
Weiber, kluge 407.
—, Natur der 689.
Weihnachtsfest 726.
Wein 593. 698. 969.
— und Gicht 845.
Weiser unter Narren 687.
Weisheit der Alten 392. 960.
—, die höchste 215.
Welt, eigennützige 181.
—, ein Buch 830.
—, ein Garten 366.
—, ein Meer 81. 280.
—, ein Tisch 503.
—, jetzige 590. 980.
—, ungerechte 97.
—, Untergang 377.
—, verachtete 939.
—, verkehrte 937. 997.
Weltbeherrscher 25.
Weltgötter 538.

Weltgunst 254. 601.
Weltklug 220. 237. 672. 798.
Weltkunst 274.
Weltliebe 192. 721.
—, verderblich 89.
Weltmann 222.
Weltwunder 55.
Welten, viele 395.
Werke des Christenthums 458.
—, gute, der Soldaten 563.
Wintermonat 521.
Wissenschaft 84. 208. 634. 907.
— der Rechte 124. 487. 490.
Wittwe, getröstete 875.
—, verlobte 670.
Wohlthätigkeit 644.
Wolfsdienst 424.
Wollust und Unlust 504. 860. 913.
Worte 380. 608. 683. 775. 941.
— und Werke 606.
Wunder und Glaube 95.
Wunsch, täglicher 53. 581. 988.
Würde, eitle 119.
— und Bürde 790.

Zeit, bessere 524.
—, eiserne 825.
—, Elend der 17. 42. 67. 320.
—, flüchtige 334.
—, goldne 221. 825.
—, leiht nur 709.
—, letzte 990.
—, nicht so schlimm als wir 66.
 791.
Zeit, schamhaftige 48.
— Urtheil 627.
—, veränderte 506. 509.
Zinseszins 393.
Zorn 298. 578.
Zufriedenheit 477. 498. 550. 628.
Zugabe seiner Gedichte 534.
Zunge 857.
Zustand, menschlicher 344.
Zuversicht, menschliche 780.
Zweifelkind 354.

Druck von F. A. Brockhaus in Leipzig.

www.ingramcontent.com/pod-product-compliance
Lightning Source LLC
Chambersburg PA
CBHW021157230426
43667CB00006B/440